La doctrine de la science, de Johann Gottlieb Fichte

1794

Emile Jalley

La doctrine de la science, de Johann Gottlieb Fichte

1794

Naissance et devenir de l'impérialisme allemand

TOME 2

Nouvelle traduction par Marc Géraud

L'Harmattan

Notes des auteurs : le titre de cet ouvrage est un titre d'éditeur, qui rassemble sous la même formule deux ouvrages de l'année 1794 : *Du concept de la doctrine de la science*, et *Fondement de l'ensemble de la doctrine de la science*.

Illustration : timbre postal de l'ex-DDR, à l'effigie avec griffe de Johann Gottlieb Fichte, ancien recteur du l'Université Humboldt de Berlin.

5-7, rue de l'École-Polytechnique ; 75005 Paris

http://www.librairieharmattan.com
diffusion.harmattan@wanadoo.fr
harmattan1@wanadoo.fr

ISBN : 978-2-336-30277-5
EAN : 9782336302775

Émile Jalley

La Doctrine de la science 1794 de Johann Gottlieb Fichte

Naissance et devenir de l'impérialisme allemand

Tome 2

Sommaire

*

Johann Gottlieb Fichte
La Doctrine de la science 1794
Tome 1
Sommaire

*

À PROPOS DU CONCEPT DE DOCTRINE DE LA SCIENCE, OU DE CE QUE L'ON APPELLE PHILOSOPHIE SOUS FORME D'ÉCRITS D'INVITATION AUX CONFÉRENCES SUR CETTE SCIENCE

*

FONDEMENT DE L'ENSEMBLE DE LA DOCTRINE DE LA SCIENCE

Synopsis

On a cru possible et utile de présenter une synopsis, un abrégé – comme on voudra - des deux textes de Fichte qui font l'objet central de cette nouvelle édition.

Pour justifier cette nouvelle édition, alors qu'il en a existé déjà plusieurs traductions, dont une qui fait autorité (1980) par le meilleur spécialiste de Fichte, Alexis Philonenko, nous dirons que cette traduction ne nous satifaisait pas en tous points.

Voici deux exemples :

On ne peut pas traduire par le même mot « tendance » les deux termes allemands « Tendenz » et « Trieb » qui n'ont pas la même économie ni la même signification dans le texte de Fichte. Le choix de Philonenko ne nous paraît pas avoir ici d'autre visée que d'économiser le sens qu'a revêtu dans la pensée freudienne postérieure et dans sa traduction française aujourd'hui admise le terme de « pulsion », étant entendu que dans la langue allemande le mot « Trieb » a une signification plus étendue que celle du néologisme français *pulsion.*

La traduction de « Wechsel » par « réciprocité » ne nous semble pas convenir non plus. Le terme « Wechsel » représente l'acclimatation par Fichte du terme « Wechselwirkung » (interaction) qui désigne la 3e catégorie de la relation (3.3 sur les 3 X 4 = 12) de la célèbre Table des catégories dans la *Critique de la raison pure* de Kant (1781). On se rend compte à l'usage que ce mot, qu'il convient plutôt de traduire par « alternance », voire « changement », sert à indiquer le terme totalement manquant dans le texte de Fichte de « dialectique ».

Avant de quitter cette discussion sur les problèmes liés à la traduction, on dira que nous avons pris le parti d'une traduction très serrée par rapport à l'original. On n'a pas craint d'écrire par exemple « le ne-pas-se-poser » en considérant que c'est même là d'une très grande élégance formelle, au surplus fidèle à l'esprit sublime de la période du postkantisme.

Nous sommes d'abord partisans de traduire Ich et Nicht-Ich par Je et Non-Je, car les termes Ich et Je investissent seuls par leur statut de nominatif la fonction totale du sujet (*Subjekt*), grammatical certes mais aussi logique et philosophique. Tandis que Moi (me) peut fonctionner aussi dans le rôle de complément du verbe, au contraire du Ich allemand. Quand il considère le Je, le Ich comme objet, Fichte écrit « Mich ».

Nous savons que nous heurtons là une tradition : Moi et Non-Moi sont passés dans la langue des philosophes, bien que non connus du *Vocabulaire de la philosophie* de Lalande. Par ailleurs existe une tradition non moins forte créée par la psychanalyse, avec les termes Moi, Surmoi, Ça, et il est plus que probable que l'on ne serait pas du tout compris dans les milieux de la psychanalyse si l'on risquait aujourd'hui les néologismes : Je, Sur-Je, Ça.

Pourtant l'anglais a bien à la fois senti et évité la difficulté en recourant de façon assez arbitraire au latin : Ego, Superego, Id.

D'ailleurs, Jacques Lacan avait déjà pris des initiatives en faveur du Je substituant le Moi, en distinguant, sur la suggestion de Jakobson, entre le Je de l'énoncé, porté par le Moi qui parle, et le Je de l'énonciation référé à la dimension de l'inconscient où ça parle.

Néanmoins notre « Présentation » a gardé le vocable « Non-Moi » dans tous les passages où sont cités ou commentés les historiens qui l'ont utilisé de façon classique (Bréhier, Guéroult, Hyppolite, Philonenko, Kroner, Rivaud).

Pour en venir au projet de cet abrégé proprement dit, il y a à dire que les quelque 260 pages des deux textes de Fichte, les plus difficiles qui aient été écrites dans l'histoire de la philosophie, surtout le 2e (dixerunt Philonenko, Hyppolite, etc.), sont d'une densité telle que personne ne peut espérer les condenser encore pour en faciliter la lecture, à condition d'en avoir d'abord compris la signification (« difficile » de l'aveu même de Fichte).

En désespoir de cause, la méthode que nous avons adoptée a consisté à repérer de place en place, à espaces approximativement réguliers dans le texte, certaines phrases significatives, se présentant à l'usager un peu comme les prises dont le spécialiste de l'escalade devine à tâtons la rencontre opportune vers le haut de la falaise de sorte à pouvoir, à ses risques et périls et à condition d'une certaine habileté technique, y suspendre son poids pour le déplacer le mieux possible hors de danger.

Pourront beaucoup aider le lecteur les commentaires provenant du parcours de la littérature sur Fichte, notamment ceux d'A. Philonenko (1973, 1973, 1980, 1984), qui a apporté sur cette forêt de Brocéliande une somme d'informations très éclairantes, auprès desquelles celles plus tâtonnantes de ses prédécesseurs ne pèsent pas du même poids, même si souvent très pertinentes (Hyppolite, Kroner, Guéroult).

Pourra éclairer également le découpage du texte selon la série de ses « synthèses quintuples », repris par Philonenko en grande partie de Guéroult, et que nous avons restitué en notes de bas de pages tout au long du texte de la *Doctrine de la science* de 1794.

On finira alors peut-être par se rendre compte que l'entreprise grandiose de Fichte en 1794 consiste à jeter de Kant vers Schelling et Hegel – terminus qu'il ne connaît pas encore (d'où la difficulté de cette tâche de Titan), le grand « viaduc de Millau » de la dialectique hegélo-marxienne moderne, ceci en prenant appui critique sur Spinoza et Leibniz considérés comme les points de condensation significatifs de l'ensemble de l'histoire de la philosophie (conflit réalisme/idéalisme).

En même temps, ce Titan, qu'il faut comparer à Beethoven qui commence sa carrière à Vienne cette même année 1794, va pousser la philosophie, ou plutôt l'idéologie allemande vers une porte ouverte sur un chemin beaucoup plus sombre, selon le triste destin de l'Ange des Lumières (Lucifer) tombé dans le cul de bas de fosse de l'Ange des Ténèbres (Satan).

D'où le sous-titre de notre volume : Naissance et devenir de l'impérialisme allemand. Malédiction de la philosophie, étendard et guenille à la fois du bouillon de la culture humaine : splendeur et misère de Pascal. Or ce tragique aspect, mêlant l'ombre à la lumière, l'abjection à la gloire, il y a à reconnaître qu'A. Philonenko est le seul des commentateurs compétents de Fichte à avoir eu le courage de l'indiquer, comme on le verra plus loin.

À PROPOS DU CONCEPT DE DOCTRINE DE LA SCIENCE, OU DE CE QUE L'ON APPELLE PHILOSOPHIE SOUS FORME D'ÉCRIT D'INVITATION AUX CONFÉRENCES SUR CETTE SCIENCE.

PRÉFACE

Les travaux des nouveaux sceptiques, en particulier l'Aenésidème et les écrits remarquables de Maimon, permettent de se rendre compte que la philosophie, en dépit des efforts les plus récents des hommes les plus sagaces, ne s'est pas encore élevée au rang de science évidente. La philosophie critique devrait permettre de réunir les exigences conflictuelles des différents systèmes dogmatiques (11).

L'investigation présente ne prétend qu'à une validité hypothétique.

En tout cas, aucun entendement humain ne peut dépasser la barrière que Kant a atteinte, particulièrement dans sa Critique de la faculté de juger, mais qu'il ne définit jamais. Après l'esprit génial de Kant, on ne peut faire à la philosophie de cadeau plus important que l'esprit systématique de Reinhold, malgré les grands progrès que la philosophie doit encore faire nécessairement. Chaque degré que la science a jamais gravi a d'abord dû être franchi avant qu'elle puisse en passer un autre plus élevé (12).

PREMIÈRE SECTION
À PROPOS DU CONCEPT DE DOCTRINE DE LA SCIENCE EN GÉNÉRAL

§ 1. *Concept forgé hypothétiquement de la doctrine de la science* (15)

La philosophie est une science ; toutes les descriptions que l'on en fait s'accordent sur ce point, de même qu'elles se séparent sur l'objet de cette science. Et que dire, si la séparation était venue précisément du fait que le concept de science lui-même n'était pas entièrement développé ?

Une science a une forme systématique ; toutes les propositions en elle sont solidaires dans un principe fondamental unique, et se réunissent en lui en un tout – cela aussi, on l'accorde universellement.

L'essence de la science résiderait donc dans la complexion de son contenu, celui-ci devrait être au moins, pour celui qui veut avoir une science, certain ; et la forme systématique serait seulement contingente pour la science (16).

Une science doit être un Un, un tout.

Les propositions singulières ne seraient en général pas une science, mais elles le deviennent uniquement dans le tout, par leur place dans le tout, et par leur rapport au tout (17).

Il faudrait donc qu'au moins une proposition soit certaine, et communique aux autres sa certitude.

Mais toutes les autres devraient recevoir d'elle leur certitude. Elle devrait être, avant toute liaison, certaine et déterminée. En revanche, pas une seule parmi les autres ne devrait l'être avant la liaison, mais ne le devenir que par elle.

Il ne peut y avoir dans une science qu'une seule proposition, qui est certaine et déterminée avant la liaison. Une science ne peut pas non plus avoir plus d'Un principe, parce qu'autrement elle ne constituerait pas Une science, mais plusieurs (18).

On appelle cette liaison la forme systématique du tout, qui naît des parties singulières. La forme systématique n'est pas une finalité de la science. Elle n'est pas l'essence de la science, mais rien qu'une propriété contingente de celle-ci. – La science est sa demeure, sa finalité principale est la solidité. Toutes les parties du bâtiment sont assemblées avec le fonds, et entre elles, et de ce fait le tout devient solide. Et il est solide dans la mesure où toutes ses parties reposent sur un fondement solide.

Les principes de notre système sont censés et doivent être certains avant le système.

Si le principe est certain, alors une autre proposition déterminée est aussi certaine.

Ce que le principe lui-même doit avoir, et communiquer à toutes les autres propositions qui surviennent dans la science, je l'appelle le contenu interne du principe et de la science en général ; la manière dont il doit communiquer cela aux autres propositions, je l'appelle la forme de la science (19).

La science de la science en général, si semblable science existe, notre savoir a un fondement.

Ce que l'on appelle jusqu'à présent philosophie serait donc la science d'une science en général (20).

§ 2. Développement du concept de doctrine de la science

Il ne faut pas raisonner à partir de définitions. Mais jamais cela ne peut signifier qu'il ne faut pas s'imposer une fin dans nos travaux intellectuels ou physiques. Faisons-nous une notion nette de ce que notre ouvrage doit être ! Nous ne saurons si nous pouvons y parvenir que si nous le faisons réellement.

1) La science que nous décrivons doit tout d'abord être une science de la science en général. La doctrine de la science aurait de ce point de vue deux choses à faire (21). Tout d'abord, fonder la possibilité des principes en général. Elle aurait alors à démontrer en particulier les principes de toutes les sciences possibles, qui en eux-mêmes ne peuvent être démontrés.

Une doctrine de la science universelle a donc la confiance en soi de fonder pour toutes les sciences possibles la forme systématique.

2) la doctrine de la science est elle-même une science. Elle aussi doit donc avoir en tout premier lieu un principe, qui ne peut pas être prouvé en elle, mais est présupposé afin qu'elle soit possible. Mais ce principe ne peut pas non plus être prouvé dans une autre science supérieure. Ce principe doit être certain simplement parce qu'il est égal à lui-même. Toutes les autres propositions n'auront de certitude que médiate et dérivée de lui ; lui doit être certain immédiatement.

Dans la mesure où elle est elle-même une science, la doctrine de la science doit, pour consister non pas en son simple principe, mais bien en plusieurs propositions (22) – et l'on peut voir dès maintenant qu'elle sera ainsi constituée parce qu'elle doit édifier des principes pour d'autres sciences – elle doit, dis-je, avoir une forme systématique. Elle doit donc avoir en elle-même cette possibilité de liaison, et la fonder par elle-même.

Ce dont on sait quelque chose s'appelle le contenu, et ce que l'on en sait la forme de la proposition.

Aucune proposition n'est possible sans contenu ou forme. Il doit y avoir quelque chose à propos de quoi l'on sait, et quelque chose que l'on sait de cela. Le premier principe de toute doctrine de la science doit donc avoir les deux, contenu et forme. Son contenu détermine sa forme et inversement sa forme détermine son contenu. Donc il ne saurait y avoir plus de trois principes (23) ; un principe absolu et déterminé simplement par soi-même, aussi bien dans sa forme que dans son contenu; un principe déterminé dans sa forme par soi-même, et un principe déterminé dans son contenu par soi-même. Dans la doctrine de la science, toute proposition a sa place déterminée par une autre proposition déterminée, et détermine elle-même celle d'une troisième proposition déterminée.

Toutefois, la doctrine de la science doit donner sa forme non seulement à elle-même, mais aussi à toutes les sciences possibles restantes, et assurer la validité de cette forme pour toutes (24).

Il est toujours présupposé qu'il y a réellement un système dans le connaître humain.

Ou bien nous construisons nos maisons sur le sol (25), celui-ci repose sur un éléphant, qui repose sur une tortue, celle-ci – qui sait sur quoi, et ainsi de suite à l'infini. – Si notre savoir est ainsi fait, notre certitude est vacillante, et nous ne pouvons pas nous fier à elle d'un jour à l'autre.

Ou bien notre demeure serait donc certes solidement posée, cependant ce ne serait pas un bâtiment unique cohérent, mais un agrégat de chambres, sans possibilité pour nous de passer de l'une à l'autre ; ce serait une demeure dans laquelle nous nous perdons sans cesse, sans nous y faire. Il n'y aurait aucune lumière là-dedans, et malgré toutes nos richesses nous resterions pauvres. Nous devrions toujours être prêts à nous construire ailleurs une nouvelle maison. – Alors aucune doctrine de la science ne serait nécessaire pour fonder d'autres sciences. Chacune serait fondée sur elle-même.

S'il doit y avoir dans l'esprit humain un système achevé et unique, alors il doit exister un principe suprême et absolu-premier (26). Nous avons maintenant un globe terrestre qui se tient par sa propre pesanteur, dont le centre attire puissamment tout ce que nous avons construit réellement sur son périmètre.

DEUXIÈME SECTION.
DISCUSSION DU CONCEPT DE DOCTRINE DE LA SCIENCE.

§. 3.

Discuter *scientifiquement* un concept (27) signifie indiquer en général le lieu de celui-ci dans le système des sciences humaines (*menschlichen Wissenschaften*). Or le concept de la doctrine de la science en général est plutôt lui-même le lieu de tous les concepts scientifiques.

La doctrine de la science devrait être une science de toutes les sciences, y compris aussi de toutes les sciences inventables et possibles.

Se pose la question de la limite déterminée entre la doctrine de la science en général et chaque science particulière (28).

Il s'agit aussi d'examiner comment la doctrine de la science se comporte par rapport à la logique.

La doctrine de la science est elle-même une science, dont l'objet n'est pas autre chose que le système du savoir humain en général.

§. 4. *Dans quelle mesure la doctrine de la science peut-elle être sûre d'avoir épuisé le savoir humain en général ?*

La science est *systématique*, que toutes ses parties se rassemblent dans un principe unique. – La science est un *système*, ou est achevée quand aucune proposition ne peut plus être déduite (29).

On démontre que la doctrine de la science est la seule science qui peut être achevée ; l'achèvement est donc son caractère distinctif. Toutes les autres sciences sont infinies et ne peuvent jamais être achevées (30).

Il faudrait donc, pour présenter de façon satisfaisante l'impossibilité de ces découvertes nouvelles, que soit prouvé qu'il ne peut y avoir qu'un système unique dans le savoir humain (31).

§. 5. *Quelle est la limite qui sépare la doctrine générale de la science de la science particulière fondée par elle* (32) *?*

La doctrine de la science donnerait au principe la nécessité et la liberté en général (33) ; la science particulière quant à elle donnerait sa détermination à la liberté ; et maintenant, la ligne frontière tranchée serait trouvée.

La doctrine de la science donne comme nécessaires l'espace et le point en tant que limite absolue ; mais elle laisse à l'imagination la liberté totale de poser le point, là où il lui plaît. Nous ne sommes plus dans le domaine de la doctrine de la science, mais sur le sol d'une science particulière qui s'appelle la géométrie.

Par la doctrine de la science, un Non-Moi tout simplement indépendant des lois de la simple représentation, et les lois selon lesquelles il doit être observé, sont données comme nécessaires ; mais la faculté de juger conserve alors sa pleine liberté d'appliquer ou non ces lois en général (34). Mais dès que la faculté de jugement reçoit la tâche d'observer un objet déterminé selon une loi déterminée, nous ne sommes plus dans la doctrine de la science, mais dans le champ d'une autre science, qui s'appelle science de la nature : elle consiste en général en expériences.

Seule la doctrine de la science est une totalité absolue, alors que toutes les sciences particulières en revanche seront infinies. La doctrine de la science contient seulement le nécessaire ; c'est-à-dire qu'elle est nécessairement limitée. Toutes les autres sciences vont vers la liberté, aussi bien celle de notre esprit que celle du Non-Moi tout simplement indépendant de nous. Sa sphère d'action est de ce fait infinie.

§. 6. *Comment la doctrine de la science générale se comporte-t-elle en particulier envers la logique* (35) ?

La logique doit donner à toutes les sciences possibles uniquement et seulement leur forme, la doctrine de la science en revanche non pas la forme seule, mais aussi le contenu. Dans la doctrine de la science, la forme n'est jamais séparée du contenu, ou le contenu de la forme ; dans chacune de ses propositions les deux sont unis de la façon la plus intime. La science entière n'est pas non plus la doctrine de la science elle-même, ni une partie de celle-ci ; elle n'est pas en général, autant cela peut paraître bizarre vu la constitution actuelle de la philosophie, une science philosophique.

L'essence de la logique consiste dans l'abstraction de tout contenu de la doctrine de la science.

La deuxième action de la liberté, par laquelle la forme devient forme de la forme, comme de son contenu, s'appelle *réflexion.* Aucune abstraction n'est sans réflexion ; et aucune réflexion n'est possible sans abstraction. Considérées en soi, toutes deux sont des actions de la liberté.

De ce qui précède résulte le rapport déterminé de la logique à la doctrine de la science (36). La première ne fonde pas la dernière, c'est la dernière qui fonde la première. Donc la logique emprunte sa validité à la doctrine de la science, mais la doctrine de la science n'emprunte pas la sienne à la logique.

En outre, la doctrine de la science n'est pas conditionnée et déterminée par la logique, c'est la logique qui l'est par la doctrine de la science.

La logique est un produit artificiel de l'esprit humain dans sa liberté. Elle est une invention suprêmement bienfaisante pour assurer et faciliter le progrès des sciences.

Posez : A dans la proposition ci-dessus signifie Je, (37) alors la proposition signifierait tout d'abord : Je suis Je : ou, si Je suis posé, alors Je suis posé. Je suis posé, parce que Je me suis posé. Je suis, parce que Je suis.

La proposition : A = A ne vaut originellement que du Je ; elle est dérivée de la proposition de la doctrine de la science : Je suis Je.

§. 7. *Comment la doctrine de la science se comporte-t-elle en tant que science envers son objet ?*

L'objet de la doctrine de la science est après tout le système du savoir humain.

Ce qui existe indépendamment de la science dans l'esprit humain, nous pouvons aussi l'appeler les actions (*Handlungen*) de celui-ci (38). Il y a donc originellement dans l'esprit humain, avant notre savoir, contenu et forme.

La doctrine de la science apparaît donc, dans la mesure où elle doit être une science systématique, par une détermination de la liberté.

Par cette action libre (39), quelque chose qui déjà en soi est forme, l'action nécessaire de l'esprit humain, est en tant que contenu accueilli dans une nouvelle forme, la forme du savoir, ou de la conscience, et de ce fait cette action est une action de la réflexion. Cette action est donc aussi une action de l'abstraction.

Une abstraction réfléchissante (*reflektierende Abstraktion*) se produit par la liberté.

L'esprit humain fait toutes sortes de choses ; il accède en tâtonnant à l'aveugle au crépuscule, et c'est seulement de lui qu'il sort pour le grand jour. Il est initialement conduit par des sentiments obscurs. C'est aussi cela l'histoire de la philosophie (40) ! Dans l'ensemble, la faculté de juger philosophique a toujours continué à avancer et s'est rapprochée de son but.

La question est justement de savoir si et dans quelle mesure notre présentation est réussie (42) ; et de cela, nous ne pourrons jamais produire une preuve rigoureuse, mais seulement une preuve fondant une probabilité. Nous ne sommes pas les législateurs de l'esprit humain, mais ses historiographes ; pas des journalistes à vrai dire, mais des historiographes pragmatiques.

La doctrine de la science suppose connues et valides les règles de la réflexion et de l'abstraction (43).

TROISIÈME SECTION (45)

DIVISION HYPOTHÉTIQUE DE LA DOCTRINE DE LA SCIENCE

Un Moi absolu, un Non-Moi absolu, une faculté en nous (*Vermögen in uns*). Aucune philosophie ne va au-delà de ces trois absolus (46).

Les sciences n'ont pas été inventées pour occuper les loisirs de l'esprit et pour les besoins d'un luxe raffiné (47). Mais toute notre activité de recherche doit viser le but suprême de l'humanité, l'ennoblissement (*Veredlung*) de l'espèce, dont nous sommes membres.

*

FONDEMENT DE L'ENSEMBLE DE LA DOCTRINE DE LA SCIENCE
Manuscrit pour les auditeurs (49)

PREMIÈRE PARTIE
Hypothèses de l'ensemble de la doctrine de la science
§ 1. Première thèse tout simplement inconditionnée (53).

L'acte effectif, qui fonde la conscience, sans être un fait de conscience, est plutôt de l'ordre de l'inconscient. Ce qui est une réflexion qui écarte l'inessentiel.

Il existe un cercle entre les lois de la logique (54), et l'acte qu'elles fondent et qui les fonde en retour.

Le je suis est l'expression du seul acte effectif possible (57).

Je est parce qu'il s'est posé.

Le Je se pose lui-même, tout simplement parce qu'il est.

Il s'agit du Je en tant que sujet absolu.

Le substrat de la conscience est le sujet absolu. On ne peut pas du tout penser en faisant abstraction de sa conscience de soi (58).

Je ne suis que pour Moi (*Mich*) ; mais pour Moi je suis nécessairement.

Je suis tout simplement parce que je suis.

Et je suis tout simplement ce que je suis.

Le Je pose originellement tout simplement son propre être.

Ce n'est pas le principe : A = A qui fonde la proposition Je suis, mais plutôt c'est cette dernière qui fonde le premier.

Tout ce à quoi le principe A=A est applicable relève de la catégorie de la réalité (59).

Toute catégorie est déduite du Je, en tant que sujet absolu. De la réalité lui est transmise à partir du Je.

Kant, dans sa déduction des catégories, n'a jamais établi de façon déterminée en tant que tel notre principe fondamental. Avant lui, lorsque Descartes dit : cogito, ergo sum, ou encore cogitans sum, ergo sum (comme nous dirions : sum, ergo sum), l'ajout de cogitans est tout à fait superflu.

Quand Reinhold dit : repraesento, ergo sum, ou plus exactement repraesentans sum, ergo sum, il va notablement plus loin que Descartes.

Spinoza place la conscience pure en Dieu, qui n'est jamais conscient de lui (60). Lorsque l'on dépasse le Je suis, on en arrive nécessairement au spinozisme. Il n'y a que deux systèmes complètement conséquents : Spinoza, et le système critique (Kant).

§ 2. Deuxième hypothèse, conditionnée selon son contenu (61).

Le principe : –A n'est pas =A ne peut pas être démontré ni dérivé non plus. –A est en tant que tel posé, tout simplement parce qu'il est posé.

Cet opposer est une action tout simplement possible. Même la transition du poser à l'opposer n'est possible que par l'identité du Je (62). Par cette action absolue, l'opposé, l'être-opposé en général est posé tout simplement par le Je.

Si un quelconque –A doit être posé, il faut qu'un A soit posé.

La condition indispensable de possibilité de l'opposer est l'unité de la conscience du posant et de l'opposant.

Ce qui est opposé au Je est = Non-Je (63). Au Je est opposé tout simplement un Non-Je. De tout ce qui échoit au Je, le contraire doit, en vertu de la simple opposition, être attribué au Non-Je.

Si je dois représenter quoi que ce soit, il faut que je l'oppose au représentant.

Le principe logique : –A n'est pas =A, s'appellera le principe de l'opposer. On obtient alors la catégorie de la négation (64).

§ 3. Troisième hypothèse conditionnée selon sa forme.

Elle est déterminée en fait par deux principes.

La deuxième hypothèse se supprime ; et aussi, elle ne se supprime pas. Il en va aussi ainsi avec la première (65).

En fait, le Je et le Non-Je opposés doivent être réunis, être posés sans se supprimer réciproquement, ceci dans l'identité de la conscience une (68).

La réalité et la négation peuvent se penser ensemble, sans qu'ils s'anéantissent et se suppriment, du fait d'une restriction des deux opposés l'un par l'autre, qui leur impose des bornes.

Alors, le Je aussi bien que le Non-Je sont posés divisibles (67). Ils sont posés tous deux en général en tant que divisibles dans leur réalité.

Opposé au Je absolu, le Non-Je est tout simplement rien ; opposé au Je restreignant il est une grandeur négative.

Le Je doit être égal à soi-même, et pourtant être opposé à soi-même. Le Je absolu est posé comme indivisible ; en revanche, le Je auquel le

Non-Je est opposé, l'est en tant que divisible. C'est donc le Je, dans la mesure où un Non-Je lui est opposé, qui est lui-même opposé au Je absolu.

Et ainsi donc tous les contraires sont réunis, sans altération de l'unité de la conscience.

Tout opposé est égal à son opposé selon une raison de relation (relier). Et tout égal est opposé à son égal selon une raison de distinction (distinguer) (68).

Ce n'est qu'en partie, en une partie que les égaux sont opposés, et les opposés égaux. Tout jugement fondé n'a donc qu'Une raison de relation et Une raison de distinction (69).

Le procédé par lequel on recherche dans des termes comparés le caractère en quoi ils sont opposés s'appelle antithétique, ou parfois analytique. Tandis que le procédé synthétique consiste à rechercher dans des termes opposés le caractère en quoi ils sont identiques. Les jugements produits par le premier procédé sont antithétiques ou négatifs, et ceux qui le sont par le second procédé, sont synthétiques ou affirmatifs.

La fameuse question que Kant place au sommet de la *Critique de la raison pure* : comment des jugements synthétiques a priori sont-ils possibles ? – a trouvé maintenant une réponse (70), avec la synthèse entre les Je et Non-Je opposés, au moyen de la divisibilité posée dans les deux.

Les règles logiques qui régissent toute antithèse et toute synthèse sont dérivées du troisième principe fondamental de la doctrine de la science.

Aucune antithèse n'est possible sans une synthèse. Inversement, aucune synthèse n'est possible sans une antithèse. Il n'y a de ce fait, en général, pas de jugement simplement analytique.

Tout notre procédé (au moins dans la partie théorique de la doctrine de la science, car dans la partie pratique ce sera l'inverse) sera synthétique ; chaque principe contiendra une synthèse. – Mais aucune synthèse n'est possible sans antithèse préalable. On devra, pour chaque principe, partir de la mise en évidence des opposés (71), qui doivent être réunis. Et il faut continuer cela aussi longtemps qu'on le peut jusqu'à arriver à des opposés qui ne se laisseront plus relier parfaitement, passant ainsi dans le domaine de la partie pratique.

Autant l'antithèse n'est pas possible sans la synthèse et la synthèse sans l'antithèse ; autant toutes deux ne sont pas possibles sans thèse. C'est le moyen de donner au tout du système solidité et achèvement.

L'unité absolue ne peut être produite que par une approximation finie de l'infini, ce qui en soi est impossible.

En réalité, de même qu'il y avait des jugements antithétiques et synthétiques, il devrait, par analogie, y avoir aussi des jugements thétiques, où on ne pourrait présupposer aucune raison de relation ou de distinction (72). Par exemple : Je suis, ou encore : l'homme est libre. Une idée qui n'est pas pensable, mais qui pourtant nous est présentée comme le but pratique le plus élevé (73). De même, le jugement de goût A est beau est un jugement thétique, car on ne connaît pas l'idéal du beau, qui est plutôt une tâche pour mon esprit. Kant et ses successeurs ont de ce fait très exactement appelé ces jugements infinis.

Le procédé de l'esprit humain dans les jugements thétiques en général se base sur le poser du Je tout simplement par soi-même.

Tous les opposés dans un concept quelconque qui exprime leur raison de distinction coïncident dans un concept supérieur (plus général, plus englobant), que l'on appelle le concept de genre. La règle logique de la définition doit indiquer le concept de genre, qui contient la raison de relation, et la différence spécifique, qui contient la raison de distinction. La doctrine de la science détermine quelles sont les déterminations les plus générales ou les plus spéciales, et donc quels concepts sont les plus élevés et les plus bas.

Avec ce qui est posé tout simplement, le Je, il en va tout autrement (74). Un Non-Je est posé identique à lui, alors qu'en même temps, il lui est opposé. Le Je est lui-même rabaissé dans un concept inférieur, celui de divisibilité, afin de pouvoir être posé identique au Non-Je ; et dans le même concept, il lui est aussi opposé. Il n'y a donc pas ici d'ascension, comme d'habitude lors de chaque synthèse, mais une descente. Il y a lieu de distinguer les jugements dont le sujet logique est le Je bornable et déterminable, et ceux dont le sujet logique est le Je absolu indéterminable.

L'essence de la philosophie critique réside dans le fait qu'un Je absolu y est établi comme tout simplement inconditionné et déterminable par rien de supérieur, et quand cette philosophie tire ses conclusions de façon conséquente à partir de cette hypothèse, elle devient doctrine de la science. Le criticisme est immanent, parce qu'il pose tout dans le Je. Le dogmatisme est transcendant, parce qu'il dépasse le Je. Un dogmatisme accompli comme le spinozisme nie donc soit que notre savoir en général a un fondement, qu'en général il y a un système dans l'esprit humain ; soit il se contredit lui-même. Le dogmatisme accompli est un scepticisme, qui doute qu'il doute. Le scepticisme critique est un peu autre chose, celui de Hume, de Maimon, d'Ænésidème, sceptiques sagaces à qui il faut accorder le respect qui leur est dû.

Spinoza place le fondement de l'unité de la conscience dans une substance, en disant que c'est tout simplement ainsi (75).

En général le dogmatisme n'est pas du tout ce qu'il prétend être (76). Le Je et le Non-Je sont l'intelligence et l'extension de Spinoza. Mais le Je absolu pur ne s'y élève pas du tout à son niveau.

La partie théorique de notre doctrine de la science, qui n'est développée qu'à partir des deux derniers principes, est réellement le spinozisme systématique ; sauf que chaque Je est lui-même la substance unique suprême. Mais notre système ajoute une partie pratique, qui fonde et détermine la partie théorique et parachève ainsi l'ensemble de la science.

Jugements d'« opposition » et de « comparaison » sont construits sur une double raison de « distinction » (différence spécifique, négation) et de « relation » (genre, réalité). Restant la catégorie de la détermination, c'est-à-dire de la « limitation » chez Kant (*Begrenzung*, dit Fichte pour le *Limitation* de Kant). Ce point difficile est à revoir, à tenir compte que Fichte effectue une sorte de réécriture de la *Critique de la Raison pure* de Kant, à partir de sa fameuse table des 12 catégories (Tremesaygues-Pacaud, PUF, 1950, 94).

Table des catégories :

1 De la quantité : 1.1 Unité. 1.2 Pluralité. 1.3 Totalité.

3 De la relation : 3.1 Substance-accident. 3.2 Causalité. 3.3 Action réciproque.

4 De la modalité : 4.1 Possibilité/Impossibilité. 4.2 Existence/Non-existence. 4.3 Nécessité/Contingence.

2 De la qualité :

2.1 Réalité	Je	Thèse
2.2 Négation	Non-Je	Antithèse
3.2. Limitation	Je-Non-Je	Synthèse fondamentale du Je et du Non-Je. 1er acte synthétique.

DEUXIEME PARTIE

Base du savoir théorique

§ 4. Première thèse (77).

On a à présent trois hypothèses logiques ; celle de l'identité, qui fonde toutes les autres ; et ensuite les deux qui se fondent elles-mêmes réciproquement en lui, celle de l'opposer, et celle de la raison. Ces deux dernières hypothèses rendent seules possible le procédé synthétique.

Dans le premier acte synthétique (la synthèse fondamentale du Je et du Non-Je) est établi un contenu pour toutes les synthèses possibles futures.

Selon le § 3, tous les concepts synthétiques se forment par réunification d'opposés. Il faudrait donc d'emblée rechercher, par acte volontaire de la réflexion, les critères opposés des concepts édifiés (ici du Je, et du Non-Je, dans la mesure où ils sont posés comme se déterminant réciproquement). On présuppose une action antithétique, originellement nécessaire, du Je.

La réflexion doit accomplir cet acte antithétique (78) : et elle est dans cette mesure d'emblée analytique. Mais comment un concept inconnu peut-il être analysé ?

Aucun acte antithétique déterminé (assurant la possibilité de l'analyse), n'est possible sans un acte synthétique déterminé (§ 3). On peut donc conclure de l'antithèse à la synthèse, y compris le tiers terme, où les deux opposés sont réunis, établi en tant que trouvaille de la réflexion, et cependant en tant que produit de cet acte synthétique originel du Je, qui, pour cette raison, en tant qu'acte, ne doit précisément pas parvenir à la conscience empirique, tout aussi peu que les actes jusqu'à présent accomplis[2]. On rencontre à partir de maintenant des actes synthétiques purs, mais pas inconditionnés comme les premiers. Cependant, ce sont des actes du Je. Aussi certainement que la première synthèse à partir de laquelle ils ont été développés est une ; et celle-ci est aussi certainement une que le plus haut acte effectif du Je, celui par lequel il se pose lui-même, est un. Les actes qui sont établis sont synthétiques ; mais la réflexion qui les établit est analytique.

Mais les antithèses en question, à présupposer pour rendre possible une analyse par la réflexion, ne sont pas possibles sans synthèse. Donc, il faut admettre qu'une synthèse supérieure est déjà advenue, à rechercher comme déjà établi dans le paragraphe précédent.

A) Détermination du principe synthétique à analyser (79).

Le Je aussi bien que le Non-Je sont tous deux posés par le Je et dans le Je, comme limitables l'un par l'autre réciproquement, c'est-à-dire de telle manière que la réalité de l'un supprime la réalité de l'autre et inversement (§ 3).

On trouve les deux principes suivants dans ce principe.

1. Le Je pose le Non-Je comme borné par le Je. Mais ce premier principe, qui jouera un grand rôle dans la partie pratique de notre science, n'est provisoirement d'aucun usage. Car jusqu'à présent le Non-Je est néant.

---

[2] Fichte admet une dimension inconsciente sous-jacente au fonctionnement de la conscience empirique, aussi bien que médiate, indirecte, construite, au niveau de l'activité réflexive qui l'analyse.

2. Le principe de départ comporte aussi le principe suivant : le Je se pose soi-même, comme borné par le Non-Je. On peut faire un usage de celui-ci. Ce sera même la base du § 4 de la WL de 1794, dont l'exposé va suivre.

Ainsi le Je est posé, d'emblée comme réalité absolue, et ensuite comme réalité restreignable susceptible de quantité, et ce par le Non-Je. Mais tout cela est posé par le Je.

Philonenko présente un texte apparemment différent et plus concis de la même idée de départ : « J' [D] oppose dans le Moi [C] un moi divisible [A] au non-moi divisible [B]» (*Ich setze im Ich dem theilbaren Ich ein theilbares Nicht-Ich entgegen*) (GA. I, II, p. 272). En disant que D ne peut être que le philosophe et son rôle actif dans la série idéelle, tandis que (ce qu'il ne dit pas) C est le moi absolu (Dieu dont le mot n'est jamais utilisé par Fichte), et A et B respectivement sont le moi fini et son Objet.

À partir de cette suggestion peuvent s'identifier deux modèles de pensée comparables, l'un dans le passé, l'autre le futur.

Dans le passé, ce sont les *Méditations* (1640) de Descartes avec leur « Je suis » (ego sum) (D), muni de l'idée de Dieu (C), dont l'existence et la véracité vont garantir la relation de certitude de l'esprit fini de l'homme (A) en face du monde (B).

Dans le futur, on lit déjà la formulation du plan de l'*Encyclopédie* de Hegel (1817) : D est le philosophe Hegel qui décrit d'abord le Logos (dans la Logique : C), assurant ainsi la double base de la philosophie de la Nature (B), puis de la philosophie de l'Esprit (A dans la Culture).

Il n'y a rien là de très mystérieux, si l'on se réfère au modèle traditionnel depuis la philosophie antique des trois grands objets de la philosophie rencontrés par le philosophe (D) : le moi (A), le monde (B) et Dieu (C, depuis Aristote), l' « hyperbole démonique » de Platon.

En tout cas, le second principe fonde la partie théorique de la doctrine de la science, à vrai dire rétrospectivement (80).

Le premier principe qui reste problématique fonde la partie pratique de la science.

La réflexion doit partir de la partie théorique, bien que ce soit la faculté pratique qui rende seule possible la faculté théorique. La raison en soi est seulement pratique et elle ne devient théorique que dans l'application de ses lois à un Non-Je qui la restreint. La pensabilité du principe fondamental pratique se fonde sur la pensabilité du principe théorique.

La division de la doctrine de la science en théorique et en pratique est simplement problématique. On ne sait pas encore si on achèvera la partie théorique, en vue d'aborder une partie pratique particulière.

B) Synthèse des opposés contenus dans la proposition établie en général.

Le principe : le Je se pose comme déterminé par le Non-Je, est dérivé de la troisième Hypothèse. Celui-ci est valide, certain tant que l'unité de la conscience n'est pas supprimée et que le Je ne doit pas cesser d'être Je (§ 3).

Le Non-Je détermine (activement) le Je (lequel dans cette mesure est subissant (81).

Les concepts d'activité, et de subir ne sont à vrai dire pas encore développés. On n'a utilisé ici ces termes que pour être compréhensible.

La réalité et la négation se suppriment, et ne doivent pas se supprimer, mais être réunies, ce qui se produit (§ 3) par restriction ou détermination.

Le Je ne peut que se déterminer comme réalité (82). Il pose toute réalité comme un quantum absolu. Ceci est un Acte absolu du Je (§ 3).

Dans le Non-Je la totalité absolue de la négation est posée.

Toutes deux, la totalité absolue de la réalité dans le Je, la totalité absolue de la négation dans le Non-Je, doivent être réunies par détermination. De ce fait le Je se détermine en partie et il est en partie déterminé.

Mais les deux significations doivent être pensées comme Une seule et même chose.

Il existe des degrés de réalité ou de négation. Divisez par exemple la totalité de la réalité en 10 parties égales ; posez en 5 dans le Je ; alors nécessairement cinq parties de la négation seront posées dans le Non-Je.

Mais s'il y a par exemple cinq parties de négation posées dans le Je, alors cinq parties de réalité sont posées dans le Non-Je.

De ce fait, le Je pose de la négation en soi dans la mesure où il pose de la réalité dans le Non-Je, et de la réalité en soi, dans la mesure où il pose de la négation dans le Non-Je (83). Il se pose donc en se déterminant, dans la mesure où il est déterminé ; et en étant déterminé, dans la mesure où il se détermine.

Le problème est en partie résolu. Mais la question de savoir comment le Je peut poser de la négation en soi ou de la réalité dans le Non-Je n'a toujours pas de réponse.

Une nouvelle synthèse vient d'établir le concept générique supérieur de détermination, par quoi il y a de la quantité qui est posée. Mais par différence spécifique, la détermination en général se laisse préciser en une détermination plus déterminée qui pourrait être assez correctement appelée détermination alternante. C'est la même chose qui s'appelle chez Kant relation[3].

C. Synthèse par détermination alternante des opposés contenus dans le premier des principes opposés eux-mêmes.

On a désormais à déterminer, plus précisément à restreindre la sphère afin d'obtenir des concepts synthétiques subsumés sous le concept supérieur de la détermination alternante (84).

Le Non-Je doit déterminer le Je, cela n'est possible que si le Non-Je a en soi même de la réalité.

Mais toute réalité est posée dans le Je, cela n'est possible que si tout Non-Je est négation ; et n'a donc aucune réalité en soi.

Le principe que le Non-Je détermine le Je se supprime donc lui-même, mais ne peut pas non plus se supprimer.

Le Non-Je a été posé comme un quantum (85). Il doit être pour ainsi dire une négation réelle (une grandeur négative).

Dans les mathématiques comme dans la doctrine de la science, il est simplement question de réalité relative.

Il y a une duplicité dans le concept de réalité lui-même. Et au lieu d'une véritable contradiction, on a seulement affaire à une contradiction apparente.

Le Je est, parce qu'il se pose, et il se pose, parce qu'il est (86). De ce fait, se poser et être sont une seule et même chose. Mais le concept du se-poser et celui de l'activité en général sont à nouveau une seule et même chose. Toute réalité est active ; et toute chose active est réalité. L'activité est réalité positive, à l'opposé de la simple réalité relative.

L'imagination produit une illusion à propos du concept d'activité, en le représentant en objet.

Tout ce qui dans le Je n'est pas compris immédiatement dans le : Je suis, tout ce qui n'est pas immédiatement posé par le poser du Je par lui-même, est pour celui-ci subir (affection en général).

D'où un nouveau principe (87) : le Non-Je n'a pour le Je de la réalité que dans la mesure où le Je est affecté ; et en dehors de la condition d'une affection du Je, il n'en a aucune.

Le concept synthétique maintenant dérivé par la synthèse actuelle est celui de l'activité dans l'un des termes, au même degré que celui de subir dans son opposé ; et inversement.

---

[3] Pourtant dans la Table des catégories de Kant, la relation (3) concerne autre chose que la détermination au sens de « limitation » (2.3), sauf à entendre qu'il puisse s'agir ici de la détermination par « action réciproque entre l'agent et le patient » (3.3).

Cette synthèse est appelée la synthèse de l'efficience (causalité). Ce à quoi est attribué l'activité et dans cette mesure aucun subir, s'appelle la cause ; ce à quoi le subir est attribué et, dans cette mesure, non l'activité, s'appelle l'effectué, l'effet. Tous deux pensés en relation s'appellent une opération (*Wirkung*).

Cependant, le temps n'est pas encore déduit (119, 146). Il n'est pas du tout vrai que l'on doive penser la cause comme précédant dans le temps l'effectué. Ce n'est pas la cause en tant que telle mais la substance, à laquelle l'efficience est attribuée, qui précède dans le temps ce qui en elle est effectué (88).

D. Synthèse par détermination alternante des oppositions contenues dans le deuxième des principes opposés.

Le deuxième principe établi comme contenu dans notre principe fondamental : le je se pose comme déterminé, devrait pouvoir être pensé de la façon suivante : le Je détermine par son activité son subir ; ou par son subir son activité.

Dans le Je, de la réalité est posée. Donc, le Je doit être posé comme totalité absolue.

Le Je pose simplement, sans aucune raison, et sous aucune condition possible, une totalité absolue de la réalité, en tant que quantum.

Le Je ne peut déterminer que la quantité restreinte de sa réalité ; et par sa détermination il y a aussi détermination en même temps de la quantité de la négation (89).

Je pense est d'emblée une expression d'activité (90); le Je est posé pensant, et dans cette mesure agissant. Il est en outre une expression de la négation, de la restriction, du subir ; car penser est une détermination particulière de l'être. Le concept de penser est de ce fait opposé à lui-même ; il désigne une activité lorsqu'il est rapporté à l'objet pensé, il désigne un subir lorsqu'il est rapporté à l'être en général : car l'être doit être restreint pour que la pensée soit possible.

On est présence d'un nouveau concept synthétique qu'il faut encore examiner plus précisément (91).

Les réalités du Je sont ses types d'acte : il est substance dans la mesure où tous les types possibles d'acte (modes d'être) y sont posés (92).

Il n'y a originellement qu'Une substance : le Je ; dans cette substance Une sont posés tous les accidents possibles, donc toutes les réalités possibles.

La tâche de la doctrine de la science consiste à toujours intercaler des membres intermédiaires entre les opposés ; mais cela ne résout pas complètement la contradiction, et ne fait que la pousser plus loin (93).

Dans la mesure où le Je est restreint par le Non-Je, il est fini, mais en soi, tel qu'il est posé par sa propre activité absolue, il est infini. La finité en général doit être supprimée ; toutes les bornes doivent disparaître, le Je infini doit seul rester, en tant que Un et en tant que Tout.

La lumière et l'obscurité ne sont en général pas opposées (94) ; mais seulement distinguables par degrés. L'obscurité est seulement une très petite quantité de lumière. – C'est précisément ainsi qu'il en va entre le Je et le Non-Je.

E. Réunion synthétique de l'opposition entre les deux types établis de la détermination alternante

Le Je se pose en tant que déterminé par le Non-Je, tel était le principe fondamental dont on est parti. Déterminer et être déterminé seront une seule et même chose par l'intermédiaire du concept de la détermination alternante. Grâce au concept de l'efficience, négation et subir peuvent être posés dans le Je, et le même quantum de réalité ou d'activité doit être posé dans le Non-Je. Subir et activité dans le Je sont une seule et même chose, car subir est simplement un quantum plus petit d'activité.

On est empêtré dans un cercle. Si le Je pose en soi un plus petit degré d'activité, il pose ainsi sans doute en soi un subir, et une activité dans le Non-Je. Mais le Je ne peut pas avoir la faculté de poser tout simplement un degré inférieur d'activité en soi.

On ne peut traiter cette question qu'à présupposer connu le concept de temps (95).

D'après la présupposition de l'idéalisme transcendant, et notamment de l'harmonie préétablie, le Je se pose alors sans doute comme déterminé, mais non comme déterminé par le Non-Je.

En fait, toute activité dans le Je détermine un subir dans le Non-Je, et inversement (97). Ceci en vertu du concept de la détermination alternante.

I (99)

Le subir est posé en tant que qualité opposée à la réalité, comme négation (101).

Le spinozisme matériel est un dogmatisme réaliste, un réalisme dogmatique. Mais l'idéalisme dogmatique leibnizien (102) serait tout aussi incomplet. La véritable question problématique du réalisme et de l'idéalisme est celle de savoir quel chemin doit être emprunté dans l'explication de la représentation. Un système dans lequel on met cela en évidence est un idéalisme critique, comme celui de Kant. Notre idéalisme n'est pas dogmatique mais pratique, et ne détermine pas ce qui est, mais ce qui doit être.

Au moyen du concept de substantialité, l'activité dans le Je pose et détermine un subir dans le non-Je. Tous deux sont pris dans l'alternance ; leur détermination réciproque est la deuxième espèce de la détermination alternante établie plus haut (103).

Même dans le Non-Je, une activité est posée, et plus précisément une activité non identique à la totalité, mais bornée (104).

Il est établi que ce n'est pas une activité absolue en général, mais une activité absolue qui détermine une alternance. Elle s'appelle imagination (105).

II

Par une activité indépendante, un agir et subir en alternance est déterminé : c'est le deuxième principe qui est à discuter.

La réflexion de l'observateur est à distinguer ici d'une réflexion sur cette réflexion, qui est celle du philosophe sur la manière d'observer (106).

Dans l'alternance de l'efficience, une activité du transférer échoit au Je pour qu'une détermination par le concept d'efficience soit possible.

Le Je lui-même, dans la mesure où il subit, doit aussi être actif même s'il n'est précisément pas seulement actif (107).

Dans l'alternance de la substantialité, c'est le non poser qui importe à proprement parler : on peut donc la nommer dans cette mesure un dessaisir (*Entaüssern*).

On doit remarquer la différence caractéristique entre ce dessaisir et le transférer établi plus haut (108).

Un subir doit être opposé à l'activité du dessaisir que nous avons montrée ; et c'est ainsi qu'il en va de fait, une partie de la totalité absolue est dessaisie. C'est la détermination de l'accident qui a été maintenant expliquée.

III (109)

Le transiter même fonde ce en quoi il transite ; par le simple transiter, le transiter devient possible (110). Le transiter devient possible du fait qu'il advient ; et il n'est possible que dans la mesure où il advient réellement. Il est fondé par lui-même ; il advient tout simplement parce qu'il advient, et est une action absolue. La conscience, tout simplement parce qu'elle est conscience, doit transiter.

L'engrènement réciproque, le *rapport (Verhältnis)* réciproque des membre-alternants et une alternance déterminée sont une seule et même chose (111).

Pas d'engrènement des membres-alternants, pas de transit, pas de transit, pas d'engrènement : tous deux sont une seule et même chose, et ne peuvent être distingués que dans la réflexion (112).

L'action retourne en soi par un circuit. Mais l'ensemble du circuit est posé tout simplement (113).

D'un certain point de vue, il n'y a pas position, il y a, d'un certain autre point de vue, position. Le Non-Je n'est actif que dans la mesure où il est posé comme actif par le Je au moyen d'un ne-pas-poser (114). Le Non-Je fonde le *non*-poser. Pas de poser par un non-poser.

Il faut trouver la synthèse entre l'idéalisme dogmatique et le réalisme dogmatique.

Ce qui dans le Non-Je est activité est dans le Je subir. Le Je ne pose pas quelque chose en soi, et le Je pose quelque chose dans le Non-Je, disent la même chose.

Le Non-Je ne pose pas quelque chose dans le Je. Le Je ne pose pas quelque chose dans le Je. Le Je ne pose pas quelque chose en soi, et il pose quelque chose dans le Non-Je, sont une seule et même chose.

Le sens profond de la synthèse de l'idéalisme critique est le suivant : raison idéale et raison réelle sont dans le concept d'efficience une seule et même chose (116).

Pour le Je se poser et être sont une seule et même chose.

Activité et subir du Je sont une seule et même chose (117).

Le poser du Je est limité, du fait qu'il doit poser un Non-Je (118).

Seul ce qui pénètre dans l'alternance et ce qui par le pénétrant est refoulé et supprimé entre dans l'alternance (119).

La simple alternance, en tant qu'unité synthétique, consiste en l'identité de l'opposer essentiel et du supprimer réel (120).

Chacun des membres alternants est posé par le non-poser de l'autre, donc en leur être-opposé (121).

Le Je ne peut transférer de la réalité sur le Non-Je qu'en ne posant pas celle-ci en soi ; et inversement, il ne peut transférer de la réalité en soi qu'en ne la posant pas dans le Non-Je.

La loi de la conscience est : pas de sujet, pas d'objet ; pas d'objet, pas de sujet.

Un premier idéalisme qui supprime quelque chose posé en soi, est l'idéalisme qualitatif ; le deuxième, qui originellement se pose une quantité bornée, est l'idéalisme quantitatif (122).

De même, un réalisme quantitatif, doit bien être distingué d'un réalisme qualitatif (123).

Ce réalisme n'est rien d'autre que celui que nous avons établi ci-dessus sous le nom d'idéalisme critique, Kant n'en ayant établi aucun autre. Notre idéalisme, qui n'est pas dogmatique, mais critique, avance de quelques pas de plus que le sien (124).

Par une réunification synthétique des deux synthèses se présente un idéalisme quantitatif critique en tant que voie intermédiaire entre les deux types d'explication.

Le Je est seulement le contraire du Non-Je et rien de plus ; et le Non-Je est simplement le contraire du Je et rien de plus. Pas de Tu, pas de Je ; pas de Je, pas de Tu. Nous voulons nommer le Non-Je objet, le Je sujet (125).

Le Je ne peut que poser soit le sujet soit l'objet, et tous deux uniquement médiatement.

On adhère à l'idéalisme quantitatif critique (126).

On traite maintenant du concept de la substantialité (127).

Le Je est originellement posé en tant que se posant (129). Poser un objet, et ne pas se poser, sont synonymes.

La substance ne désigne pas le durable, mais ce qui embrasse tout.

La relation doit être absolue, et l'absolu ne doit être rien de plus qu'une relation (133).

Le Je se pose simplement. Le Je pose un objet (134).

Le Je se pose en tant que se posant du fait qu'il exclut le Non-Je, ou bien posant le Non-Je, du fait qu'il s'exclut (135).

La totalité consiste dans la complétude d'un rapport, mais pas d'une réalité (136).

Les membres du rapport, considérés singulièrement, sont les accidents, leur totalité est substance. Dans la substance il ne faut pas penser quoi que ce soit de fixe, mais une simple alternance. Les accidents, réunis synthétiquement, donnent la substance (137) ; il n'y a rien d'autre en elle que les accidents. Le Je posant, grâce à la plus merveilleuse de ses facultés, que nous déterminerons plus précisément en son temps, retient l'accident évanescent aussi longtemps qu'il faut pour que le Je ait comparé avec lui ce par quoi il est refoulé (*verdrängt*).

Toutes les modalités d'action du Je cependant doivent partir d'un procédé thétique (138). C'est également une synthèse ramenant à la thèse la plus élevée. Le subjectif et l'objectif posés par la thèse et l'antithèse, sont déterminables réciproquement l'un par l'autre, et c'est seulement dans la mesure où ils le sont qu'ils peuvent être rassemblés et fixés et maintenus par la faculté du Je active dans la synthèse (l'imagination). L'antithèse n'est pas possible sans la thèse. L'antithèse n'est pas possible sans la synthèse.

Nous dirigeons l'imagination aussi bien que nous le pouvons (139), la merveilleuse faculté de l'imagination productive qui a été installée en nous, et qui sera expliquée brièvement, sans laquelle rien dans l'esprit humain ne pourrait être expliqué (140).

Pas d'activité du Je, pas de heurt (141). Pas de heurt, pas d'autodétermination.

Pas d'infinité, pas de limitation ; pas de limitation, pas d'infinité (144). L'activité du Je consiste en un se-poser sans bornes : il se produit devant elle une résistance. Si le Je ne se limitait pas, il ne serait pas infini. Le Je se pose infini : il se détermine par le prédicat de l'infinité : donc il se limite lui-même (le Je), en tant que substrat de l'infinité.

Cette alternance du Je en soi et avec soi-même, qui se pose fini et infini à la fois – une alternance qui consiste en quelque sorte en un conflit avec soi-même, c'est la faculté de l'imagination (145).

Il y a thèse absolue de l'imagination, qui dans cette mesure est tout simplement productive, puis antithèse de l'imagination, et enfin synthèse de l'imagination, qui devient reproductive dans cette affaire.

L'imagination ne pose en général aucune limite fixe (146) ; car elle n'a elle-même aucun point de vue fixe ; seule la Raison pose quelque chose de fixe, en fixant d'abord elle-même l'imagination. L'imagination est une faculté qui flotte au milieu entre détermination et indétermination, entre fini et infini. L'imagination engendre son produit en quelque sorte pendant son flottement, et par son flottement.

Pour la simple Raison pure, tout est simultané ; ce n'est que pour l'imagination qu'il y a un temps.

Cette faculté est celle de production absolue. Mais on peut prévoir que dans la partie pratique de notre science, cette faculté sera hissée à un niveau encore supérieur (147).

Je et Non-Je : grâce à l'imagination, qui réunit ce qui se contredit, ils peuvent être parfaitement réunis. Un Je qui se pose, en tant que se posant lui-même, ou un sujet *(Subjekt)*, n'est pas possible sans un objet produit.

Pas d'objet, pas de sujet : (*kein Objekt, kein Subjekt*). Dans cette mesure, il se pose comme déterminé. En même temps, il se pose aussi comme déterminant ; parce que le limitant dans le Non-Je est son propre produit (pas de sujet, pas d'objet).

Une philosophie populaire trompeuse n'est pas une philosophie (149).

Dans la série de réflexions à venir, l'objet de la réflexion n'est pas produit par la même réflexion elle-même, mais seulement élevé à la conscience (150).

La doctrine de la science doit être une histoire pragmatique de l'esprit humain. Jusqu'à présent nous avons travaillé simplement pour nous procurer une entrée dans celle-ci.

Un factum sera à partir de maintenant l'objet d'une réflexion philosophique supérieure, mais dans une direction inverse.

La réflexion emprunte à partir de maintenant la direction inverse. Cette seconde série n'est pas seconde ; c'est la première simplement inversée (151).

Les opposés sont dans les deux cas un subjectif et un objectif ; mais ils sont en tant que tels dans l'esprit humain d'une manière très différente avant la synthèse, et après elle.

Nous n'aurions à vrai dire nullement pu entreprendre toutes les investigations qui précèdent sans une bienfaisante illusion de l'imagination, qui, sans le faire remarquer glissait un substrat sous ces simples opposés.

L'esprit demeure dans le conflit, flotte entre les deux termes (152) ; il flotte entre l'exigence et l'impossibilité de la remplir. Cet état s'appelle l'état de l'intuitionner. La faculté active dans cet état a déjà été appelée plus haut imagination productive.

L'imagination productive, ne serait pas du tout possible s'il ne survenait pas des opposés absolus. Le présupposé ne peut être expliqué que par le trouvé (153), et le trouvé ne peut être expliqué que par le présupposé. C'est précisément de l'être-opposé absolu que découle l'ensemble du mécanisme de l'esprit humain.

Il n'existe pas d'autre réalité que celle qui est médiatisée par l'intuition.

Toute réalité – comprenons ici pour nous (*für uns*), ce qui ne peut être compris autrement dans un système de philosophie transcendantale – n'est produite que par l'imagination. Un des plus grands penseurs de notre époque (Kant) enseigne la même chose, et parle à ce sujet d'une tromperie par l'imagination. C'est sur cette action de l'imagination que se fonde la possibilité de notre conscience, de notre vie, de notre être pour nous.

Déduction de la représentation

Un heurt se produit sur l'activité du Je qui va à l'infini, et l'activité, qui ce faisant ne doit pas être anéantie, est réfléchie, entraînée vers l'intérieur ; elle acquiert la direction précisément inverse (154).

Aucune action ne peut s'effectuer sur le Je, sans qu'il agisse en retour.

On obtient une double direction, conflictuelle avec elle-même, [centripète], qui est un subir, et [centrifuge] comme une simple activité ; lesquelles sont toutes deux un seul et même état du Je.

Cet état, dans lequel des directions radicalement opposées sont réunies, est précisément l'activité de l'imagination. Une activité qui n'est possible que par un subir, et un subir qui n'est possible que par une activité. Selon les deux directions, celle vers A et celle vers C, [centripète et centifuge].

L'état du Je, dans la mesure où son activité [centrifuge] se situe entre A et C, est un intuitionner (155).

Le Je doit intuitionner. Le Je doit se poser comme intuitionnant ; car rien n'échoit au Je que ce qu'il s'attribue.

Les deux opposés, l'activité et le subir, ne doivent pas s'anéantir et se supprimer, ils doivent consister l'un à côté de l'autre : ils doivent seulement s'exclure réciproquement.

L'intuitionné, en tant que tel, est produit (156).

Le Je ne peut pas être conscient de son activité dans cette production de l'intuitionné en tant que tel, parce cette activité n'est pas réfléchie.

La faculté productive est toujours l'imagination.

L'activité du Je a déjà été réfléchie une fois par le heurt de dehors, et maintenant elle doit, et par une spontanéité absolue, être à nouveau réfléchie dans la même direction [centripète].

La première activité [centrifuge] en effet n'est réfléchie que par un simple heurt de dehors ; la deuxième [activité centripète] est réfléchie par la spontanéité absolue.

La distinction entre une réflexion de l'activité de dehors, et une autre de dedans, doit être dérivée en tant que factum (157).

Nous tournons dans un cercle éternel si l'intuition n'est pas d'abord fixée en soi, et en tant que telle.

L'intuitionner en tant que tel n'est rien de fixé, mais est un flottement de l'imagination entre des directions en conflit.

L'acte de fixer échoit à la faculté tout simplement posante dans le Je, ou Raison (158). – Ensuite, l'imagination, à l'activité de laquelle est posée une limite. En dernier lieu, le produit de l'imagination dans son flottement. Il doit y avoir une faculté de maintenir ; et cette faculté n'est ni la Raison, ni l'imagination productive ; il y a donc entre elles une faculté intermédiaire. L'entendement n'est entendement que dans la mesure où quelque chose est fixé en lui. L'entendement peut être décrit comme l'imagination fixée par la Raison, ou comme la Raison pourvue d'objets par l'imagination. L'entendement est une faculté quiescente, inactive de l'esprit, le simple contenant de ce qui est produit par l'imagination et de ce qui est et doit être déterminé par la Raison.

C'est uniquement dans l'entendement qu'est la réalité (bien que ce soit uniquement par le truchement de l'imagination) ; il est la faculté du *réel* ; en lui seulement, l'idéal devient réel. L'imagination produit certes la réalité ; mais il n'est en elle aucune réalité ; c'est uniquement par l'appréhension et la conception dans l'entendement que son produit devient quelque chose de réel. Dans la réflexion naturelle, opposée à la réflexion artificielle de la philosophie transcendantale, grâce aux lois de celle-là, on ne peut reculer que jusqu'à l'entendement, et l'on rencontre en celui-ci quelque chose de donné à la réflexion, comme une matière de la représentation ; mais on n'est pas conscient de la manière dont ce donné est parvenu à la conscience (159). D'où notre ferme conviction de la réalité des choses hors de nous, et sans aucune intervention de notre part, parce que nous ne sommes pas conscients de la faculté de leur production. Si nous étions conscients dans la réflexion commune, comme nous pouvons être conscients dans la réflexion philosophique de ce que ces choses n'arrivent que par l'imagination dans l'entendement, alors nous déclarerions de nouveau toute chose tromperie.

Au-delà de C dans l'infinité, un produit déterminé de l'imagination productive absolue est posé par une intuition obscure, non réfléchie, et qui ne parvient pas à une conscience déterminée ; ce qui limite la faculté de l'intuition réfléchie.

L'imagination qui, dans sa fonction présente ne produit pas (160), mais appréhende (pour poser dans l'entendement, non pour conserver) presque exclusivement ce qui est déjà produit et conçu dans l'entendement, s'appelle de ce fait reproductive.

La distinction est naturelle entre la représentation et la chose représentée en elle.

La condition de toute activité objective est un subir (162).

Un sentiment de contrainte (*Gefühl des Zwanges*) à accomplir une action déterminée, qui est possible toutefois pour l'imagination est fixé dans l'entendement comme *nécessité*.

Le contraire de cette activité conditionnée par un subir est une action libre appréhendée dans l'entendement comme *possibilité*.

L'activité de l'autodétermination est détermination d'un produit fixé de l'imagination dans l'entendement par la Raison : donc un *penser*. L'intuitionnant se détermine lui-même en le *penser* d'un objet (163).

L'objet est pensé comme *cause* de subir dans l'intuitionnant, en tant qu'*effet* de ce dernier : un *noumène* (164).

Dans l'imagination, c'est-à-dire dans la liberté de flotter de l'un à l'autre, c'est un peu comme si l'on regardait une *loi*, dont on ne sait à vrai dire encore rien, comme une délibération de l'esprit avec soi-même.

La faculté de juger est la faculté jusqu'à présent libre, de réfléchir sur des objets déjà posés dans l'entendement ou d'abstraire d'eux, et à la mesure de cette réflexion ou de cette abstraction, de les poser avec une détermination supplémentaire dans l'entendement.

Rien dans l'entendement, pas de faculté de juger ; pas de faculté de juger, rien dans l'entendement *pour l'entendement*, aucun penser du pensé comme tel (165).

1. Tout pensé est pensable, 2. Tout pensable est pensé. Pas de pensable, pas de pensé ; pas de pensé, pas de pensable.

L'imagination non réfléchie, et de ce fait ne parvenant pas à une conscience distincte, (166) la représentation obscure présente en nous, est cette intuition survenant bien souvent chez le penseur. Le produit d'une telle intuition non réfléchie devrait être fixé dans l'entendement ; mais ce produit ne doit être rien, aucun objet, donc il ne peut être fixé. La représentation obscure de la pensée d'un simple rapport, sans membres, est quelque chose comme cela.

Cette faculté d'abstraction absolue est donc elle-même la Raison. C'est la Raison pure sans imagination, dans un sens théorique, celle dont Kant a fait son objet dans la *Critique de la raison pure.*

Quand tout ce qui est objectif est supprimé, il reste au moins ce qui se détermine soi-même, et ce qui est déterminé par soi-même, le Je, ou le sujet.

Nous avons de ce fait maintenant un point de distinction solide entre l'objet et le sujet.

Ceci est aussi réellement la source apparente, et que l'on ne peut plus méconnaître selon ce qu'elle indique d'elle, de toute conscience de soi.

Plus un individu déterminé peut se penser absent, plus sa conscience de soi empirique se rapproche de la conscience pure ; et ce depuis l'enfant jusqu'au philosophe populaire qui admet encore des idées-image matérielles, et interroge le siège de l'âme, et jusqu'au philosophe transcendantal, qui au moins pense la règle pour penser un Je pur, et la démontre (167).

Or une telle faculté de l'indéterminé tout simplement, en tant que condition de tout déterminé, a été mise en évidence au niveau de l'imagination par des conclusions ; mais elle ne peut pas du tout en tant que telle être élevée jusqu'à la conscience.

Si le Je réfléchit sur lui-même, et se détermine par là, alors le Non-Je est infini et illimité. Si en revanche le Je réfléchit sur le Non-Je en général (sur l'univers) et le détermine par là, alors il est lui-même infini. C'est ici que se trouve la raison des *antinomies* établies par Kant.

Le Je est parfaitement réunifié avec soi-même, il est ce qu'aucune philosophie théorique ne peut dépasser (168).

TROISIÈME PARTIE

Fondement de la science du pratique

§ 5. *Deuxième Thèse*

Dans le principe résultant des trois Hypothèses de l'ensemble de la doctrine de la science : le Je et le Non-Je se déterminent réciproquement, se trouvent les deux suivants : en tout premier lieu celui-ci : le Je se pose en tant que déterminé par le Non-Je (169), et ensuite le suivant : le Je se pose comme déterminant le Non-Je.

À présent, on postule la réalité d'un Non-Je – Comprenons : pour le Je. Le Je peut aussi se poser en tant que déterminant (restreignant, limitant) cette réalité posée.

Une antithèse principale embrasse toute la querelle entre le Je en tant qu'intelligence et dans cette mesure en temps que borné (170) et le même en tant que posé tout simplement, donc non borné ; et donc nous contraint à admettre comme moyen de réunification une faculté pratique du Je. À partir de cette antithèse, les autres antithèses vont se prêter d'autant plus facilement à réunifier.

Le principe fondamental de toute doctrine de la science pratique : le Je se pose en tant que déterminant le Non-Je, s'est révélé admissible.

Dans la mesure en particulier où le Je est représentant ou est une intelligence, il est en tant que tel à proprement parler aussi Un. Mais il n'est pas dans cette mesure un seul et même avec le Je absolu, posé tout simplement par soi-même.

On ne peut en effet penser la représentation possible d'une autre manière que par la présupposition qu'un heurt touche l'activité du Je s'en allant dans l'indéterminé et l'infini (171).

Le Je absolu, et le Je intelligent (s'il est permis de s'exprimer comme s'ils constituaient deux Je, alors qu'ils sont simplement un) ne sont pas une seule et même chose, mais ils sont opposés l'un à l'autre ; ce qui contredit l'identité absolue du Je. Cette contradiction doit être levée.

On prouve la deuxième moitié de l'Hypothèse que nous avons établie, le principe : le Je détermine le Non-Je (172).

Pour que le Je soit intelligence, il faut qu'une partie de son activité qui s'en va dans l'infini soit supprimée. Le Je absolu doit de ce fait être cause du Non-Je, dans la mesure où celui-ci est la raison dernière de toute représentation, et est dans cette mesure son produit.

La représentation en général (et non par exemple les déterminations particulières de celle-ci) est incontestablement un effet du Non-Je (173).

Le Je absolu doit donc être cause du Non-Je en soi et pour soi.

Les expressions poser un Non-Je, et restreindre le Je, ont exactement la même valeur, comme on l'a démontré dans la doctrine de la science théorique.

Il devait y avoir dans le Je le principe de se poser, et le principe aussi de ne pas se poser. Le Je serait donc dans son essence opposé à soi-même et conflictuel (*widerstreitend*).

S'il y a un tel poser, ce poser doit être un opposer (174).

Pour nous, le concept d'une telle conscience que la divinité est impensable ; notre doctrine de la science aurait une exactitude formelle même pour Dieu, parce que la forme de celle-ci est la forme de la Raison pure elle-même.

Le Je doit avoir de la causalité sur le Non-Je (175).

Le Je ne peut pas avoir de causalité sur le Non-Je.

Le conflit est donc entre le Je lui-même dans ces deux perspectives différentes de lui-même. Dans la mesure où le Je est absolu, il est infini et non borné.

Dans la mesure où le Je s'oppose un Non-Je, il pose nécessairement des bornes, et se pose lui-même dans ses bornes. Il se pose donc nécessairement comme fini.

On a les deux propositions suivantes ; la première : le Je se pose tout simplement en tant qu'infini et non borné. La deuxième : le Je se pose tout simplement comme fini et borné (176).

Le Je devrait être posé dans un sens comme infini, et dans un autre sens comme fini.

La simple action de son poser est la raison de son infinité aussi bien que de sa finité.

Produit infini, activité infinie ; activité infinie, produit infini ; ceci est un cercle qui toutefois n'est pas vicieux. Produit, et activité, et actif sont ici une seule et même chose

Le Je est fini dans la mesure où son activité est objective (177).

Le Je pose tout simplement un objet (un Non-Je contre-posé, opposé) (178). Le Je est fini, parce qu'il doit être limité ; mais il est dans cette finité infini, parce que la limite peut toujours être posée plus loin dans l'infini. Il est selon sa finité infini, et selon son infinité fini.

Est donc exigée la concordance de l'objet et du Je ; et c'est le Je absolu, justement en raison de son être absolu, qui l'exige. Tel est l'impératif catégorique de Kant (179).

L'activité du Je qui est reliée à lui n'est pas un déterminer (en une identité réelle), mais est seulement une tendance (*Tendenz*), une aspiration (*Streben*) (180).

L'activité du Je pur, qui revient en soi-même, est, en relation avec un objet possible, une aspiration ; et plus précisément, comme le montre la preuve présentée plus haut, une aspiration infinie.

Il y a à résoudre un conflit du fait de distinguer deux activités du Je opposées, l'activité pure et l'activité objective (181).

Cette exigence, que tout doit concorder avec le Je, que toute réalité doit être posée par le Je tout simplement, est l'exigence de ce que l'on appelle Raison pratique (182). La Raison ne peut elle-même pas être théorique, si elle n'est pas pratique : aucune intelligence en l'homme n'est possible s'il n'y a pas en lui une faculté pratique ; la possibilité de toute représentation se fonde sur ce dernier point. Et c'est ce qui se produit quand il a été démontré que sans une aspiration en général, aucun objet n'est possible.

Le Je est tout, et rien.

En C, cette activité contenant la première raison de toute conscience, et ne parvenant jamais à la conscience, est inhibée. Mais grâce à sa propre essence intérieure, elle peut devenir non inhibée (183).

Le Je devrait lui-même poser en soi-même aussi bien l'inhibition de son activité que le rétablissement de celle-ci (184).

Le subjectif seul et unique se révélera plus bas comme le sentiment.

Pas d'aspiration infinie du Je, pas d'objet fini dans le Je. Il y a à résoudre la contradiction entre le Je intelligent et le Je non intelligent.

L'activité infinie du Je est objective dans un autre sens que son activité finie (185).

L'activité objective finie du Je se dirige vers un objet réel, alors que son aspiration infinie se dirige vers un objet seulement imaginé.

Même cette aspiration infinie ne peut que dans un certain sens être infinie, et dans un autre certain sens elle doit être finie.

L'aspiration indéterminée en général (186) est infinie ; mais en tant que telle elle ne parvient pas à la conscience, ni ne peut y parvenir, parce que la conscience n'est possible que par réflexion.

Le Je peut étendre l'objet de son aspiration jusqu'à l'infinité.

Nous avons l'idée d'un infini de ce genre à achever, et elle est contenue au plus intime de notre essence.

Le Je est infini, mais seulement selon son aspiration ; il aspire infiniment à être (187).

Il y a, selon la discussion qui précède, une aspiration du Je, qui n'est aspiration que pour autant qu'il lui est résisté.

On a à chercher le vrai point de réunion entre le Je absolu, le Je pratique et le Je intelligent (188).

L'essence du Je consiste dans son activité.

Une activité dirigée vers l'extérieur doit être distinguée d'une dirigée vers l'intérieur, repoussée vers l'intérieur (189).

Le Je se pose lui-même tout simplement, et dans cette mesure son activité retourne en soi-même. La direction de celle-ci est centripète.

On ne peut attribuer à l'activité absolue du Je une direction, et une direction centripète, qu'en présupposant que l'on découvrira aussi une autre direction centrifuge.

L'image du Je est un point mathématique, se constituant soi-même par soi-même.

La direction centripète et la direction centrifuge de l'activité sont toutes deux fondées de la même manière dans l'essence du Je. Toute la force centripète dans le monde des corps n'est que le produit de l'imagination du Je, selon une loi de la Raison (190).

Les deux directions de l'activité du Je, centripète et centrifuge, coïncident, elles sont une seule et même direction.

Or l'activité du Je qui va au-delà dans l'infini doit être heurtée en un point quelconque et repoussée en soi-même.

On rencontre maintenant dans la réflexion une direction centrifuge et une direction centripète qui lui est contraire, réfléchie par le heurt (191).

Le Je, en tant que Je, se tient originellement en action alternante avec soi-même, et par là seulement une influence de dehors en lui devient possible.

Une idée du Je, doit nécessairement être posée à la base de son exigence infinie pratique, mais elle est inaccessible pour notre conscience, et de ce fait ne peut jamais survenir immédiatement en elle (192).

La série de ce qui doit être, et qui est donné par le simple Je est donc la série des idéaux.

Une tout autre série est celle du réel, et dans cette mesure le Je est théorique, c'est-à-dire intelligence.

La raison dernière de toute réalité pour le Je est, selon la doctrine de la science, une efficience alternante originelle (193). À ce moteur ne s'ajoute rien, si ce n'est qu'il est un moteur, une force opposée, qui en tant que telle n'est que sentie.

Le point auquel nous nous trouvons nous-mêmes lorsque nous prenons possession pour la première fois de cette faculté moyenne de la liberté, ne dépend pas de nous (194).

Une telle force opposée est simplement sentie par l'essence finie, mais non reconnue. Mais toutes les déterminations possibles de cette force, ou de ce Non-Je, qui depuis l'infinité peuvent survenir dans notre conscience, elle se fait forte de les dériver de la faculté déterminante du Je.

Cette science n'est pas transcendante, mais reste, dans ses profondeurs les plus intimes, transcendantale. Rien n'est réel pour le Je sans être aussi idéal ; en lui donc, raison idéale et raison réelle sont une seule et même chose, et cette action alternante entre le Je et le Non-Je est en même temps une action alternante du Je avec soi-même.

L'esprit peut élargir le cercle à l'infini, mais dont il ne peut jamais sortir (195).

La doctrine de la science tient de façon déterminée le milieu entre ces deux systèmes, un idéalisme dogmatique et un dogmatisme réaliste, et elle est un idéalisme critique, que l'on peut aussi appeler un idéalisme réel ou un réalisme idéal. Pas d'idéalité, pas de réalité et inversement. La raison dernière de toute conscience est une action alternante du Je avec soi-même par l'intermédiaire d'un Non-Je qui doit être considéré sous diverses facettes. Ceci est le cercle dont l'esprit fini ne peut sortir ni, sans nier la Raison et sans demander son propre anéantissement, ne peut le vouloir (196).

La chose en soi est manifestement nulle part et partout à la fois. Elle est simplement là, dans la mesure où on ne l'a pas, et elle s'enfuit, dès que l'on veut l'attraper, depuis toujours, seulement sans que l'on soit nettement conscient de cette chose et de la contradiction qui gît en elle.

Flotter au milieu entre les deux déterminations opposées de cette idée, c'est là l'affaire de l'imagination créatrice (*schaffende Einbildungskraft*) (197). C'est de cette faculté que dépend que l'on philosophe avec ou sans esprit. Toute l'affaire de l'esprit humain part de l'imagination, et l'imagination ne peut pas être appréhendée par autre chose que par l'imagination.

§ 6. Troisième Thèse (198).

Dans l'aspiration, une contre-aspiration du Non-Je est simultanément posée, et fait équilibre au premier.

Dans la partie théorique de la doctrine de la science, on a affaire uniquement à la connaissance, ici au connu. Si donc la doctrine de la science était censée avoir une métaphysique, elle devrait renvoyer à sa partie pratique. Les choses en soi sont constituées telles que nous devons les faire. Tout ce que nous montrerons même ici, nous le trouvons en nous-mêmes, nous le sortons hors de nous-même (199).

L'aspiration du Je est censée être infinie, et n'avoir jamais de causalité. Cela ne peut être pensé qu'à la condition d'une contre-aspiration, qui tiendrait l'équilibre avec la première, c'est-à-dire qui aurait la même quantité de force intérieure.

Toute aspiration doit donc être limitée par une force opposée à la force de l'aspirant.

Cette force opposée doit également être aspirante. La force des deux doit se tenir en équilibre.

§ 7. Quatrième Thèse (200)

L'aspiration du Je, la contre-aspiration du Non-Je, et l'équilibre entre elles deux doivent être posés.

Une aspiration se produisant elle-même, qui est fermement posée, déterminée, qui est quelque chose de certain, s'appelle une pulsion.

Le Je aspire à emplir l'infinité ; en même temps, il a pour loi et pour tendance de réfléchir sur soi-même (201). Le Je se limite alors soi-même, et est posé avec soi-même en action alternante : par la pulsion il est poussé plus loin en dehors, par la réflexion il est arrêté, et s'arrête lui-même.

Les deux réunis donnent l'extériorisation d'une contrainte (*Zwang*), d'un ne-pas-pouvoir.

L'extériorisation du ne-pas-pouvoir dans le Je s'appelle un sentiment. Une contrainte est présente. Ce bornage présuppose maintenant nécessairement une pulsion à aller plus loin au dehors.

Le sentiment est uniquement subjectif.

Comme toutes ces fonctions de l'esprit adviennent avec nécessité, on n'est pas conscient (*nicht bewusst*) de son agir (202).

§ 8. Cinquième Thèse (203).

Le sentiment lui-même doit être posé et déterminé.

La satisfaction de la pulsion de réflexion peut donc être définie comme une pulsion vers l'objet.

L'équilibre de l'aspiration et de la contre-pression médiate dans le corps lui-même est donc ce que nous avons appelé plus haut pulsion (204).

La pulsion est une force intérieure, se déterminant elle-même à la causalité.

Le double résidant originellement dans le Je – aspiration et réflexion – est au plus intime réunifié (205). Toute réflexion se fonde sur l'aspiration. L'un résulte nécessairement de l'autre, et tous deux sont en relation alternante. Pas de bornage, pas de pulsion : pas de pulsion, pas de réflexion : pas de réflexion, pas de pulsion, et pas de limitant : c'est ainsi que va le circuit des fonctions (*Kreislauf der Funktionen*) du Je. Pas d'idéalité, pas de réalité, et inversement. L'activité idéale va bientôt se montrer, comme celle qui représente. La relation de la pulsion avec elle doit de ce fait être appelée la pulsion de représentation. Cette pulsion est donc la première et la plus haute extériorisation de la pulsion, et c'est de ce fait uniquement grâce à elle que le Je devient intelligence. Il en résulte la liberté absolue de la réflexion et de l'abstraction (206). Notre agir et notre vouloir sont dépendants du système de nos représentations, puisqu'il est montré ici qu'à son tour, le système de nos représentations dépend de notre pulsion et de notre volonté.

Le Je en tant que vivant se distingue du corps sans vie, dans lequel à vrai dire il peut aussi se trouver une pulsion. – Il y a quelque chose là, pour lequel quelque chose peut être là, quoiqu'il ne soit pas encore là pour soi-même. Un état qui ne peut pas être facilement décrit, mais bien senti, et au sujet duquel chacun doit être renvoyé à son sentiment de soi (*Selbstgefühl*).

Le sentiment de force est le principe de toute vie ; il est le passage de la mort à la vie.

Le Je peut se sentir comme poussé vers une quelconque chose inconnue (207).

Dans la réflexion du Je sur soi, le Je n'est pas conscient de lui-même, elle est un simple sentiment.

Pendant que le Je sent, comme décrit ci-dessus, il agit aussi, simplement sans conscience (208). Le Je agit alors tout simplement parce qu'il agit.

Nous nous élevons jusqu'à la Raison non pas du fait d'une loi de la nature ou par suite d'une loi de la nature, mais par la liberté absolue, non par une transition, mais par un saut.

Le sentant ne peut être posé comme Je que dans la mesure où il est déterminé au sentir seulement par la pulsion (209), dans la mesure où il se sent soi-même et sent sa propre force en soi-même. – Seul le sentant est le Je, et seule la pulsion, dans la mesure où elle produit le sentiment, ou la réflexion, appartient au Je.

Le Je est posé comme Je, uniquement pour autant qu'il est à la fois le sentant et le senti, et est donc avec lui en efficience alternante.

Le senti ou la pulsion est actif ; elle est le moteur (*das Treibende*).

Le Je n'est pas du tout conscient de son activité, et il n'y a pas de réflexion sur celle-ci (210).

La réalité en général donne lieu à une croyance.

§ 10. Septième Thèse (211).

La pulsion est en connexion avec le sentiment.

Dans la réflexion, le réfléchissant s'oublie lui-même, comme toujours, et la réflexion ne parvient donc pas à la conscience. En outre elle se produit par une simple impulsion ; il n'y a donc en elle pas la moindre extériorisation de la liberté, et elle devient, comme ci-dessus, un simple sentiment.

C'est donc une activité qui n'a aucun objet, mais qui pourtant, irrésistiblement poussée, tend à un objet, et qui est seulement sentie. Une telle détermination dans le Je est toutefois appelée un languir (*Sehnen*) (212) ; une pulsion vers quelque chose de tout à fait inconnu, qui seulement se manifeste par un besoin (*Bedürfnis*), par un malaise (*Missbehagen*), par un vide (*Leere*) qui cherche le comblement, mais n'indique pas à partir de quoi.

C'est uniquement par le languir que se révèle en lui-même un monde extérieur.

Dans le sentiment de la limitation le Je est uniquement senti comme subissant, dans celui du languir aussi comme actif.

Tous deux se fondent sur la pulsion, et sur une seule et même pulsion dans le Je.

Une seule et même pulsion peut produire un opposé.

Le languir (*Sehnen*) est donc la manifestation originelle radicalement indépendante de l'aspiration (*Streben*) qui se trouve dans le Je (213). Ce languir est le véhicule de toutes les lois pratiques.

Dans le languir, la limitation fait apparaître en même temps un sentiment de contrainte.

Cette faculté de production ; elle va tout de suite être déduite génétiquement (*genetisch deduziert*).

Le languir tend à un sentiment (214).

Aucune pulsion du vivant ne peut aboutir à l'anéantissement de la vie (215).

Sur la limitation du Je se fonde la possibilité d'un languir ; sur sa possibilité la possibilité de sentiments sur celui-ci – la vie, la conscience et l'existence spirituelle en général (216).

Dans la partie pratique de la doctrine de la science interviennent des pulsions et des sentiments (219).

Comment savez-vous que par exemple le sucre fait exactement la même impression sur le goût de l'autre qu'il fait sur le vôtre (220) ? Cette entente n'est que dans les mots. Sans sentiment, aucune représentation d'une chose en dehors de nous n'est possible.

La matière, en tant que telle, ne tombe nullement sous les sens, mais ne peut être esquissée ou pensée que par l'imagination productive (221). Pourtant vous tenez cette matière comme quelque chose d'objectif, et ce à juste titre.

Le Je est donc borné dans le déterminer, et il en résulte un sentiment. Il est borné, car la pulsion de déterminer allait vers l'extérieur sans aucune détermination, c'est-à-dire dans l'infini.

Mais le Je n'est pas conscient de cette liberté de son agir ; c'est pourquoi la limitation est attribuée à la chose (222).

Donc, le Je idéal (*das ideale Ich*) flotte avec une absolue liberté au-dessus et à l'intérieur de la limite (223).

L'intuition voit, mais elle est vide ; le sentiment se relie à la réalité, mais il est aveugle.

Nous pouvons appeler cette pulsion, dans la mesure où comme ici elle se dirige seulement en fonction de l'activité idéale, la pulsion de détermination alternante (224).

La pulsion de détermination alternante aboutit de ce fait en même temps à un sentiment. La pulsion de l'alternance (*Trieb nach Wechsel*) en général, c'est elle qui s'exprime par le languir (225).

Le languir unit intimement l'idéalité et la pulsion de réalité (*Trieb nach Realität*).

Le sentiment introduit une poussée vers l'extérieur, et donc le pressentiment d'un monde extérieur.

Le sentiment ne dépend pas de nous, parce qu'il dépend d'une limitation, et que le Je ne veut pas se limiter lui-même. À présent, un sentiment opposé doit entrer en jeu.

Le sentiment d'un opposé est la condition de la satisfaction de la pulsion, donc la pulsion d'alternance des sentiments en général est le languir.

Intuition et sentiment seraient nécessairement toujours en même temps présent dans le Je, et tous deux seraient synthétiquement réunis en un seul et même point.

À présent, l'activité idéale ne peut en outre remplacer aucun sentiment, ou en engendrer aucun.

Que l'état du sentant se modifie, ceci se découvre par la satisfaction du languir (*Befriedigung des Sehnens*), par un sentiment (226).

§ Huitième Thèse.

Les sentiments mêmes doivent pouvoir être opposés.

Les sentiments eux-mêmes sont différents pour n'importe quel spectateur en dehors du Je ; mais ils doivent être différents pour le Je lui-même, c'est-à-dire qu'ils doivent être posés comme opposés (227).

Le Je réfléchit sans aucune conscience de soi sur un bornage de sa pulsion. Il en résulte en tout premier lieu un sentiment de soi. Par la réflexion sur le sentiment, celui-ci devient sensation (*Empfindung*).

Le sentiment de languir ne peut être posé sans une satisfaction à laquelle il tend ; et la satisfaction sans présupposition d'un languir qui est satisfait.

Pulsion et action sont maintenant une seule et même chose. Le sentiment est accompagné d'agrément (228).

Tout languir n'est pas nécessairement accompagné par un désagrément, mais lorsqu'il est satisfait, il se produit un désagrément en premier point, il est fade, sans goût.

Les déterminations intérieures des choses (qui sont reliées au sentiment) ne sont rien de plus que des degrés du désagréable ou de l'agréable.

Rien n'est sans pulsion de ce qui est dans le Je.

Les pulsions principales (*Haupttriebe*) du Je ferment le système des pulsions (*System der Triebe*) (229).

Une pulsion pour la pulsion (*Trieb um des Triebes*) serait l'impératif catégorique. – Tu dois tout simplement, qui nous pousse dans l'indéterminé, sans finalité (230).

L'action se laisse considérer comme produite par la pulsion.

En ce qu'une action intervient, la pulsion est interrompue, ou limitée. Il en résulte un sentiment.

Présentation

Par Émile Jalley

1. La personnalité faustéenne de Johann Gottlieb Fichte

Il y a une certaine témérité de la part des deux « auteurs » de cette édition d'avoir entrepris un tel travail.

Johann Gottlieb Fichte (1762-1814) passe pour l'un des plus difficiles parmi les grands philosophes, et le texte présent pour le plus difficile à lire et à comprendre de tous ceux qu'a produits l'histoire de la philosophie depuis l'Antiquité.

Les raisons de cet état de choses sont d'ordre à la fois circonstanciel est aussi plus essentiel. On les étudiera ci-après progressivement, car leur élucidation demande de la patience et de la sagacité.

Malgré tout, lorsqu'on fera plus loin le bilan de la pensée de Fichte, des stricts points de vue de la philosophie théorique, pratique, et politique, on aura la surprise de constater que le contenu en est banal, pour ne pas dire décevant, et que la Nuit de Walpurgis où aura fonctionné cette énorme machine n'a peut-être en fin de compte engendré qu'une souris, pour ne pas la voir encore poursuivie par un horrible gremlin.

Sauf le paradoxe que Fichte est l'inventeur du modèle de la dialectique postkantienne moderne, qu'il est le Nibelung infernal Mime qui a forgé la formidable épée de Siegfried, dont ont d'abord reçu l'héritage Hegel et son neveu Marx. Même si l'égarement des contemporains, pour le malheur de la pensée moderne, tend à en condamner aujourd'hui, totalement l'usage.

Sauf cet autre paradoxe encore que Fichte a été l'un des inventeurs de l'arsenal conceptuel de la psychologie développementale moderne et de la psychanalyse (Freud, Wallon, Gesell, Piaget), même s'il est vrai que les premières prémonitions s'en trouvent dès la philosophie antique à travers toute l'histoire de la philosophie occidentale. Mais de ce point de vue, Fichte aura été un relais géodésique formidable. Le plan des futurs manuels de psychologie du XXe siècle lui devra à peu près tout : affect, sensation, imagination, entendement, jugement, raison.

Enfonçons un peu mieux le clou. Fichte est le fils de Kant et le père de Hegel, Kant donc étant le grand-père de celui-ci.

Par ailleurs, **Fichte a été, en politique, le disciple à la fois, d'abord de Rousseau, puis plus tard de Machiavel**, un mélange un peu difficile.

Il y a de Fichte, comme de Hegel, comme aussi de Marx, et d'ailleurs également de Nietzsche, une lecture « de droite » comme « de gauche », de « gauche » comme de « droite ». **En réalité, dans l'Europe actuelle, c'est plutôt la lecture de droite de Fichte, Hegel et Marx qui a prévalu, qui prévaut** – pour laisser Nietzsche de côté. C'est du moins ce que nous pensons. Il y a chez les auteurs allemands (Fichte, Hegel, Marx) **une justification, une propension, un goût de la violence – même si réelle**, dans le champ de l'histoire collective, qui a fini par dégoûter le public moderne composé de gens qui savent qu'ils n'ont qu'une vie, et ne veulent pas la sacrifier à n'importe quoi et pour n'importe qui.

Cette lecture de droite d'une démarche de pensée en soi aussi subversive n'a certes rien de bien glorieux. Ceci dit, la lecture de gauche du grand paradigme dialectique-historique n'a pas non plus que des attraits. Les « aventures de la dialectique », comme disait Merleau-Ponty, ont produit en Chine, comme c'est là-bas la coutume, un dragon monstrueux : le mariage de ce qu'il y a de pire dans le communisme, la brutalité nivelleuse, avec ce qu'il y a de pire dans le capitalisme, l'avidité destructrice.

Il est choquant (*alogon*), comme disaient les stoïciens, que les fous puissent avoir raison quand ils disent qu'à midi il fait jour, malheureux en général que la Raison puisse s'énoncer par la voix d'idiots (pour être très poli). Les communistes français avaient raison sur à peu près tout, mais en le disant la plupart du temps avec le maintien d'idiots. Ce qui n'empêche pas l'héroïsme d'un Parti dont les membres ont représenté pendant la Guerre de 1939-1945 les trois quarts des morts de la Résistance (75 000 sur 100 000, Wikipédia).

Cette ambiguïté fondamentale d'un certain courant de la grande pensée allemande a toujours été un problème d'une grande acuité, dont les historiens professionnels de la philosophie en France ont été très rares à envisager l'intérêt et même l'existence (Rivaud, Philonenko). Ce problème refoulé ne devrait plus pouvoir être évité aujourd'hui, et même dans l'actualité la plus urgente, devant l'évidence d'un fait politique majeur : **la domination sur l'Europe de la figure renouvelée, sous une forme jusqu'alors inédite, d'un incontestable, traditionnel, résurgent et comme**

« héréditaire » impérialisme allemand, situation dont les majorités tranquilles des pays satellites éprouvent une conscience peu claire, même si parfois et même de plus en plus douloureuse. Car on peut beaucoup souffrir sans savoir pourquoi.

Voilà les questions que nous pose aujourd'hui la confrontation avec des Titans de la pensée comme Fichte, Hegel, et même Nietzsche (qui a souvent dit détester Germania).

Passons à un autre problème. Il n'est pas habituel de rechercher l'interprétation des grands pensées philosophiques en interrogeant comme significatives les indications relatives à la biographie, et même à la personnalité de leurs auteurs, supposé qu'il en existe, ce qui n'est pas toujours le cas.

On ne trouve rien de significatif de leurs pensées et des systèmes qu'elles ont produits dans ce que l'on sait des biographies d'Aristote, de Berkeley, de Hume, de Kant, de Hegel, de Husserl, de Merleau-Ponty.

Mais il existe une autre tradition qui s'est intéressée à la biographie des philosophes, et la trouve intéressante par rapport à la lecture de leurs œuvres : Socrate, Diogène, Sénèque, Marc-Aurèle, Descartes, Spinoza, Rousseau, Kierkegaard, Nietzsche, Sartre.

C'est par rapport à cette tradition que l'on s'est toujours passionné pour les *Vies, doctrines et sentences des philosophes illustres* de Diogène Laërce.

J'ai moi-même produit une analyse de la personnalité de Descartes, à partir des indications nombreuses que l'on peut trouver dans son œuvre même, ce qui à mon avis peut beaucoup aider à comprendre certaines de ses attitudes, comme de prétendre « s'avancer masqué » (*larvatus prodeo*) (Jalley, *La Guerre des psys continue*, L'Harmattan, 2007, Chapitre 10. Portraits cliniques : 10.1. René Descartes, 377-389.)

Albert Rivaud (1876-1956) est l'historien de la philosophie que je préfère pour le caractère très fouillé de ses biographies de philosophes, sans préjuger du grand intérêt de ses analyses du contenu des œuvres proprement dites.

Rivaud nous dit d'emblée, dès l'entrée de son propos, que Fichte, « orateur remarquable, a été jeté par son tempérament intraitable et parfois retors dans d'innombrables querelles. Assoiffé d'autorité, il s'est heurté partout à la mauvaise foi d'adversaires auxquels il a essayé de s'imposer, sans y réussir à son gré. »

À la fin de sa très longue biographie, la plus détaillée que l'on connaisse en langue française, Rivaud nous parle du « caractère de Fichte » (298), en nous disant que le trait essentiel de sa personnalité est « le besoin d'agir par la parole. » Fichte était un « plagiaire sans le vouloir » (surtout de Schelling) – ce que l'on appelle cryptomnésie et dont reparlera –

Fichte « aurait pu faire en temps de Révolution un Robespierre ou un Trotsky ou plutôt un Kerenski. Il a inspiré un autre penseur moins éloquent, mais doué d'une intuition, maître d'une science qui ont manqué à Fichte, et capable d'un travail méthodique et continu, Hegel… Sincère dans ses effusions morales… Des amours subalternes ont souvent occupé son temps… Il cherche toujours à gagner l'avantage par des artifices variés… Il a voulu être le vulgarisateur du kantisme, mais n'a réussi qu'à l'appauvrir… en l'accommodant à la manière oratoire. »

Ce portrait peu flatteur est pourtant celui de l'une des plus formidables machines à penser qu'ait jamais vues l'histoire de la philosophie, même si son œuvre proprement métaphysique n'a occupé que relativement peu de pages. Fichte reprendra inlassablement sa *Doctrine de la science* de 1794 (environ 240 pages) pour y introduire des modifications 1798, 1801, 1804, 1807, 1810, 1812, 1813).

Rivaud nous produit d'autres notations assez intéressantes : Fichte était le fils d'« un homme doux et timide, époux d'une femme autoritaire et colérique ». C'est manifestement à celle-ci que Fichte paraîtrait avoir ressemblé le plus.

Très jeune, il avait été surpris à lire les « livres interdits de Lessing et de Klopstock », élaborant le protestantisme extrême dans le sens d'un humanisme théiste, voire même athée. Nous avons publié l'année dernière les « Fragments de l'anonyme de Wolfenbüttel » de Lessing et Remarius, ouvrage caractéristique de ce courant de pensée. Cet épisode lui avait valu une note secrète qui le suivra lorsqu'il cherchera en vain à devenir pasteur.

Au collège déjà, Fichte perdait peu à peu la foi religieuse, sous l'influence de ces mauvaises lectures. Ce qui ne l'empêchera pas, à partir de 1800 et de l'accusation d'athéisme qu'il dut affronter, de proposer un retour peu convaincant vers le registre religieux.

Dès sa *Critique de toute révélation* (1793), écrite à 31 ans et d'abord attribuée à Kant, avant de lui faire retour, Fichte se rend suspect à tous les orthodoxes. Ses *Leçons sur la destination du savant* (1794) produisent un grand effet, dès la période de ses débuts à Iéna avec un succès prodigieux, mais rapidement usé (1794-1799) avec l'arrivée et la concurrence de son seul « élève », Friedrich Wilhelm Joseph von Schelling (1775-1854), âgé de seulement 20 ans (1795), puis l'accusation d'athéisme et la désapprobation de Kant à l'égard de la *Doctrine de la science* de 1794.

De son côté, A. Philonenko nous dit que « la personnalité de Fichte est peu claire », marquée à la fois par une forte énergie intellectuelle et une propension à des crises affectives violentes, « où tout est remis en question » (1980, 11-13). Un auteur cité par lui (Bergmann 1928) avance que la « psychose » [?] de Fichte se serait achevée vers 1800, après la querelle de l'athéisme, son départ d'Iéna et sa tentative de retour à la « religion ». La psychose de Fichte aurait-elle consisté dans sa tendance incontestable dans les écrits antérieurs à 1800 à faire s'interpénétrer le moi humain fini et le moi divin infini ?

Henri Wallon, formé jadis à la philosophie allemande, a écrit en 1947 un texte que j'ai déjà cité ailleurs et que je me permets de reprendre encore une fois :

> **L'attitude totalitaire.** À côté de ces attitudes bien définies, et contraires, une autre s'est fait jour qui tend à tout confondre. C'est en Allemagne qu'elle est apparue et qu'elle a prévalu. L'individualisme n'y est pas ignoré. On peut dire que Fichte a été en un certain sens, un disciple de la Révolution française, en posant le Moi individuel. Mais tout de suite, on voit se produire chez lui ce qui pourrait s'appeler une maladie de la pensée allemande : l'hypertrophie du concept. Dès qu'un concept est posé il tend vers le gigantisme ; il absorbe tout en lui. Fichte est bien parti du moi individuel. Mais aussitôt, ce moi devient créateur, démesuré. C'est le moi-substance, la réalité vivante et suprême de l'Être. Il prend bien un visage phénoménal : des limites s'établissent entre le moi et le non-moi. Mais elles traduisent les fluctuations du moi fondamental qui est capable de les déplacer par sa puissance d'expansion. Parti de l'individu, le moi devient totalitaire, il recrée le monde à sa mesure, ses frontières n'ont rien d'absolument fixe.
>
> Dans tous les systèmes philosophiques et sous toutes les formes que la pensée allemande a utilisées pour établir les rapports, pour fixer les limites du moi avec le monde extérieur, de l'individu avec la collectivité, nous voyons se reproduire cette infiltration envahissante, résultat, encore une fois, de la tendance à développer le concept, une fois admis, jusqu'à lui donner des dimensions monstrueuses. C'est une pensée qui n'a pas les délimitations parfois un peu trop systématiques de la pensée française. Elle réalise avec une facilité singulière des agglomérats de tous les points de vue, de toutes les réalités possibles. Elle est totalitaire et syncrétique. Dans les rapports entre l'individuel et le sociologique, au lieu d'analyser ces deux notions, d'en chercher les conditions, d'étudier les réalités correspondantes, elle essaie de prolonger l'individu dans quelque chose qui puisse le dépasser démesurément. Ce sera, par exemple, la syncrétisation de la race. Le syncrétisme tend tout naturellement au mythe. C'est ainsi qu'avec la race on voit reparaître le dieu Wotan, comme la raison d'être du peuple allemand. Il y a longtemps que les mythes couvrent et consacrent d'obscures assimilations qui ne résisteraient pas à la critique, entre des notions ou des réalités sans commune mesure. Le racisme c'est le syncrétisme du biologique, du psychologique, du social. Il tend à expliquer l'individu tout entier par le sang qui coule dans ses veines. Plus de conscience ni de pensée individuelles, mais un amalgame

où tous les éléments sont confondus et où ce sont, en définitive, les éléments les plus reculés, où c'est l'anthropologie qui devient directement déterminante sur chaque individu.
127. L'étude psychologique et sociologique de l'enfant, *Cah. Intern. Sociol.*, 1947, III, 3-23 ; rééd. in *Enfance*, 1959, 3-4, 297-308. E5963. EL. Henri Wallon : Œuvres IV, 1938-1950, Paris L'Harmattan, 2015, 248-249.

Biographie et bibliographie de base

1762-1785 : naissance de Johann Gottlieb Fichte près de Dresde en Saxe.
1786-1793 : Découverte de Kant à 14 ans.
1792 : *Essai d'une critique de toute révélation.*
1793 : *Contributions destinées à rectifier le jugement du public sur la Révolution française.*
1794-1800 : Fichte à Iéna.
1794 : *Concept pour une doctrine de la science.* CWL.
1794 : *Doctrine de la science. Manuscrit pour les auditeurs.* Traduction française 1970, 1980, 1999.
1794 : *La Destination du savant.* DS.
1795 : *Précis de ce qui est propre à la Doctrine de la science au point de vue de la faculté théorique.*
1796 : *Fondements du droit naturel.* Traduction française 1998.
1797 : *Première et Seconde Introduction à la Doctrine de la science.*
1797-1799 : querelle de l'athéisme. F. est chassé d'Iéna.
1798 : *Doctrine de la science nova methodo.* Traduction française 1998, 2000.
1798 : *Résumé de ce qui appartient en propre à la Doctrine de la science.*
1798 : *Seconde préface du Concept de la Doctrine de la science.*
1798 : *Système de l'éthique.* Traduction française 1986.
1798 : Kant déclare rejeter la WL.
1800-1814 : Séjour à Berlin. Démêlés avec la Franc-maçonnerie, la Bureaucratie, les Critiques de son œuvre, surtout les Romantiques. Enseignement de Fichte à Berlin et Erlangen.
1800 : *La destination de l'homme.* DH.
1800 : *L'État commercial fermé.* Traduction française. ECF.
1801 : *Doctrine de la science.* Version orale. Traduction française 1967, 2000.
1804 : *Doctrine de la science.* Version orale. Traduction française [1805] 2006.
1805-1806 : Fichte patriote allemand.
1806 : *Initiation à la vie bienheureuse.* IVB.
1807-1808 : *Discours à la nation allemande.* DNA.
1807 : *Sur Machiavel comme écrivain.*

1810 : *Doctrine de la science.* Traduction française 2005.
1810 : création de l'Université de Berlin
1811-1813 : recteur de l'Université de Berlin.
1813 : *Doctrine de la science.* Traduction française 2014.
1814 : mort de Fichte, à peu près oublié, à 52 ans.

2. Les questions épineuses de l'idéologie et du déchet en philosophie

Ces deux questions ne doivent pas être confondues, bien qu'elles soient proches.

Johann Gottlieb Fichte est un philosophe très important de la très glorieuse période appelée en Allemagne « Von Kant bis Hegel ». Malgré tout, il y a quelque chose qui nous gêne dans certains recoins de sa vision du monde : il s'agit de la magnification du peuple allemand, qui lui donnerait vocation à dominer au moins l'Europe, sinon même à faire valoir son droit à un espace vital lui convenant. On connaît le destin de pareilles idées dans un passé pas si lointain.

Or le sentiment public est répandu, en même temps que dénié, qu'une telle question reste très actuelle, bien qu'elle ne se pose tout à fait de la même manière que par le passé. Le pouvoir politique de l'Allemagne n'est tout de même pas comparable à celui du IIIe Reich de sinistre mémoire. En réalité, le problème d'une sorte de rapport métaphorique, même assez lointain, se pose. On va y revenir un peu plus loin.

Du reste, Fichte n'est pas le seul cas d'une philosophie importante qui présenterait des « déchets ».

Descartes, grand philosophe, grand psychologue, grand mathématicien, n'en a pas moins proposé une physique de part en part abracadabrante, avec des tourbillons inventés pour nier le vide reconnu par Pascal.

Pascal, outre qu'il est l'un des mathématiciens et aussi l'un des physiciens importants de son époque, est également l'un des très grands philosophes français. Il n'empêche que la part de philosophie importante dans ses *Pensées* n'y occupe guère qu'une vingtaine de pages, une surface en tout cas moindre que celle consacrée à ses préoccupations directement centrées par l'apologétique de la religion chrétienne. Bien entendu, tout peut être lu dans Pascal, vu la qualité de la langue. Mais un philosophe moderne athée, comme ils devraient l'être à peu près tous, ne trouvera pas non plus, dans les *Provinciales*, matière à revivifier la pensée contemporaine. Mais qui sait ?

Hegel nous a habitués – enfin… pas tous – à l'idée qu'une grande philosophie, en qui se reflétait toute une époque historique, pouvait être

« vraie » pour cette époque, mais perdre ce statut de vérité pour l'époque historique suivante, au profit d'un autre modèle de vérité.

Il s'agit donc d'une vérité absolue et relative, impérative mais provisoire, qui ne serait pas si loin de ce que les anglo-américains ont appelé un plus tard utilitarisme, puis pragmatisme.

Mais les choses ne sont pas si simples. Hegel nous laisse avec l'idée qu'une grande philosophie est certes dépassée, mais qu'elle n'en conserve pas moins une part de vérité, dont le critère serait une forme de fécondité ultérieure, un reste d'utilité dans notre présent vivant.

Cet aspect est tout de même à distinguer de la question qui nous intéresse du « déchet », de la part de déchet variable que comporteraient certaines philosophies.

Ces deux aspects sont également à distinguer de la question de savoir ce qu'est, ce que serait l'idéologie, par rapport à la vérité, en philosophie et dans les sciences, et qui n'a pas la même acceptation dans l'un et l'autre champ.

La plupart des philosophies du XIXe siècle français et bon nombre encore au XXe siècle justifient une idéologie religieuse latente, sous forme d'un spiritualisme de couleur chrétienne tous terrains : Hamelin, Ravaisson, Lachelier, Boutroux, Renouvier, Bergson, Blondel, Laberthonnière, Chardin, Le Senne, Lavelle, Souriau, Berger, Marcel.

La psychologie scientifique comporte des montagnes de déchets : il n'est qu'à relire en diagonale la plupart des articles de l'ancienne édition du *Vocabulaire de la psychologie* de Piéron (1951, 1963). Elle comporte aussi répandue à peu près partout une idéologie latente de l'homme-machine. Comme aussi de la tendance des systèmes à l'équilibre spontané, qui rejoint le même paradigme dans le tout venant de l'économie néolibérale contemporaine.

L'œuvre de Fichte intitulée *Doctrine de la science* est, répétons-le, la plus difficile de l'histoire de la philosophie occidentale (Philonenko 1980), en concurrence avec le *Parménide* de Platon, et la *Logique* de Hegel.

Il y a peut-être une raison essentielle à cela : c'est que Fichte ne parvient pas à formuler en termes clairs ce qu'il recherche dans la pénombre. Il ne s'occupe qu'à élaborer un nouveau concept – postkantien – de la dialectique, alors que par ailleurs justement ce mot « dialectique » est totalement absent de son texte, remplacé par d'autres équivalents dont on aura à reparler.

L'autre raison est que Fichte est peut-être un penseur chez qui la parole domine la pensée : ce qui était le défaut que Platon reprochait précisément aux « sophistes » de son époque, dont certains ont pourtant été des penseurs conséquents (Protagoras).

L'un de ses commentateurs (Philonenko 1980) dit que le texte de Fichte est d'**une immense beauté, mais glaciale et comme hermétique**. Oui, on peut lire Fichte comme « Une saison en enfer » de Rimbaud ou « Jamais un coup de dé » de Mallarmé, ou « la Jeune Parque de Valéry ». Pourquoi pas ? Ou bien alors avec le « gueuloir » dont se servait Flaubert pour calibrer sa prose, mais en allemand c'est encore plus extraordinaire. La parole de Fichte était fascinante : le roi envoyait ses ministres à son cours. Quand on lit Fichte, c'est comme avec le *Parménide*, on est souvent noyé, on se demande si c'est l'intention de l'auteur ou si on est idiot. Mais cela vaut la peine d'essayer, ne serait-ce que par échantillons et à plusieurs reprises successives.

Tandis que les philosophes n'y comprennent en général rien, les psys assez rares qui ont compris ce que veulent dire Freud, Wallon, Piaget, saisissent tout de suite ce que signifie cette histoire d'un moi originaire à l'intérieur duquel se génère l'opposition du moi et du non-moi. C'est exactement cela.

Dans cette œuvre « touffue et disparate » (Philonenko), mais somme toute géniale, il y a, dirons-nous, du moins bon, et aussi du meilleur.

Ce qui est déconcertant, car cet état de choses est rarissime chez les philosophes, chez qui en général le lecteur a le sentiment que tout est bon, va bien, est acceptable, sans déchet d'emblée rédhibitoire.

Le moins bon, chez Fichte, c'est l'idée nationaliste, par quoi nous allons commencer, en raison de son insistante actualité, au moins d'après nous.

Le meilleur, ce sont les idées de Fichte comme précurseur de la grande psychologie développementale moderne (Freud, Wallon, Piaget, Klein, Gesell).

C'est aussi la contribution essentielle de Fichte à l'élaboration du paradigme moderne de la dialectique, y compris la nécessité d'établir un pont – le viaduc de Millau – conduisant d'abord de Kant à Hegel, et ouvrant le chemin sur la conception de Marx touchant un « noyau rationnel de la dialectique » (1873).

Même si c'est l'un des malheurs de l'époque que cette dernière question n'intéresse plus personne.

3. La question actuelle de l'impérialisme allemand

Cette question, déjà abordée plus haut, fait l'objet d'un nombre croissant d'interventions de personnalités politiques en France, pas forcément situées dans la gauche dite anticapitaliste (Chevènement, Strauss-Kahn).

J'ai déjà cité dans un manuscrit récent (*La réforme du collège*) le propos suivant de Jean-Pierre Chevènement, que je reprends tel quel :

« Dans la situation de l'Europe actuelle, l'Allemagne est la puissance décisionnaire en matière économique, financière, monétaire, mais pour tout ce qui relève de la grande politique, comme les relations avec la Russie, il faut qu'il soit clair que les États-Unis tiennent le manche » (*Marianne* n° 951 du 10-16/7/2015, pp. 66-67). C'est clair et net.

Plus récemment encore, on trouve sur Internet l'intervention suivante de Dominique Strauss-Kahn, et éminemment significative du problème que nous nous proposons à l'instant de poser :

> L'ancien directeur du Fonds monétaire international (FMI) Dominique Strauss-Kahn commente, dans un billet mis en ligne sur Internet samedi 18 juillet 2015, l'accord conclu entre le gouvernement grec et l'Eurogroupe. Tout en faisant l'éloge de l'Europe, citant Cioran, Érasme, Homère et Habermas, dont il reprend le concept de « solidarité citoyenne », Dominique Strauss-Kahn critique la méthode employée par ses « amis Allemands ».
>
> « Ce qui s'est passé pendant le week-end dernier est pour moi fondamentalement néfaste, presque mortifère.
>
> « Le contexte dans lequel ce diktat a eu lieu crée un climat dévastateur.
>
> « Un fonctionnement de la zone euro dans laquelle vous, mes amis allemands, suivis par quelques pays baltiques et nordiques, imposeriez votre loi sera inacceptable pour tous les autres », affirme Strauss-Kahn, qui avait publié une précédente note sur la Grèce, fin juin, faisant son grand retour sur le devant de la scène internationale après la fin de ses ennuis judiciaires.
>
> « Ne me dites pas que c'est seulement en imposant des règles de saine gestion que vous entendez sauver l'Europe », écrit encore Strauss-Kahn, dont le texte est publié en anglais, allemand et français.
>
> Plaidoyer pour l'Europe du Sud
>
> Tout en regrettant « l'amateurisme du gouvernement grec », l'ancien patron du FMI apporte son soutien à ce pays et, plus généralement, à l'Europe du Sud. « Nous ne regardons que vers le Nord et négligeons le Sud. C'est là pourtant qu'est le berceau de notre culture (...) Il faut inventer d'urgence une vision commune de l'espace monétaire européen. »
>
> Il met également en garde contre un affaiblissement de l'Europe sur le plan géopolitique. « Une alliance de quelques pays européens, même emmenée par le plus puissant d'entre eux, sera peu capable d'affronter seule la pression russe et sera vassalisée par notre allié et ami américain à une échéance qui n'est peut-être pas si lointaine… Pour être un modèle, juge-t-il, l'Europe doit voir loin, refuser les mesquineries, jouer son rôle dans la mondialisation, en un mot, continuer à façonner l'histoire. »

La biographie d'Angela Merkel dans Wikipédia la présente comme « désignée femme la plus puissante du monde par le magazine *Forbes* à neuf reprises depuis 2006. Elle est aussi largement perçue comme la personnalité politique la plus importante et la plus puissante de l'Union européenne » (Forbes, 2014).

Lors du récent débat sur la Grèce, certains journalistes de la télévision française l'appellent carrément « la patronne », ce qui se dit en allemand, « die Führerin », féminin ni plus ni moins de … Führer. Les dessinateurs la représentent de plus en plus souvent avec par des éléments de costume empruntés au passé de la Wehrmacht, par exemple, dans un hebdomadaire récent (*Marianne* n° 952 du 17-23 /7/2015) coiffée d'un casque à pointe à la Bismarck-Hindenburg. Parfois aussi déguisée en empereur allemand. Alors on rit, on a bien le droit de rire.

Sur Google, on trouve même des images où Angela Merkel est sans retenue caricaturée en Hitler. L'inconscient public commun en France fait aujourd'hui cette assimilation, sans que cela ne soulève nulle part aucune émotion.

Notez que la même chose existe pour Napoléon Hitler français, et que beaucoup d'Allemands nous rendent la pareille pour semblable assimilation.

Louis XIV non plus n'a pas laissé que des souvenirs agréables dans les pays allemands (les deux sacs du Palatinat par Turenne puis Louvois).

Or à notre avis, la question d'une hégémonie économique (financière, et politique) actuelle de l'Allemagne sur l'Europe des 28 nations doit être certes distinguée, mais ne peut être également que mise en rapport avec celle connexe de l'expansion du pangermanisme entre 1870 et 1945, comme avec celle du développement d'un premier nationalisme allemand à partir des guerres napoléoniennes (Iéna 1806), et même certainement déjà bien avant.

Cette histoire n'est pas simple. Après le Congrès de Vienne de 1815, le paradigme germanique est investi d'abord et surtout par l'Autriche de Klemens Wenzel von Metternich (1773-1859), qui garde la haute main sur l'Allemagne. D'abord dans la configuration de la Sainte-Alliance, regroupant l'Autriche, la Prusse, la Russie et l'Angleterre, première ébauche d'une Europe des gouvernements conservateurs, organisée comme un système d'intervention contre les mouvements de progrès politiques.

Puis intervient l'unification progressive de l'Allemagne par les rois de Prusse Hohenzollern, via le double moyen d'une guerre contre l'Autriche (Sadowa 1866), puis contre la France (1870-1871).

Les collaborateurs de Guillaume 1er (1797-1861-1888), Otto von Bismarck (1815-1898), Helmuth Johannes Ludwig von Moltke (1848-1916) et Albrecht von Roon (1803-1879) œuvrant à la mise en chantier, sur la base de l'ancienne Confédération germanique (1815), d'abord d'une Confédération de l'Allemagne du Nord (1866-1870), et enfin d'un Empire allemand (1871), proclamé dans la Galerie des Glaces à Versailles.

La France, par exemple celle du Second Empire, n'a pas toujours été indemne d'attiser, de manière irresponsable – à la manière déjà de Napoléon 1er, l'antagonisme avec la Prusse.

Tout le monde connaît l'histoire de la falsification de la dépêche d'Ems par Bismarck comme prétexte pour entrer en guerre avec la France en 1870.

Tout le monde sait que l'Allemagne s'est servie en 1914-1918 de la France comme champ de bataille pour régler des différends nés dans le magma politique devenu ingérable de l'Europe centrale. Que l'Allemagne vaincue n'a jamais voulu reconnaître sa défaite, ni n'aurait réglé sa dette de guerre qu'à concurrence d'environ « un sixième (1/8 ?) des réparations décidées initialement » (22/132 milliards, Wikipédia).

Tout le monde sait que la Deuxième Guerre mondiale n'a été qu'une reprise et une continuation de la Première par l'Allemagne, cette fois avec sa responsabilité entière, avec au moins cinq fois plus de pertes humaines, et qu'à nouveau l'Allemagne vaincue n'aurait acquitté qu'une dette de guerre compensée en bonne partie par l'afflux du Plan Marshall (1947).

Le monument aux morts de l'Université de Berlin, juste avant la Deuxième Guerre mondiale, portait l'inscription latine suivante : « Victis victuri » : Aux vaincus ceux qui vaincront un jour (Témoignage du germaniste Pierre Grappin).

On a aussi parlé dans les médias de l'histoire de l'emprunt forcé imposé par l'Allemagne nazie à la Grèce – par ailleurs traitée de la façon la plus barbare pendant la Guerre –, et dont le « remboursement » est à jamais tombé dans les limbes.

L'électorat français s'est prononcé de façon massive en 2005 contre une Europe dominée par l'Allemagne économique et financière. Les électeurs grecs viennent de faire massivement la même chose. Mais rien n'y a changé ni n'y changera.

L'Allemagne se conduit aujourd'hui comme si elle avait gagné non seulement la Guerre de 1870, mais bien celle de 1914-1918, tout comme celle de 1939-1945. En réalité l'Allemagne a été le véritable vainqueur en Europe de la Guerre Froide. La chose est perceptible visuellement, à la mine de soumission adoptée par tous les personnels politiques français dans toute espèce de contact avec la nomenklatura germanique, dans l'aire close de Bruxelles. Ces comportements sont décrits depuis longtemps par les éthologues à propos par exemple des loups : les animaux soumis tendent passivement leur gorge à l'animal dominant.

Mais qu'aurait donc à faire avec ce contexte la philosophie de Fichte ? Simplement ceci que les historiens de la philosophie les plus compétents (Rivaud 1968) la tiennent pour en partie responsable, avec celle de Georg Friedrich Hegel (1770-1831), de la genèse d'un « nationalisme allemand ».

Ce rôle est peut-être limité, car la philosophie ni les philosophes ne peuvent pas tout. Mais il peut-être aujourd'hui assez intéressant pour la France et l'état de malaise où elle se trouve, d'en repérer les traces historiques.

La philosophie allemande du dernier siècle jusqu'aujourd'hui semble, à l'encontre, sans rapport évident avec la justification de l'organisation politique de la Nouvelle Grande Allemagne : Theodor Adorno, Hans Albert, Hannah Arendt, Walter Benjamin, Gustav Bergmann, Ernst Bloch, Ernst Cassirer, Emerich Coreth, Hans-Georg Gadamer, Jürgen Habermas, Nicolai Hartmann, Martin Heidegger (?), Axel Honneth, Max Horkheimer, Edmund Husserl, Karl Jaspers, Hans Jonas, Max Scheler, Georg Simmel, Peter Sloterdijk, Heinz Wismann.

Malheureusement, dans la période toute récente, l'idéologie dominante, surtout au point de vue économique – mais sans oublier tout à fait non plus la triste philosophie analytique – vient surtout des États-Unis. On va y revenir plus loin.

Pour revenir à Fichte, Rivaud nous dit que, selon lui, « les savants et philosophes allemands seuls », leur pensée conduite par l'exigence de l'Esprit universel, auraient été capables de faire naître une « cité universelle de la Raison ».

Fichte a été, « plus qu'aucun Allemand », un admirateur de Rousseau (comme Kant !), puis de la Révolution française, mais paradoxalement, dans le contexte des guerres de l'Empire, il en a tiré des conclusions d'un « nationalisme violent », à la différence de certains autres de ses contemporains comme Kant, Goethe, ou Hegel. Serait-ce du fait que l'idée nationale – la patrie en danger de 1792 – était particulièrement liée à l'idéologie girondine et surtout jacobine, et qu'il l'aurait adoptée par identification passionnée, en même temps que renversée ?

Goethe et Hegel semblent avoir compris que Napoléon, ayant récupéré la Monarchie comme ornement paradoxal final de la République, exportait bien au-delà des frontières de la France, les principes de l'ordre nouveau, antiféodal, prescrit par le Code civil, traduit alors dans les principales langues européennes – même si introduit dans les bagages de la guerre de conquête.

Autre chose : à partir d'une certaine date (1800), Fichte a proposé le thème d'un « État commercial fermé » (*Geschlossener Handelsstaat*), isolé de tous ses voisins, mais qui aurait dû d'abord, au besoin par la force, atteindre ses frontières naturelles, seules susceptible de lui assurer la sécurité – thème nazi avant la lettre de « l'espace vital ». Cela fait, l'État nouveau notifierait au monde qu'il renonce à s'agrandir. En même temps, il interdira à ses ressortissants tout commerce avec l'étranger – projet d'imitation renversée du blocus continental de Napoléon.

A. Rivaud poursuit : « soustrait à toute influence dissolvante [cf l'art dégénéré des nazis], l'État clos pourra réaliser le maximum d'égalité entre les citoyens. Buonarotti et Morelly avaient déjà recommandé la fermeture des frontières, l'égalité, la mainmise de l'État sur le commerce extérieur. Mais Fichte s'inspire plutôt des précédents prussiens, de l'impérialisme économique traditionnel. Il dresse en peu de mots le programme du socialisme autarcique tel que le développeront Fr. Naumann et les experts financiers nazis. » Rivaud ajoute que « le socialisme conquérant de nos jours » (1968) mène la même politique financière (allusion au Comecon de l'ex-bloc des pays socialistes).

En consultant Wikipédia, on s'aperçoit que Rivaud nous évoque des influences très mélangées :

Philippe Buonarroti (1761-1837) est un révolutionnaire français robespierriste d'origine italienne. Étienne-Gabriel Morelly (1717-1782) est un philosophe des lumières oublié, précurseur du communisme.

Friedrich Naumann (1860-1919) se présente comme partisan d'une démocratie sociale libérale et non marxiste, d'un fort accent nationaliste. Après 1919, il défend l'idée d'une confédération d'États en Europe centrale, sous domination allemande et autrichienne. Il a été l'un des créateurs du Parti démocrate allemand, idéologiquement proche de ce qu'a été vers la même époque, le parti radical socialiste français, actif sous la République de Weimar (Albert Einstein, Thomas Mann, Max Weber), puis contraint à la dissolution par Hitler.

Plus loin, il va être question aussi de Constantin Frantz (1817-1891), précurseur du fédéralisme européen mais adversaire de la politique agressive de Bismarck, de P. de Lagarde (1827-1891), lui d'un nationalisme conservateur et antisémite (ce qui serait à peine nouveau) – mais invoquant l'âme plutôt que la race –, précurseur bien plus direct de l'idéologie nazie.

Après la Guerre de 1914-1918, l'idée d'un nationalisme pangermanique n'a pas eu pour seul destin la doctrine nazie, mais elle était également défendue par les partisans d'une démocratie libérale telle qu'elle a été incarnée un temps par la République de Weimar.

C'est surtout après l'expansion française d'après Iéna (1806) que la religiosité latente de Fichte tend à rejoindre le nationalisme prussien. Ses *Discours à la nation allemande* (1807-1808) sont d'une grande éloquence, mais d'un fond traditionnel très ancien (Luther, Leibniz, Becher, Pufendorf, Christian Wolff).

Certaines de leurs idées, plutôt inquiétantes pour notre conscience moderne rétrospective, ont connu un destin facile à identifier comme le nerf d'un « patriotisme germanique » :

> « La patrie allemande n'est pas attachée à un territoire, elle accompagne l'Allemand en tout lieu...
>
> « Les caractères intellectuels et moraux des Allemands les mettent au-dessus de tous les autres peuples. Ces caractères traversent leur langue, expression vivante de leur être le plus profond.
>
> « La *langue* allemande est vraiment *primitive*, *Ursprache*. [Freud parlera aussi un jour dans un tout autre contexte d'une *Ursprache*.] Elle est la création des Allemands qui s'y sont peints tout entiers et n'ont jamais cessé de la parler. Cette langue traduit leur essence intellectuelle et morale ; elle est essentiellement *vraie*, ne peut donc jamais mentir.
>
> Elle est vraie de toute façon : directement et doublement modelée à la fois sur la réalité des choses invisibles, tangibles, sensibles, et sur les sentiments intimes de celui qui l'a toujours parlée. Elle rend sensibles les objets naturels par les sonorités de ses voyelles et de ses consonnes, par les harmonies imitatives qui lui sont particulières, et qui ne se retrouvent dans presque aucune langue moderne. Ainsi est-il à peu près impossible de traduire exactement en allemand une langue étrangère et plus impossible encore de traduire dans une langue étrangère le plus simple texte allemand. De là vient (Leibniz l'avait déjà reconnu) la supériorité écrasante d'un Allemand dans toute conversation avec un interlocuteur étranger...
>
> « Il faut à tout prix restaurer en Allemagne la fierté nationale abattue. Pour le moment l'Allemagne succombe, impuissante et désarmée, sous le joug d'un étranger qu'elle a le droit de mépriser, parce qu'elle l'a toujours dominée par l'esprit et par la vertu. Qu'elle se redresse enfin et prenne conscience de sa valeur !
>
> « Une éducation systématique de la jeunesse, enfin rendue consciente de la mission du peuple allemand, y pourvoira...
>
> L'éducation nouvelle associera étroitement l'entraînement physique et moral quotidien et l'étude de l'histoire nationale. Fichte ne fait pas intervenir dans sa théorie l'idée de race. Car l'esprit et non la constitution physique est ici l'essentiel et Fichte n'ignore pas que l'Allemagne a été peuplée par des hommes d'origines diverses. C'est donc l'esprit qu'il faut

> façonner en premier lieu. Consultons donc l'histoire d'Allemagne. C'est depuis longtemps celle de l'Empire du milieu de l'Europe, continuation de l'Empire romain. Cet empire a été promis aux Allemands par Dieu. Il a été réalisé pour eux, une première fois par l'Empereur allemand Charlemagne, puis partiellement par Charles Quint. Les Allemands l'ont laissé perdre depuis lors. Seul un nouvel empire allemand réunifié pourra réaliser le grand dessein de former une Europe unie, sous le règne de la vertu morale. »

Le *Mein Kampf* d'Hitler évoquera la mémoire des fameux « Chevaliers teutoniques », le maillon manquant ici entre Charlemagne et le Charles Quint des *Discours* de Fichte.

> « Tout justifie la prétention séculaire des Allemands à l'Empire universel...
>
> « Par la voix de Fichte, l'Allemagne occupée, écrasée, répond à l'occupant par un défi catégorique. Rien de semblable chez Hegel, Schelling et beaucoup d'autres témoins de l'invasion. On ne sait pas si l'éloquence des Discours répond même aux sentiments intimes de Fichte. Car, après 1813, on verra tomber subitement l'enthousiasme qui préside à l'éloquence de son appel à l'avenir vengeur. »

Fichte était à la recherche, dans les années 1799-1802, comme d'autres de ses contemporains célèbres (Schelling, Hegel), d'un public plus accessible à un discours plus populaire que celui de l'Université au sens strict.

> « On place souvent Fichte non sans raison parmi les précurseurs du Pangermanisme. Il a recueilli, avant Constantin Franz, avant P. de Lagarde, avant Naumann, les thèses fondamentales de cette religion de la conquête : distinction du territoire et du patriotisme, liaison du caractère national et de la patrie, création d'une Europe centrale allemande, éducation systématique de la jeunesse. Ces idées ne sont sans doute pas de son cru ; il a pu les recevoir de son entourage où militaires [Jomini, Folard, Berenhorst, Scharnhorst, Von Lossau, Rühle von Lilienstern, Clausewitz] et politiques sont nombreux. Et il leur a prêté un moment le prestige de son éloquence. »

Rivaud poursuit en s'interrogeant sur « le rôle et la valeur de la philosophie de Fichte », en disant que « si l'on passe en revue les aspects successifs de la doctrine de Fichte, on ne peut se défendre de quelque malaise... La faculté de suivre un développement avec une logique apparente irrésistible, la maîtrise de la période [s]'y joint [avec] une perpétuelle prétention moralisante, qui l'apparente à certains français du XVIIIe siècle [Rousseau ? Diderot ? Greuze ?] et plus encore aux prédicants luthériens. Sa vie privée ne paraît pas cependant avoir été sans défaillances, et il donne parfois une impression désagréable d'hypocrisie...

« Presque jamais la matière qu'il utilise ne lui appartient réellement. Son inspiration est faite de souvenirs de lecture que sa prodigieuse mémoire lui rappelle au moment où il croit, de toute sa force inventer du nouveau [La cryptomnésie chez Nietzsche, Flournoy, Valéry, in Jalley : *Freud, Wallon, Lacan. L'enfant au miroir*, EPEL, 1998, p. 360]. Peut-être n'y a-t-il chez lui qu'une originalité d'emprunt… Il a été surtout une caisse de résonance pour des pensées qu'il n'avait pas lui-même formées et qu'il a souvent trahies en les exposant.

« Son inspiration – celle de la *Doctrine de la science*, l'œuvre de sa vie – lui vient, pour l'essentiel – sinon dans toute la première période de sa vie, du moins dans la suite –, de son ennemi des dernières années, Schelling, incomparablement plus inventif et plus « génial » que lui et, pour maints détails, de la philosophie de Kant. Mais les fantaisies logiques de la *Wissenschafstlehre* sont, en réalité, d'un intérêt médiocre et peut-être Fichte ne les a-t-il développées qu'en s'abandonnant aux ressources de son mécanisme verbal. »

Jugement d'une grande sévérité : dans la période Von Kant bis Hegel (R. Kroner), la philosophie de Fichte est en réalité le maillon qui assure le passage du paradigme kantien de la dialectique, statique et sans mouvement articulé à une histoire, vers un paradigme plus perfectionné au point de vue technique, d'abord chez Schelling, et ensuite chez Hegel. Il y a là un problème historique capital auquel on peut évidemment décider de ne pas s'intéresser.

Cependant plus loin, Rivaud concède que « Fichte a reconnu en nous-mêmes, une richesse presque ignorée, celle de notre être caché dans l'inconscient [Cela existe déjà chez Kant et Leibniz, mais bien avant encore, voir Jalley, GP2 et PP1]. La voie du nouvel idéalisme transcendantal mène à l'exploration cachée de la vie mentale, où se dérobent l'être que nous cherchons et, en même temps la source invisible de nos activités. Cet être est *instinct*, poussée obscure de forces cachées. Mais il peut aussi devenir volonté, liberté, impératif catégorique et, par là, exigence d'un ordre universel. Cet ordre se développe dans l'univers, sous la forme de lois naturelles infaillibles ; en nous-mêmes sous la forme de résolutions morales, valables pour l'ensemble des hommes à venir. De l'instinct, on passe à la volonté et, par elle, grâce à la loi morale, à l'ordre humain rationnel, universel, qui discipline et purifie le domaine fangeux de l'instinct. En ce sens, Fichte lui-même touche au romantisme, mais à un romantisme moralisant qui se flatte de faire la mutation de l'instinct en raison vivante. »

Touchant la question d'un nationalisme allemand, Rivaud est presque aussi sévère à l'égard de Hegel que vis-à-vis de Fichte :

> « Le but de l'hégélianisme est pratique et politique, et tout en lui est subordonné aux fins qu'il a choisies : montrer que l'esprit s'incarne pour le moment et peut-être pour toujours, dans le peuple allemand, lui-même incarnation actuelle et future de l'esprit du monde. Mais pour arriver à cette conclusion, Hegel expose une philosophie totale, de nature éclectique, où il combine des éléments pris à toutes les doctrines du passé. Cette philosophie est à la fois Ontologie, Théologie, Logique, Métaphysique, Psychologie, Sociologie, Histoire. Rien ne lui échappe ; elle se propose d'unifier tout le savoir, de refaire l'Encyclopédie des Philosophes du XVIIIe siècle en la pénétrant jusqu'au plus profond d'esprit germanique, c'est-à-dire d'ordre et de discipline, et par là de liberté. Nous appelons cette philosophie « idéaliste » et nous suivons ainsi l'exemple de son créateur. Mais on pourrait lui donner bien d'autres épithètes [?] La philosophie hégélienne est difficile, et son auteur n'a rien fait pour la rendre accessible. Parfois, il semble avoir pris plaisir à embarrasser ses lecteurs… Il faut beaucoup d'efforts pour se rendre maître de cette doctrine en constante évolution, qui peut sembler souvent un chef-d'œuvre d'ingéniosité… de fait, certaines déductions trop bien agencées donnent l'impression d'un jeu un peu arbitraire et parfois laborieux. »

Par contre, à propos Schelling, Rivaud dit qu'il « est presque resté indifférent aux problèmes sociaux [et politiques] qui tourmentaient ses contemporains. »

Signalons qu'il existe un problème « Rivaud » : aucun historien de la philosophie français, en dépit d'une considérable érudition touchant, à propos de la philosophie allemande, les aspects biographiques, mais aussi une très grande maîtrise du fond des questions philosophiques, n'a en même temps développé des vues critiques aussi engagées à propos des considérants politiques moins positifs de certaines des philosophies de la période Von Kant bis Hegel (Fichte et Hegel).

En dépit de cela, la notice Wikipédia consacrée à Rivaud le présente à la fois et de façon contradictoire, comme un enseignant qui aurait fait sa carrière sous la protection de Pétain mais qui en même temps aurait été blanchi lors de la Libération pour son engagement « antinazi ». Il y a là un mystère.

L'histoire de la philosophie de Rivaud est restée inachevée à son décès (1964) avec un dernier chapitre consacré à Schopenhauer. Et des lacunes importantes aussi sur le XVIIIe siècle. Elle a été mise en forme définitive pour toute cette période « finale » par un comité présidé par Martial Guéroult.

Cependant, il nous paraît judicieux d'interrompre pour le moment la suite des réflexions jusqu'ici proposées sur ce sujet. Quitte à y revenir dans un développement final intitulé :

« 8. Retour sur la question de l'impérialisme allemand ancien et nouveau style. » (page 161).

On a simplement voulu introduire, avec les propos précédents, de façon suffisante la question du pangermanisme pour en indiquer l'importance essentielle par rapport à l'œuvre et à a personnalité de J. G. Fichte.

4. Un précurseur de la psychologie et de la psychanalyse

Fichte a produit des idées importantes dont l'ensemble forme un tronc commun à la psychologie comme à la psychanalyse. De ce point de vue, l'intérêt et l'originalité de ses idées semblent avoir échappé totalement jusqu'ici aux philosophes, de façon évidente en tout cas à Rivaud cité ci-dessus.

Mais il faut en distinguer un corps d'idées particulier dont l'« influence » est sensible sur la pensée freudienne proprement dite. C'est dans l'essai de Freud intitulé *Pulsions et destins des pulsions* de 1915 figurant dans la *Métapsychologie* que cette marque est la plus sensible.

Commençons par la psychologie-et-la-psychanalyse (Freud, Wallon, Piaget).

1. Fichte, comme du reste aussi Schelling, part de la notion d'un sujet originaire, mû par une activité, en quelque sorte bouclée sur elle-même, d'autoposition, et où le couple sujet-objet se trouve déjà installé selon un rapport d'identité dans l'opposition, ou encore en termes plus modernes, de prédifférenciation. À partir de cette organisation prédifférenciée du sujet, le moi et le non-moi vont ultérieurement prendre distance selon « une relation originaire d'action réciproque ».

Ce thème de base se retrouve dans les trois modèles développementaux de Freud, Wallon et Piaget, certes formulé dans des coordonnées et selon des termes spécifiques dans chaque cas.

On pourra s'en convaincre à consulter notre « tableau synoptique des principaux types de stades de la psychogenèse en psychologie de l'enfant et en psychanalyse », dans *Wallon et Piaget. Pour une critique de la psychologie contemporaine* (L'Harmattan, 2006, pp. 441-457). Cette référence vaut également pour les thèmes qui suivent.

2. Fichte met l'accent sur le caractère opératoire du réel psychique, et, en général, des actes de l'esprit. Plutôt qu'au résultat de l'opération, il s'attache toujours à la structure de l'activité qui détermine celui-ci. Il envisage le récit des actes successifs de l'esprit selon un mode « historique », en tant que procès dynamique saisissant le moi comme un être qui « se fait ». Le premier dans l'histoire des idées, il va caractériser le

processus de la production du moi comme une « genèse », une « autogenèse », la « vie génétique de la raison ».

Par ailleurs, la théorie qui rend compte d'un tel procès se présente elle-même comme une genèse critique, une « genèse de la genèse », dont le but est « l'évidence génétique », selon une méthode d'intégration des formations successives.

Ce sera, tout juste quelques années plus tard, également le procédé méthodologique de Hegel.

Mais cela ne suffit pas à notre propos.

D'une façon déjà très moderne, qui fait parfois songer à Jean Piaget, Fichte analyse les structures de l'intelligence – la sensation (étape sensorimotrice), l'imagination (pensée préopératoire), l'entendement (pensée préopératoire concrète), le jugement et la raison (pensée opératoire formelle) comme une série hiérarchisée de paliers génétiques. En outre, comme Piaget aussi, il insiste particulièrement sur l'activité de l'enfant, sur son élan naturel vers le savoir, qui le rend capable d'apprendre même sans l'incitation d'autrui. Enfin, à la différence cette fois de Piaget, il accorde une grande importance aux processus affectifs (Freud, Wallon).

Or, cette insistance sur l'agir originaire propre à l'âme humaine, sur le principe dynamique propre à la vie mentale, est également un trait caractéristique des modèles développementaux respectifs de Freud comme de Wallon. Aux accents différentiels près entre les trois modèles, dont on pourra trouver les critères dans le Tableau indiqué plus haut.

J'ai signalé plusieurs fois ailleurs que cet enracinement de la vie mentale dans l'action plutôt que dans la perception trace un fil continu à travers tous les XIXe et XXe siècles, suivant le modèle d'une pensée continentale européenne, opposée en tous points à l'approche de l'empirisme anglo-américain (Jalley, CPUF1, 2004, 302) : Hyppolite Taine (1870), Henri Bergson (1889), Alfred Fouillée (1893), Ernst Mach (1905), Abel Rey (1908), John Dewey (1903-1922), William James (1907), Henri Poincaré (1902), Pierre Duhem (1906), Édouard Le Roy (1912).

3. Un troisième thème venu de Fichte vers la psychologie du XIXe puis du XXe siècle (Freud, Wallon, Piaget) sera la distinction dans la vie mentale, le sujet (*Subjekt*), la personnalité (*Personalität*), entre deux principales fonctions (*Funktionen*) : l'intelligence (*Intelligenz*) et la dynamique affective (*Affektion*), spécifiée par de nombreuses notions : tendance (*Tendenz*), pulsion (*Trieb*), sentiment (*Gefühl*).

L'usage de la notion d'intelligence est déjà attesté depuis longtemps : Thomas d'Aquin, scolastiques (*intellectus*, intellect), Malebranche, Leibniz. Et va reparaître chez Ravaisson, puis Bergson.

On trouve *affectus* chez Augustin, *affectio* chez Spinoza, *Affekt* chez Wundt, *affect* chez Baldwin, *Affektivität* chez Freud. Affectivité est un mot de Wallon et de Piaget. Il est peu commenté dans le *Vocabulaire de la philosophie* de Lalande (1926, 1985).

Chez Freud, ce sera la distinction entre les processus secondaires et les processus primaires.

4. Un quatrième thème venu de Fichte, et tombé dans l'héritage commun de Freud, Wallon et Piaget est la polarité centripète-centrifuge (*zentripetal/zentrifugal*) de la dynamique mentale, elle-même venue à Fichte à partir de la polarité attraction/répulsion formulée par Kant à partir de Newton.

Encore une fois, les applications spécifiques de ce même thème selon les trois auteurs en question ne peuvent être bien appréhendées qu'à partir toujours du même Tableau cité ci-dessus.

Par ailleurs, cette polarité, sous la forme nouvelle forme introversion-extraversion, apparaît comme le dénominateur commun, à travers l'histoire de l'Antiquité à nos jours, de tous les modèles de la personnalité en psychologie et en psychanalyse : Galien (129-199), Al Ghazali (1058-1111), I. Pavlov (1923), I. Smolenski (1933), E. Kretschmer (1921, 1927), W. Sheldon (1951), H. Rorschach (1921), G. Heymans et D. Wiersma (1925), R. Cattell (1946-1961), H. Eysenck (1957), H. Witkin (1959-1978), J. Rotter et E. Phares (1978), S. Ferenczi (1919), S. Freud (1924), M. Scheler (1923), M. Klein (1946), D. Lagache (1954) (Jalley, 2008, GP2, 719-775, 757).

Dans sa description de la naissance de la conscience réelle à partir du sujet originaire prédifférencié, Fichte utilise comme modèle la polarité des forces attractive et répulsive de la dynamique kantienne. L'activité du moi présente deux orientations, l'une centrifuge, de nature à la fois « libre » et infinie, l'autre centripète de nature « liée » et finie [libre-liée, Freud]. La première, c'est une innovation dans l'histoire des idées – est qualifiée de mouvement de projection (*Entwerfung* ; le mot freudien est *Projektion*). La seconde est simplement appelée « réflexion ». Le terme introjection introduit par Sándor Ferenczi (1909), qui l'emprunte peut-être à Avenarius (1888), en en transformant d'ailleurs totalement le contenu. Pour Fichte, dans son mouvement centrifuge de projection, « le moi pose le non-moi comme limité par le moi ». Le moi [infini, absolu, Dieu ?] se différencie, se fait fini, en posant l'objet fini comme sa propre limite. Mais comme son caractère centrifuge comporte un caractère infini, il rencontre la limitation de l'objet comme un obstacle à surmonter et qu'il dépasse sans cesse. Ce procès projectif de dépassement est défini comme une aspiration infinie (*Streben*), qui est d'ailleurs « la condition de possibilité de tout objet : pas d'aspiration, pas d'objet ». En tant que processus de répétition fondamentale (*Wiederholung*), l'aspiration infinie se détermine plus spécifiquement comme pulsion (*Trieb* ; Freud : poussée constante [*Drang*] de la pulsion) : « Ma nature est pulsion » (*Meine Natur ist ein Trieb*). Sous sa forme la plus élevée, cette pulsion est le principe actif du projet moral [Freud : sublimation, idéal du moi, surmoi]. Mais elle comporte d'abord un caractère plus naturel qui la spécifie comme « sentiment de la jouissance pour la jouissance ». Le sentiment est aussi besoin (*Bedürfnis*), malaise (*Missbehagen*), aspiration (*Streben*) vers quelque chose d'inconnu, langueur (*Sehnen*), conscience d'un vide (*Leer*) [angoisse : Freud, Heidegger, Sartre]. Le sujet y est à la fois actif et passif. En outre, pour Fichte, qui se situe à cet égard dans l'esprit de Kant, les sentiments vont par paire [ambivalence : Racine, Freud] : ils doivent pouvoir être posés comme opposés, alliant les degrés du déplaisant et du déplaisant » (*Gefallen/Missfallen*).

Dans ce procès projectif qui le pousse « en dehors de soi », le moi est une activité « libre » qui vient se cristalliser, lors du choc produit par la rencontre de l'objet, en une activité « liée », c'est-à-dire condamnée à passer dans l'objet et à s'y « oublier ». La pensée du sujet se perd alors elle-même dans l'objet comme « une passion sans conscience », livrée d'abord à la « contemplation muette et inconsciente du monde ». Ainsi le monde objectif n'est qu'une projection de l'inconscient qui échappe à la conscience [Aliénation : Hegel, Marx]. Mais pas plus que de l'objet, le moi n'est immédiatement conscient de ses actes ni des tendances et des sentiments qui l'animent, sinon parfois par leurs conséquences. Le moi, livré à la pétrification de l'objet rencontre des corps (*Körper*) : bien entendu, l'objet naturel, mais, avant tout, son propre corps (*Leib*) [Freud, Wallon, Piaget, Merleau-Ponty, Sartre], à la fois comme organe de sa volonté et comme moyen de rencontrer une espèce privilégiée d'objet, le non-moi, autrui, en tant qu'il habite lui-même son corps. Le sujet originaire [Dieu ?] subit une division (*Spaltung*), se diffracte alors en consciences individuelles sous forme d'une sorte de cogito plural [Aristote, Averroès, Hegel]. À cet égard, la doctrine fichtéenne de la projection inconsciente du sujet vers l'objet est une théorie de l'intersubjectivité [Husserl, Merleau-Ponty] : « Pas de toi, pas de moi » écrit Fichte, car « l'homme n'est homme que parmi les hommes ». L'individualité est un concept réciproque qui émerge d'un rapport vivant de reconnaissance (*Anerkennung*) dans une pluralité intersubjective : « Car cela seul fait de nous une personnalité ». Le principe même de l'objectivité repose sur l'intersubjectivité (Husserl, Merleau-Ponty). Un cas privilégié pour Fichte de « l'autre face de moi-même », de ce moi qui est un nous, de ce nous qui est un moi (Hegel), est le rapport vivant entre le maître et l'élève. Ce privilège accordé au processus affectif inconscient dans le cadre d'un monde intersubjectif s'accorde avec l'importance conférée au langage, lui-même conçu comme une activité inconsciente, qui s'empare de l'homme plutôt que l'hom-me ne s'en empare : « Le langage, écrit Fichte, a plus d'influence sur les hommes que les hommes n'en ont sur le langage » (Hegel, Humboldt, Karl Bühler, Wallon, Lacan).

Dans le procès centrifuge projectif, rappelons-le, « le moi pose le non-moi comme limité par le moi ». Ce premier mouvement définit le rapport réel et pratique du moi à l'ensemble des autres moi, c'est-à-dire au *cogito* plural. À l'inverse, le second procès, centripète et réflexif, définit l'activité idéelle et théorique du moi, subordonnée à sa visée pratique (Marx). Alors « le moi [infini] pose le moi [fini] comme limité par le non-moi ». À la causalité pratique du moi sur le non-moi se substitue la causalité cognitive du non-moi sur le moi. À partir du choc (*Anstoss*) produit par la sensation et qui le repousse en lui-même, le moi, dans un procès réfléchi qui s'oppose à son mouvement projectif initial, produit la hiérarchie de ses facultés cognitives à des niveaux de plus en plus profonds : l'imagination, l'entendement, le jugement, puis la raison. Cependant, chaque niveau, s'il débute par une étape centripète de caractère passif, est doublé par une autre étape centrifuge de caractère actif, dont la conjonction présente des analogies évidentes avec, par exemple, le double mouvement ascendant et descendant de la dialectique platonicienne, ou encore le double procès de sens inverse caractéristique de la réversibilité piagétienne. Pour chaque niveau, l'ensemble de ce processus d'alternance entre les deux vections de sens opposé fournit la base du niveau plus profond. À terme, ce procès total de la genèse des fonctions de l'esprit, qui affecte l'allure d'un mouvement spiral de plus en plus intériorisé, rejoint, mais à un niveau réflexif plus élevé, le lieu d'origine, le « point zéro », du sujet originaire dont est parti le procès projectif de la conscience naturelle.

Ainsi, l'imagination, principe génétique de la réalisation des catégories dans le temps, est décrite par Fichte comme un flottement (*Schweben*), un mouvement qui associe et dissocie les opposés, et où la passivité vient se lier à l'activité. Par un procès centripète d'intériorisation réflexive, le moi imageant se laisse informer, captiver par l'image, mais aussi bien, dans un procès centrifuge de projection, il réfère l'image à la chose réelle. Par ailleurs, ce fonctionnement de l'imagination est envisagé comme de nature inconsciente. Le mouvement circulaire descendant de fondation, d'autopénétration du soi, apparaît comme une sorte de spéléologie de la pensée, une véritable « prise de conscience de l'inconscient », qu'il ne serait pas absurde de comparer à une forme de psychanalyse (P 3).

Il est absolument hors de question d'envisager le système de Fichte comme un modèle philosophique anticipé de la doctrine psychanalytique. On ne saurait y trouver la moindre trace d'une référence aux faits cliniques, ni la notion de deux grandes catégories de pulsions sexuelles et agressives – on verra qu'il est tout de même question de l'amour sous la plume de Fichte. Néanmoins son système présente un certain nombre de concepts qu'il y a intérêt à rapprocher de beaucoup d'éléments de la pensée métapsychologiques de Freud, comme ce qui précède a déjà dû le faire ressentir.

5. Enfin, on ne saurait oublier la notion de conflit, de conflictualité psychique, qui joue un rôle majeur, avec des interprétations différentes, dans les conceptions respectives de Freud, Wallon et Piaget, et même dans d'autres champs de la psychologie : pathologique, expérimentale, sociale.

Les termes désignant le conflit (*Widerstreit*) sont d'un usage fréquent dans la WL 1794 (voir Index) : conflit du Moi et du Non-Moi ; de la raison avec elle-même ; du Moi, de l'esprit, de l'imagination en soi-même, avec soi-même, entre ses aspects, fonctions, moments ; conflit des opposés.

Cependant, la notion de conflictualité interne, d'origine en partie chrétienne, a bien d'autres précédents dans l'histoire de la philosophie (Platon, Loyola, Descartes, Leibniz, Kant ; voir Jalley : *La crise de la philosophie en France au XXI*e siècle, 2013).

5. Connexions diverses avec la métapsychologie freudienne

Tout d'abord, la pensée de Fichte est marquée par « la reconnaissance de l'inconscient », cela aussi bien au niveau des processus affectifs que des processus cognitifs. Ce dont il y a eu de nombreux précédents dans l'histoire de la philosophie (Jalley, GP2 2008, PP1).

Le concept de pulsion (*Trieb*) envisagée comme un principe dynamique centrifuge, comme une énergie sans limite tendant à dépasser toute forme d'objet, n'est pas non plus sans rapport, d'un point de vue formel, avec la notion freudienne de pulsion, telle que définie en 1915 : un processus « énergétique caractérisé par une force constante de poussée », en même temps que par la contingence et la variabilité de l'objet.

L'essai de 1915, intitulé *Pulsions et destins des pulsions*, est organisé selon trois « grandes polarités » (réparties en six oppositions) où il est difficile de n'y pas percevoir l'influence de Fichte, comme d'ailleurs aussi de Kant.

Sujet, moi/objet, non-moi, monde extérieur.

Plaisir-déplaisir.

Actif-passif.

Aimer-haïr ; aimer-être aimé, s'aimer ; aimer-haïr/indifférence.

À côté de la polarité « moi et non-moi », Freud fait aussi usage de la polarité « actif-passif », qui joue un rôle fondamental dans la pensée de Fichte, en rapport avec l'interprétation particulière qu'elle se donne du principe kantien des deux forces attractive et répulsive (*Premiers principes métaphysiques de la science de la nature*, 1786).

Ce texte de 1915 met en jeu, dans ce qu'il y a lieu de considérer comme une véritable dialectique des pulsions perverses, la notion, déjà rencontrée plus haut, d'un moi narcissique originaire structuré comme unité prédifférenciée du moi et de l'objet. Or ce premier objet que rencontre le moi primordial n'est autre que son propre corps. Par ailleurs, la différenciation ultérieure du sujet et de l'objet narcissiques, par un procès d'éjection réciproque, aboutira à l'identification, en face de mon corps, de l'autre sujet comme partenaire lui-même doté d'un corps. Sur ce point particulier, la notion fichtéenne d'un sujet-objet originaire produisant, par un procès de distanciation progressive, la double expérience de mon corps et du corps de l'autre comporte un grand intérêt historique. Il est impossible aussi de ne pas rapprocher la conception fichtéenne des paires de sentiments opposées de la notion de couples opposés de pulsions que Freud fait intervenir toujours dans le cadre de cette dialectique des pulsions perverses. En outre, dans l'essai de 1915, la description de la genèse des formes du moi accorde un rôle essentiel au double mécanisme fondamental de la projection et de l'introjection, dont on a vu que Fichte était l'inventeur, toujours d'après le schème kantien des deux forces centrifuge et centripète.

Par ailleurs, à partir encore de cette matrice kantienne, Fichte forge la distinction entre activité libre et activité liée du moi, qu'il y a lieu de considérer, par l'intermédiaire du reste de la pensée physique (Rankine, Thompson, Helmholtz) et physiologique du XIXe siècle, comme la source probable de la distinction freudienne entre les énergies libre et liée, en tant que celles-ci sont les caractéristiques respectives des processus primaire et secondaire (1895, 1900). Du reste, pour Fichte, les deux modalités, libre et liée, de l'activité du moi ne correspondent pas terme à terme aux deux forces expansive et attractive de la dynamique kantienne. Le moment lié, où émerge la conscience finie de l'objet, représente lui-même l'équilibre fixé des deux forces primitives, c'est-à-dire des deux orientations originaires du moi. À l'opposé, le moment libre représente à l'état séparé la force expansive, sous la forme de l'activité centrifuge du moi. Ce schème de pensée prépare la conception schellingienne de la polarité.

La notion fichtéenne de clivage se retrouve sous une autre forme chez Hegel, qui décrit la vie immédiate de l'esprit séparé de soi comme « le stade de la scission » (*Standpunkt der Entzweiung*, 1830). Jacques Lacan a d'ailleurs repéré dans son contexte et mis en valeur ce concept hégélien de scission (*Problèmes cruciaux de la psychanalyse*, 1964-1965). Le terme de *Spaltung* se retrouve chez Feuerbach pour désigner la séparation où se trouvent, dans la conscience humaine, l'homme réel comme individu limité, et son être générique comme espèce illimitée. Freud aurait très bien pu l'identifier dans ce contexte, puisqu'il est attesté qu'il a lu très tôt cet auteur. Cette notion de clivage est utilisée aussi par Eugen Bleuler pour caractériser la schizophrénie. Pour sa part, Freud l'appliquera à différentes formes de division intrapsychique, que celles-ci soient d'espèce intersystémique, comme celle qui procède du refoulement, ou, au contraire, d'espèce intrasystémique, tel que le clivage du moi dans le fétichisme et les psychoses. On retrouvera l'usage généralisé chez Mélanie Klein de cette notion, en conjonction avec le double mécanisme, lui-même d'origine fichtéenne, de projection-introjection. Lacan utilisera la notion freudienne tardive (1927, 1938) de clivage intrasystémique du moi pour élaborer, en 1958, son propre concept de « refente » du sujet (Jeunesse de Gide, in *Écrits*, 1966). Le concept d'interaction (*Wechselwirkung*) entre le sujet et l'objet joue un rôle majeur dans la pensée de Fichte, où il acquiert d'ailleurs pour la première fois son véritable statut théorique, sur quoi on reviendra plus loin. Il est élaboré à partir du principe kantien d'attraction-répulsion, et à travers une reprise de la catégorie d'action réciproque, qui en représente le terme correspondant dans la table des douze catégories. Or ce concept a acquis aujourd'hui une importance fondamentale dans la psychanalyse du très jeune enfant aussi bien qu'en psychologie du développement. Par ailleurs, Jean Hyppolite a signalé, en 1959, la présence dans la pensée de Fichte des notions d'oubli, de répétition et de transfert (*Figures de la pensée philosophique*, t. 1, P.U.F., 1971). On signalera aussi que la prise de conscience de l'inconscient, dont l'objet mobilisait la philosophie théorique de Fichte, était par ailleurs fondamentalement subordonnée à un but pratique, une praxis (Marx, Freud), que lui-même envisageait comme la conquête et la maîtrise de la liberté individuelle.

Enfin, last but non least, on lira sans difficulté dans la triade fichtéenne moi (fini)/moi (infini Idéal)/non-moi la triade freudienne moi/surmoi/ça. Ce n'est pas pour autant que l'on aura la naïveté de parler d'une « influence » de Fichte sur Freud. On sait depuis longtemps que dans l'histoire des idées le réseau des sentiers (*Holzwege*) est beaucoup plus compliqué (Jalley : Freud/Wallon/Lacan. *L'enfant au miroir*, Vuibert, 2006).

6. Suite de l'examen des questions liées à la philosophie de Fichte

On a jusqu'ici exposé les idées principales de la philosophie de Fichte, qui peuvent encore intéresser le lecteur moderne. On a vu qu'elles étaient d'importance centrale, et nombreuses à repérer dans des champs variés : histoire contemporaine, psychologie, psychanalyse.

On complétera l'examen précédent par une revue des aspects complémentaires susceptibles de l'éclairer un peu mieux, en parcourant la littérature signalée au début de notre étude, et désignée le cas échéant par les abréviations : R, P1, P2, P3, P4.

Dans ce qui suit, j'utiliserai fréquemment les abréviations WL pour *Wissenschaftlehre* (Doctrine de la science) et F. pour Fichte.

Autre abréviations : CRP (Kant : Critique de la raison pure), CFJ (Kant : Critique de la faculté de juger), PPMSN (Kant : Premiers principes métaphysiques de la science de la nature), GA : Gesamtausgabe, œuvres complètes de Fichte, 1962. TP : traduction Tremesaygues-Pacaud de la CRP, PEP (Principes élémentaires de philosophie de Politzer). Voir aussi plus haut Biographie et Bibliographie de base p. 309.

La littérature allemande et française sur Fichte est très abondante. J'ai pris le parti de ne me référer qu'à une demi-douzaine des titres qui m'ont paru les plus importants depuis une cinquantaine d'années. En oubliant des auteurs plus anciens, même jugés d'une importance classique (Xavier Léon 1922-1927, Martial Guéroult 1930).

Les divergences entre les interprètes sont très marquées (Löwe, Lask, Fuchs, Fischer, Kroner, Noll, Gurvitch, Medikus, Guéroult, Vuillemin, Philonenko, Hyppolite, Dreschler). Kroner désapprouve Medikus, Philonenko critique les conceptions « hégéliennes » de Gurvitch, Guéroult, Vuillemin.

C'est pourquoi on a préféré présenter les unes à la suite des autres les interprétations qui nous ont semblé les plus importants sans tenter l'entreprise selon nous inextricable d'en produire une synthèse. Il en résultera un certain nombre de répétitions, mais elles ne nous gênent pas, et le lecteur les trouvera probablement bien utiles dans l'exposé d'une philosophie qui passe pour la plus difficile de toutes, plus abstraite même que celle de Hegel (Hyppolite).

Voici les principales contributions auxquelles nous nous sommes adressés. On les a présentées par ordre croissant de difficulté et d'intérêt documentaire aussi, différent de leur ordre historique de publication :

Rivaud 1968 ; Philonenko 1973, 1973, 1984, 1980 ; Hyppolite 1971 ; Kroner 1923-1924 ; Guéroult 1930.

K. Kroner Richard : De Kant à Hegel, tome I, Steiner, 1923-1924, L'Harmattan, 2013.

G. Guéroult Martial : L'évolution et la structure de la Doctrine de la science chez Fichte, Les Belles Lettres, 1930.

R. Rivaud Albert : Histoire de la philosophie : La philosophie de la liberté : Johann Gottlieb Fichte (1762-1814), V, 1, 287-331, PUF, 1968.

H. Hyppolite Jean : Figures de la pensée philosophique, tome 1, PUF, 1971.

P1. Philonenko Alexis : in F. Châtelet : La philosophie et l'histoire de 1780 à 1880, Histoire de la philosophie, V, 67-98, 1973.

P2. Philonenko Alexis : Fichte, in Belaval, II, 900-946, Gallimard, 1973.

P3. Philonenko Alexis : La liberté humaine dans la philosophie de Fichte, Vrin, 1980.

P4. Philonenko Alexis : L'oeuvre de Fichte, PUF, 1984.

B. Bréhier Emile, Histoire de la philosophie, III, PUF, 1932, 1985.

R. Rivaud Albert : Histoire de la philosophie, Tome V.1, 287-331, P.U.F., 1968

Fichte retient du système de Kant un certain nombre de pièces essentielles : [dialectique transcendantale, table des catégories], déduction transcendantale, analytique des principes [*sensation, imagination, entendement, jugement, raison*], avec l'accent fort sur la théorie de l'imagination, doctrine de la raison pure pratique.

[La déduction transcendantale intervient en premier dans la WL 1794, dans un ordre modifié de la CRP 1781. La doctrine de l'imagination, qui reste marginale chez Kant, acquiert dans la vision romantique de Fichte une importance centrale.]

Fichte opère selon une méthode tantôt logique (1794), tantôt psychologique, ou plutôt phénoménologique (1797) (303).

Il postule un Esprit du Monde qui enveloppe tous les esprits individuels. Idée très ancienne, on l'a vu [Aristote, Averroès, Spinoza en un sens], et qui sera reprise par Hegel.

Poussée du moi, contre-poussée (*Gegenstreben*) opposée, résistance (*Widerstand*), contrainte (*Zwang*) du non-moi, et finalement équilibre (*Gleichgewicht*) entre les deux (309).

[Il y a là-dedans du Freud : défense contre la pulsion. Mais aussi du Piaget : équilibre entre l'assimilation centrifuge et l'accommodation centripète].

Il y a une partie inconsciente du moi (310).

Rivaud étudie dans un grand détail les polémiques de Fichte : avec Reinhold, avec les Romantiques (Novalis), avec Schelling.

Il n'y a pas à proprement parler chez Fichte de philosophie de la nature.

La Religion à laquelle Fichte a fait un certain retour, est celle de Robespierre, à l'enseigne d'un amour intellectuel qui nous fait vivre en Dieu [Est-il si différent du progrès moral de l'homme à l'infini ?].

B. Bréhier Emile : Histoire de la philosophie, III, PUF, Ch. VII, Fichte, 1932, 1985, 601-625.

Le texte de Bréhier est plus court et de portée plus générale, moins technique que les textes de Philonenko qui suivront après.

La philosophie de F. est une démonstration scientifique de la liberté. Le seul idéal pratique de F., c'est la liberté (602-603).

Dans DH, « la réserve d'un au-delà », c'est-peut-être l'essentiel de la liberté fichtéenne [qui s'en tiendrait alors au niveau des postulats de la raison pratique de Kant.]

À la liberté de l'individu, selon B., F. sacrifie le libéralisme économique dans son *État commercial fermé* (1800). [Tandis que chez Hegel, l'individu serait nettement subordonné à l'État] (604).

F. envisageait à la limite la suppression du cours lu ou parlé au profit d'une action directe qui devait s'exercer par la discussion socratique entre le maître et les étudiants. [Techniques modernes du TD, TP, séminaire, tables ronde] (605).

La nature doit être absolument transparente, n'exprimer rien d'autre que des rapports et des relations de moi-même à moi-même (607).

Le déterminisme de la nature est projection. La nature est objet du moi parce qu'elle est la condition posée par la liberté pour son propre exercice et son propre progrès. [Descartes : maîtres et possesseurs de la nature. Politzer : les hommes font leur histoire en fonction de leurs conditions d'existence sociale et matérielle (PEP, 212).]

Le problème de « la production de la nature » est identique à celui des conditions de la moralité. [Prise de conscience moderne de la question écologique] (608).

Le principe d'identité tire sa validité de l'action du moi qui se pose [cn un lieu situé] « au-delà de la conscience ».

Kant n'a jamais songé à une déduction transcendantale du principe d'identité.

La position de A (Moi) est la condition du conditionné : l'être de A (Moi). L'être posé par le moi n'est en rien différent de l'action qui le pose. [Ce qui rappelle l'idée « théologique » chez les cartésiens de Dieu comme *causa sui*, cause de soi] (609).

L'acte d'opposer le Non-Moi au Moi est l'objet d'une intuition intellectuelle aussi primitive que l'acte de poser le moi. [Idée cartésienne d'une évidence comme « lumière naturelle »] (610).

Les deux termes Moi et Non-Moi sont des termes opposés, en tant que contradictoires se limitant réciproquement (611).

« Le Moi oppose, dans le Moi, au Moi divisible un Non-Moi divisible » : le Moi fait double [en réalité triple figure] figure : il est à la fois celui qui pose les opposés [dans un autre Moi] et l'un des deux opposés » [En lacanien : le Symbolique (le philosophe) s'oppose le Réel (Dieu), dont procède la division propre à l'Imaginaire (le moi et ses objets).]

Le moi étant la simple action de se poser sans plus, le mot opposition (*Gegensetzung*) exprime le rapport du Non-Moi au Moi, qui est bien un rapport logique, mais aussi un rapport dynamique de lutte entre tendances qui s'affrontent et cherchent à se supprimer. L'objet (Gegenstand) étant ce qui résiste à l'esprit et s'impose à lui. [Maine de Biran, Claparède : la conscience naît de l'effort, de l'obstacle.]

L'histoire de la philosophie est comme une histoire abstraite et schématique des luttes entre deux forces hostiles qui veulent s'anéantir l'une l'autre, selon une sorte de manichéisme philosophique. [Matérialisme/idéalisme selon Engels et Politzer (PEP)] (612).

Chez Fichte, comme chez Maître Eckhart et Jacob Boehme, le principe unique, ne pouvant se réaliser que dans la lutte, se suscite à lui-même un adversaire. [Iaweh/Satan ; Gnostiques ; processus primaire er secondaire chez Freud.]

Une genèse des catégories remplace le « gaufrier à formes » kantien.

F. met en jeu un mouvement alterné entre le réalisme et l'idéalisme, qui sont comme deux limites jamais atteintes : la philosophie théorique oriente vers le réalisme, en déterminant le Moi par le Non-Moi, et la philosophie pratique vers l'idéalisme, en suivant le mouvement inverse. Mais finalement triomphe un idéalisme pratique, un idéalisme d'action. Le Moi, s'il est vraiment infini, ne peut poser son opposé que pour le nier. L'alternance entre le réalisme et l'idéalisme est bien d'ordre pratique.

La philosophie théorique doit arriver à des opposés que l'on ne peut plus lier (613).

À partir de la première synthèse, le débat entre Spinoza (réalisme qualititif) et Leibniz (idéalisme qualitatif) va amener à Kant (idéalisme critique : idéalisme quantitatif et réalisme quantitatif). Sujet et objet ne se posent que par la négation de l'autre (614-615).

À partir du choc (Anstoss), le Moi ne peut se limiter que s'il est infini. Et il n'est infini que s'il se limite. Le Moi est un infini à l'œuvre, déplaçant continuellement les limites qu'il a posées. Ce déplacement incessant de la limite, par substitution des représentations, c'est l'imagination.

La détermination du Non-Moi par le Moi est l'objet d'un effort, d'une aspiration (*Streben*). On a pu souligner le trait qui apparente F. à la **morale ascétique et cynique** (617).

La reproduction de cette aspiration est la pulsion (Trieb), qui est sentiment de la limite, en même temps que « sentiment de force » [Nietzsche]. Cette pulsion pousse le Moi à produire l'objet dans la représentation. Cette aspiration, de nature à la fois limitée et illimitée, se fait tendance absolue ou tendance morale, qui ne veut qu'elle-même et se satisfait par elle-même.

Le Non-Moi n'est posé qu'à titre de condition pour l'existence de l'effort moral, comme moyen d'une fin qui est absolue (618).

La Théorie du Droit concerne une multiplicité de sujets dont les libertés se limitent réciproquement. Elle suppose un état de dispersion et d'opposition réciproque des individus. Alors que, par un mouvement inverse, la Théorie de la morale concerne l'union des consciences dans la communauté. « L'homme n'est un homme que parmi les hommes. » [Aristote, Wallon.]

Chaque individu ne peut s'éveiller à la raison que sous l'action d'autres individus (619).

Au-delà à la fois de l'individualisme juridique comme de l'individualisme moral (Kant), la théorie du Droit de F. est une théorie du droit social ou transpersonnalisme juridique (Gurvitch). Pour F., juste à l'inverse de Hegel, la société (Gesellschaft), c'est-à-dire la communauté nationale non organisée, est très supérieure à l'État, qui n'en est qu'une expression momentanée ; c'est d'elle que vient l'exigence de droit de réaliser l'État. Le socialisme de F., qui est incontestable, est beaucoup moins étatiste [À opposer au « socialisme d'État » d'un Bismarck ?] que libertaire et associationniste [Faut-il lire même associatif ? Comme Xavier Léon, **Bréhier fait de Fichte une lecture de « gauche », disons plutôt républicaine**, bien plus par exemple que Philonenko.]

Chaque individu a pour moyen d'action indispensable son organisme corporel [Merleau-Ponty, Sartre], comme instrument de sa liberté.

Le progrès universel doit être voulu par chacun. Dès lors, le devoir d'éducation va de pair avec le devoir de se perfectionner (620).

Le drame de l'opposition du moi et du non-moi reste sans fin. Ce Non-Moi dont le Moi recule les limites, ce n'est pas la Nature extérieure [la maîtrise et possession de la nature de Descartes], mais toute la partie sensible de notre être. La fin de la vie humaine, c'est la lutte. [Ceci peut conduire à l'apologie du droit de la force, comme chez Calliclès, Hobbes, et Nietzsche. Contrairement à d'autres philosophies (Aristote, Épicure, Aristippe de Cyrène, Descartes, Spinoza), il n'y a chez F. aucune préoccupation pour le bonheur personnel, le plaisir, la joie, la paix de l'âme, encore moins que chez Kant. Sauf tout de même, après son apostasie de l'athéisme, une Béatitude recopiée de Spinoza, et identifiée à la connaissance scientifique : on peut mieux faire !]

Les valeurs suprêmes de F. sont, le temps passant, outre le progrès moral, le retour à l'Absolu, mais un Absolu dont rien ne se déduit, à l'opposé du péché de Schelling. À partir de 1801, F. fait retour à un néo-platonisme venu des vieilles influences de la mystique germanique [Eckhart, Cues, Weigel, Boehme.]

Une liberté radicale est Savoir opposé à un Non-Savoir. Jusqu'à ce que la pensée pure coïncide avec l'action morale, la transparence absolue de l'être soit posée à titre d'idéal moral [Spinoza, Hegel.]

À partir de 1804, F. évolue vers un néoplatonisme intégral, avec la Notion d'un Absolu d'où nous tirons lumière et béatitude [Spinoza.]

[À partir de là, **on saisit malaisément le raccord avec les *Discours à la Nation allemande* de 1807-1808, sinon la possibilité d'une évolution vers une théorie mystique du pouvoir d'État, d'un État fédéral germanique et machiavélien** (1807). Ce qui paraît rendre difficile la précédente lecture de « gauche ».]

L'esprit de système l'a progressivement emporté chez F. au-delà de la fidélité à son inspiration primitive et vivante : la victoire de l'Absolu sur l'activité du Moi (1801) annonçant le déni de l'autonomie du Moi (1804).

F. a protesté toute sa vie à la fois contre le mysticisme [ouvert à l'intuition directe de Dieu sur le modèle de Jacobi], le naturalisme [panthéiste de Spinoza et des romantiques], le catholicisme prétendant asservir l'État à la religion.

La dernière pensée de F. trouve son expression dernière dans le dogme fondamental du christianisme, l'incarnation du Verbe : mais sous la forme du développement progressif de la moralité et de la raison dans le monde. L'histoire comporte trois périodes : instinct, chute et péché, rédemption et transformation intime. La philosophie de F. tend donc vers la restauration d'un christianisme philosophique [À moins qu'il ne s'agisse d'un humanisme laïc dans la voie tracée par Lessing-Reimarus, voire même Kant ?]

L'influence directe et immédiate de F. a été assez brève, à cause du succès éclatant de Schelling, puis de Hegel. De bonne heure, un disciple,

J.-B. Schad (1758-1834) a tiré son œuvre du côté de ses conséquences religieuses. C'est de Hegel que surgira Marx tout en armes comme Minerve.

P1. Philonenko Alexis : in F. Châtelet : La philosophie et l'histoire de 1780 à 1880, Histoire de la philosophie, V, 67-98, 1973 a.

Schopenhauer a qualifié Fichte de « père de la philosophie moderne » (67), mais sans pour autant lui en faire le compliment.

À partir de 1795, Schelling a su publier des exposés beaucoup plus clairs.

C'est la rencontre de Fichte avec la Critique de la raison pratique qui a été déterminante. Son but a été dès lors de porter la philosophie transcendantale à un point de perfection qu'elle n'avait pas atteint (68).

Les travaux philosophiques et les travaux politiques sont deux aspects de la pensée fichtéenne liés de façon essentielle. [Ce qui n'est pas du tout perceptible dans la WL de 1794].

En 1799, Fichte fut accusé d'athéisme. Il est difficile de déterminer dans quelle mesure l'accusation visait le penseur politique ou le théoricien de l'idéalisme [qui effaçait la frontière entre le moi fini et le moi infini]. Après 1800-1806, sa pensée prit un tour sensiblement plus religieux.

Vers la même époque, intéressé par Machiavel, et par le contexte de l'actualité politique (Iéna, 1806), Fichte devint un théoricien de la politique de la force, reniant en partie ses premières convictions républicaines. [Imaginez un Mélenchon qui aurait viré au FN]. Malgré la véhémence de son nationalisme, sa mort en 1814 passa presque inaperçue (70).

Les *Contributions destinées à rectifier le jugement du public sur la Révolution française* (1793) mettent en œuvre l'idée dialectique d'un mouvement de l'histoire humaine conçu comme l'opposition du despotisme et de la liberté, de la monarchie et de la république tendant à restaurer un état de paix. En même temps, la problématique de la volonté générale de Rousseau l'entraîne vers le thème de l'intersubjectivité.

Fichte n'accepte pas la politique kantienne [plus conservatrice]. On comprendra mieux plus loin pourquoi.

Fichte se propose une visée encyclopédique, fondée sur l'unification des trois critiques de Kant, ainsi que de ses conceptions sur le droit. La WL de 1794 et révisée (1798, 1801, 1804, 1806, 1810, 1812, 1813) manque la question des mathématiques et de la physique, et se limite à l'essentiel : existence du monde et d'autrui pour nous, d'où fondement du droit et de la morale (1796, 1798).

Fichte travaille sur le modèle de la synthèse quintuple. D'après P., lorsque Fichte écrit 1, 2, 3, 4, 5, il faudrait comprendre que l'ordre logique sous-jacent serait : 1 > 3 > 5 < 4 < 2, selon une succession complexe en miroir ou en pelure d'oignon, où il faut comprendre que : 1 anticipe 3, puis on lit 2 qui anticipe 4, puis on lit 3 et 4 qui font synthèse en 5 offrant le nœud du développement.

P. prétend que *la Doctrine de la science* est elle-même construite en 5 points : 1ère partie, 2e partie en 2 points, et 3e partie en 2 points (ce qui est moins facile à lire : note 56 p. 225, note 57 p. 226).

P. dit que Fichte s'inscrit dans la tradition logico-mathématique de Spinoza et de Leibniz, et que l'on peut faire des rapprochements avec les Éléments d'Euclide, la géométrie analytique de Descartes et l'axiomatique de Hilbert (75).

Fichte utilise deux mots : Grundsatz et Lehrsatz, qui nous ont paru appeler la traduction « Hypothèse » (3) et « Thèse » (11).

Fichte part de la conscience [ordinaire du philosophe] et va développer génétiquement (genetisch) sa vérité sur la base des 3 Hypothèses : Moi absolu [Thèse : Dieu ? = Homme ?], Non-moi [Antithèse], Moi divisible [synthèse].

D'où la proposition suivante, comme déjà exposé plus haut :

« J'[D] oppose dans le Je[C] un Je divisible [A] au Non-Je divisible [B]» (*Ich setze im Ich dem theilbaren Ich ein theilbares Nicht-Ich entgegen*) (GA. I, II, p. 272).

Où « je » s'entend en 3 sens : le Je du philosophe [D], celui de Dieu=Homme ? [C], celui de la conscience commune [A], auquel est attaché du reste celui du philosophe.

Il en résulte 2 propositions subordonnées à la première :

1 : le Je pose le Non-je comme limité par le Je [philosophie pratique].

2 : le Je se pose lui-même comme limité par le Non-Je [philosophie théorique].

On a déjà suggéré plus haut que Fichte ne fait rien d'autre que de refaire d'une certaine manière le trajet des *Méditations* de Descartes, avec le paradoxe qu'il prétend compléter et corriger la philosophie de Kant. C'est peut-être l'une des sources de la formidable difficulté de la philosophie théorique de Fichte.

De son côté Hegel a eu conscience de l'importance de Descartes, héros réveillant la philosophie endormie depuis mille ans, pour son propre projet d'une Encyclopédie de l'Esprit.

À noter que Descartes, dans le texte des *Méditations* ne dit pas : Je pense donc je suis (comme dans le *Discours de la Méthode*, et les *Principes*), mais part du Je comme d'un acte dont dérive la pensée, exactement comme Fichte dans la WL 94.

« Cette proposition : je suis, j'existe [Ego sum, Ego existo], est nécessairement vraie, toutes les fois que je la prononce [Il s'agit bien d'un acte d'énonciation], ou que je la conçois en mon esprit [La pensée est dérivée de l'acte de parole]. » (Pléiade, 275).

Descartes parle aussi dans la Méditation 3 du « sujet de l'action de mon esprit » (Pléiade, 286).

Toujours, selon P1, ce Moi absolu de F. est la croix des philosophes, une difficulté insurmontable, « la démarche dialectique s'enraie » dès le début, on a essayé toutes sortes de solutions pour résoudre cette aporie (77).

Les choses paraissent tout de même plus simples dès que l'on a compris que ce Moi absolu n'est réellement rien d'autre que cette idée de Dieu que Descartes dit trouver dans le trésor de son esprit. Ou tout aussi bien qu'il peut s'agir de ce Moi narcissique originaire dont dérive ultérieurement l'opposition entre le moi et l'objet (Freud, Wallon, Piaget), ce qui n'est rien que la laïcisation, la version psychologique de la formulation encore théologique-métaphysique des Descartes.

Les trois principes de Fichte, nous dit-on, résument toute la philosophie : effectivement, ils concentrent les trois objets de la philosophie occidentale depuis Platon : Dieu, le Monde, l'Âme : theologia, cosmologia, psychologia (Suarez, 1597). Chez Hegel, ce sera : Logique, Nature, Esprit.

Tout le § 4 de la 2e partie de la WL (A, B, C, D, I, II, III) [123-227] vise à surmonter la contradiction (dialectique transcendantale de la Critique de la Raison Pure de Kant) contenue dans le 3e principe, et en général à propos des 3 principes, les mésinterprétations résultant de l'usage dogmatique de la logique générale. Il produit une dialectique des systèmes où toutes les positions philosophiques possibles sont décrites (79-80).

Il se trouve une part de vérité dans toute erreur (Leibniz, Kant, Hegel).

- Prééminence du Je absolu : idéalisme subjectif, qualitatif de Leibniz, et quantitatif de Maimon, à rattacher à la catégorie de substantialité.

- Prééminence du Non-Je absolu : réalisme absolu ou qualitatif de Spinoza, réalisme quantitatif de Kant, à rattacher à la catégorie de causalité.

On s'attache donc d'abord à l'analyse dialectique de la contradiction (Widerspruch) contenue dans la proposition 3 exprimant le conflit (Widerstreit) du Je et du Non-Je.

Ce traité général des systèmes aboutit à la position synthétique vraie, reliant à la fois l'idéalisme et le réalisme, d'où l'effondrement du monde de la métaphysique classique, et l'apparition du vrai moi effectif, celui de la conscience temporelle, de la vérité de la conscience commune, de l'intentionnalité du sujet relié nécessairement à l'objet.

Peut suivre alors « la déduction de la représentation », [du schématisme transcendantal], soit l'histoire pragmatique de l'esprit humain, qui se décompose en cinq moments : sensation, imagination, entendement (construction du monde), jugement et raison (construction de soi) [227-246] (81).

Il faut distinguer le Je engagé dans l'expérience et le sujet philosophant qui l'observe (Hegel dans la *Phénoménologie de l'Esprit*).

La philosophie pratique, exposée dans la 3e partie de la WL [246-328] comprend deux moments :

- Le Je doit être absolu, le Je absolu (§ 5).

- Celui-ci défini dans son authenticité : l'Idéal de la conscience (das ideale Ich ; Idealich : Freud), le Devoir-être (6-11).

- La raison théorique se fonde dans la raison pratique (Marx : 6e Thèse sur Feuerbach).

- Selon Kroner, l'en soi du savoir est la liberté, un projet absolu qui ouvre l'avenir à l'intérieur duquel peut se constituer le temps [Sartre : une liberté absolue définie par un projet fondamantal (*Entwurf* de Heidegger)] (82).

- La tendance [l'aspiration : Streben] absolue s'exprime dans le « Tu dois inconditionnellement », [soit l'impératif catégorique].

- Les consciences se reliant les unes aux autres constituent la construction du divin [Cité d'Augustin, République des esprits de Leibniz, République des Lettres d'Érasme].

Après son premier triomphe de 1795, dès 1797, Fichte rencontre vite l'incompréhension, il se doute que Kant va le désavouer (1799). Il défend sa WL de 1794 dans deux « Introductions » de 1797.

La véritable intuition intellectuelle n'est pas ce que condamne Kant, c'est le savoir du moi dans son activité, la conscience de soi comme devoir (84).

L'homme n'est pas condamné à la liberté [Sartre]. Il peut se vouloir comme être libre, ou au contraire se saisir comme une chose [Sartre : authenticité/facticité, mauvaise foi].

À la différence de Kant, qui déduisait le droit et la morale, Fichte au contraire (après 1793) envisage la séparation nette du droit et de la morale (85). Fichte va s'orienter, sur la base de l'intersubjectivité, vers une déduction de l'existence sociale comme expression première de la raison

(Durkheim). Toutes les fonctions du corps humain portent la marque de la destination sociale de l'homme – idée clef d'Henri Wallon, le plus grand psychologue français.

Fichte a écrit une page remarquable sur le regard qui me permet de reconnaître l'homme comme un homme (Marx, Sartre). Dans le regard, je saisis la liberté d'autrui, car l'œil montre la liberté, comme un néant (Sartre) (86).

Fichte fonde l'État sur l'idée de volonté générale, interprété dans le sens même voulu par Rousseau – alors que Hegel y verra plutôt le siège même d'une monarchie constitutionnelle. À l'envers de Kant, Fichte fait de la citoyenneté la condition même de la propriété, et par là il s'oriente nettement vers une conception socialiste de l'État, conforme aux idéaux les plus avancés de la Révolution française. Fichte dépasse les thèses individualistes qui sont propres à la philosophie kantienne.

Fichte, inspiré par l'exemple du Comité de Salut Public, n'hésite pas à insister sur la nécessité de la police – ce qui est déjà ouvert sur autre chose et qui sera moqué par Hegel. Il se prononce pour un fédéralisme international, qui préserverait toutefois les souverainetés nationales, et préconise même, contre l'opinion de Kant, une armée fédérale.

Fichte envisage l'éthique comme un progrès à l'infini, selon une dynamique de la raison. La nature et le corps ne sont pas des obstacles, mais des instruments de la raison, de l'absolu, puisque **la raison conçue comme unité des consciences est Dieu** (87).

Chaque conscience est placée devant son devoir qui n'appartient qu'à elle. Le mal radical (Kant) est le contraire du progrès (*Aufklärung*) qui est la seule catégorie qui puisse définir l'homme en totalité. La paresse est le véritable mal radical, inné en l'homme, qui le pousse dans la voie où s'enlise la liberté. Contre la paresse, il n'existe qu'une seule défense : l'éducation.

Fichte ne se releva pas de l'accusation d'athéisme (1799), ni des critiques contre son solipsisme transcendantal. On n'oubliait pas qu'il avait été un ardent défenseur de la Révolution française [Même s'il semble avoir voulu par la suite donner des gages en faveur de la religion et de l'autorité publique.]

Après cette date, Fichte perfectionne sa philosophie théorique dans des textes qui ne seront connus des spécialistes qu'un siècle plus tard (1801, etc.), tout en écrivant des ouvrages plus accessibles au public (*Destination de l'homme*, 1800).

Fichte tente de dépasser l'humanisme qui gouverne la première forme de la WL 1794 vers une conception plus théologique (1801,

1804) : « Le monde suprasensible n'est pas un monde futur, il est présent » (90).

Dans la WL 1798, Fichte définit le temps comme « le verre coloré à travers lequel nous apercevons les choses » [Platon : le temps image mobile de l'éternité], dans un esprit empreint de platonisme en même temps que d'intérêt pour une conception psychologique (91).

La philosophie de Fichte va se développer dans le sens d'une philosophie de l'expérience religieuse (1804). Il va s'agir d'une exposition génétique de l'absolu (93). D'une doctrine du Logos et d'une théologie négative (94).

La WL de 1804 développe une doctrine de l'amour (voir les 3 oppositions du texte de Freud-PDP 1915).

Au niveau suprême de l'amour de Dieu – la science, le *Dasein* [Heidegger] (95) voit la diversité sortir de l'unité et se réfléchir en elle.

En 1793 et 1796, Fichte défendait les idéaux de la Révolution avec vigueur. Après l'abdication de la Révolution française, Fichte se tournera avec violence contre Napoléon (l'homme sans nom) qui a trahi les espérances de 1789 et qui rêve d'une monarchie européenne. Les *Discours à la Nation allemande* (1807) font de Fichte le prophète de l'Allemagne qui n'existe pas encore comme nation. Fichte insiste sur la mission de l'Allemagne qui doit sauver la paix européenne. Le caractère original du peuple allemand s'est déposé dans sa langue. Ce peuple est supérieur, car pur et idéaliste. Fichte rompt avec l'intellectualisme cosmopolitique de 1793. Il envisage les règles d'une nouvelle pédagogie inspirée de Rousseau et de Pestalozzi.

Selon X. Léon, Fichte continuerait la lutte qu'il n'a jamais cessé de poursuivre pour le règne de la liberté et le triomphe de la démocratie. Il n'en développe pas moins une stratégie politique complètement opposée à l'internationalisme pacifiste. Dans *Machiavel comme écrivain*, il est conseillé de « supposer d'avance les hommes méchants » (96). Un État doit saisir toute occasion de se fortifier ; comme ne jamais se fier à la parole d'un autre État. Dans le rapport entre États, il n'y a que la loi du plus fort.

Salus et decus populi suprema lex esto (97). Le salut et l'honneur du peuple, telle est la seule loi. Fichte prononce la fin de l'humanisme révolutionnaire, la future apothéose de l'Allemagne vue comme nation salvatrice, et la charte de naissance de la *Realpolitik* (de Bismarck). Ces idées furent « puissantes et meurtrières », et bien plus attachées au nom de F. par l'opinion commune à son nom que ses concepts philosophiques.

P2. Philonenko Alexis : Fichte, in Belaval, II, 900-946, Gallimard, 1973 b.

Parmi les prédécesseurs immédiats de Fichte : Schulze, Reinhold, Maimon, aucun d'eux ne peut prétendre comme lui à la dignité de grand philosophe (900).

Hegel écrit à Schelling en 1795 qu'« Hölderlin écoute Fichte [à Iéna, âgé de 32 ans] et parle de lui avec enthousiasme comme d'un Titan qui lutte pour l'humanité. »

La même année 1799, Fichte est accusé d'athéisme, et est publiquement désavoué par Kant : la WL n'est « qu'une pure logique… qui, en tant que pure logique, fait abstraction du contenu de la connaissance. »

EJ : Le type d'argumentation virtuose dont use Fichte donne souvent le sentiment de n'utiliser que la simple logique aristotélicienne de la non-contradiction – à la façon sophistique des socratiques ou des médiévistes disciples d'Abélard et surnommés « cornificiens » (faiseurs de cornes, Wikipedia) – alors qu'il cherche à inventer une logique transcendantale perfectionnée ouvrant sur une nouvelle logique de la contradiction.

Une grande partie de l'œuvre de Fichte est demeurée inconnue, sauf les écrits de caractère populaire (DH, IVB). Les WL de 1801, 1804 n'ont été publiées que longtemps après la mort de Fichte par les soins de son fils (901).

L'influence historique de F. est liée à jamais à la période d'Iéna (902).

F. était « violent, emporté, foncièrement bon, mais émotif et passionné, doué de tout sauf du solide équilibre dont il se vante. »

Sa philosophie sera toujours synonyme d'engagement [Sartre] (903). Proche de la prédication, son zèle pédagogique manifeste un désir certain de se faire comprendre, mais en même temps il a volontairement cherché l'obscurité, évitant de tout dire, transformant les preuves en épreuves.

La genèse de sa première philosophie est animée par le motif d'abandonner le fatalisme de Spinoza, comme par le rejet décisif de la « chose en soi » (904).

À la différence de Kant, Fichte considère que l'État n'est qu'un simple moyen, rêve de l'égalité sociale pure et simple, justifie la révolution sous la forme française (905). Il reproche à Kant se soutenir l'idée d'une méchanceté originaire de l'homme [ce que lui-même fera plus tard en se ralliant de Machiavel], alors que lui déclare la rejeter (906). [Mais il finit aussi pas basculer dans le paysage politique contraire, tout en y préservant aussi d'une certaine manière le premier. La philosophie de la contradiction qu'il cherche a fini pas le saisir lui-même comme objet. C'est pourquoi on peut à bon droit le rapprocher de Faust].

Pendant la Querelle de l'Athéisme, F. va opposer les « amis de la lumière » [Thème Aufklärung] aux « obscurantistes ».

Fichte introduit l'idée dialectique, d'après quoi tout doit être compris suivant la notion de conflit. La célèbre dialectique du Moi absolu, du Non-moi et du Moi divisible de la WL 1794 est en germe dans les *Contributions* de 1793 : paix originaire/monarchie/Révolution = Thèse/antithèse/synthèse (907). F. sera le premier à donner un exposé de la célèbre dialectique du maître et de l'esclave (LDS 1794).

Toute réalité prend son sens et son existence dans les actes de la conscience [908].

Le schéma de la synthèse quintuple définit une progression de gauche à droite avec des retours en arrière et des redéparts en avant dont l'ensemble affecte la forme d'une spirale : 1 anticipe 3 à saute-mouton, puis on lit 2 qui anticipe 4 à saute-mouton, puis on passe à 3 et 4 qui se déterminent réciproquement en générant 5.

La présentation ordinaire se fait selon le dessin suivant :

1 > 3 > 5 < 4 < 2, selon une structure en pelure d'oignon, qui cache plutôt l'idée de la spirale.

Le 5 revient sous de multiples formes dans l'œuvre de Fichte : 5 moments dans l'histoire du monde (5), 5 visions du monde (IVB 1805).

On y reviendra plus loin encore (Philonenko 1980) : le système d'ensemble de Fichte est construit en 5 points : ci-dessous A. La WL 1794 est bâtie en 5 points : ci-dessous B.

La WL présente des séries de 5 X 5 = 25 moments. Fichte semble parfois combiner la virtuosité combinatoire avec la profondeur philosophique. [Ce qui a rapport également avec l'ésotérisme, mais aussi le désir de dépasser la structure 2-3 aristotélico-kantienne vers un modèle dialectique plus compliqué, qui aboutira en définitive au schéma en arborescence hypercomplexe de l'Encyclopédie de Hegel.]

Préparation de la WL 1794 :

Kant ne s'est pas assez soucié de définir sa propre démarche philosophique (909).

A : Organisation du système inachevé de Fichte selon la WL 98 (P. 1980, 98).

1. La WL ne concerne que la fondation (*Grundlage*) du système (910) (P. 1980).

2. Philosophie théorique ou Théorie de la Nature : renvoi à Kant CRP 1781, PPMSN 1786, CFJ 1790 2e partie.

3. Philosophie du droit (1796).

4. Philosophie pratique (1798).

5. Renvoi à la CFJ de Kant (esthétique : Platon, Rousseau, Kant). Relation de la philosophie transcendantale avec le sens commun.

[Noter que c'est la philosophie du droit – en fait **la doctrine de l'État, qui médiatise l'équilibre de tout le système**, en souvenir peut-être du Contrat social de Rousseau. **Faire son devoir, mais en harmonie avec l'organisation de l'État, c'est cela que l'on appelle Dieu : Gott mit uns**. On saisit la possibilité du passage entre la conception républicaine et la conception tyrannique de l'État. De Robespierre à Bismarck (et la suite), mais avant Bismarck et la suite, il y aura tout de même eu Robespierre. Même chose entre Lénine et Staline.]

B : Organisation de la WL 1794 (P. 1980, 97-98)
Synthèse centrale (V) : 1ère partie [91-123].
1ière synthèse [123-227].
§ 4 : 2e partie
2e synthèse [227-245].

3e synthèse § 5 [246-285].
3ième partie
4e synthèse § 6-11 [285-328].

La 1ère synthèse est développée elle-même en une synthèse quintuple A, B, C, D, E : synthèse quintuple majeure. C'est la partie la plus difficile de la WL 94.

Cette synthèse comprend elle-même d'autres synthèses plus petites, par exemple β organisée en 5 points [195-199 l. 9].

Selon Hegel, Fichte place au point de départ un premier principe, le Moi absolu, fondé dans l'intuition intellectuelle, et ne parviendrait pas à passer du Moi absolu à son autre, le Non-Moi. Sa philosophie est un idéalisme absolu (912).

La WL est une « histoire pragmatique de l'esprit humain », une « Phénoménologie de l'esprit » (Hegel 1807), une « Épistémologie génétique » (Piaget 1950-1980)

Le premier moment de la WL est une dialectique transcendantale (913). C'est une phase d'élimination consistant dans une logique de l'erreur (914). Il s'agit d'une métaphysique de la métaphysique réfutant (915) :

le réalisme qualitatif de Spinoza (conscience d'objet),
l'idéalisme qualitatif de Leibniz (conscience de soi),

le réalisme quantitatif (Kant, Reinhold) (conscience d'objet > conscience de soi),

l'idéalisme quantitatif (Maimon).

La dialectique est aussi une déduction génétique des catégories. Chaque position philosophique est fondée sur une Idée au sens kantien, dont la réduction dialectique produit une catégorie, [retrouvant l'une de la célèbre table des 3 x 4 = 12 catégories de la CRP 1781].

Au terme, l'unité de la conscience de soi et de la conscience d'objet, conçue comme un mouvement (pas de toi, pas de moi ; pas de moi, pas de toi) est la position d'un réel-idéalisme ou idéal-réalisme [Husserl (intentionnalité, Sartre (pour soi/en soi), Merleau-Ponty (phénoménologie de la perception, intersubjectivité), Lacan (stade du miroir)].

Le sujet est temporalité originaire, qui se constitue [Husserl] (916), dans la dimension d'un a priori transcendantal.

F. substitue à la psychologie statique de Kant et Reinhold un développement génétique, où l'intentionnalité s'épanouit en intersubjectivité à la fin de la « Déduction de la représentation ». « L'individu doit être déduit à partir du moi absolu ».

À partir de là, le sujet doit s'interroger sur sa destination (917). La racine de l'existence comme essence du moi ne peut être que la liberté, qui est projet qui fonde le temps en ouvrant l'avenir [Heidegger, Sartre].

Le Moi absolu n'est pas un être absolu (Schelling, Hegel), mais en sa racine conscience du devoir-être, à quoi se réduit l'intuition intellectuelle. Celle-ci « ne s'applique pas à un être mais à un acte ».

Le « Je pense » qui fonde l'expérience en totalité est l'acte pur pratique [Descartes] (918).

La WL et le système :

Schelling, Hegel, suivis par Guéroult, soutiennent que F. hypostasie le Moi absolu et ne peut que s'en tenir au § 1 de la WL (918).

F. dit n'avoir pas voulu éviter les malentendus, entend donner ses preuves dans un certain clair-obscur, **L'exorbitante prétention d'être compris à demi-mot fait que la science est aussi un sermon, la philosophie une prédication** (919).

[Il y a également de cela dans le Zarathoustra de Nietzsche].

Il faut ajouter que Fichte depuis son premier essai redoutait d'être accusé d'athéisme.

Les « Fondements du droit naturel » (1796) sont consacrés à la déduction d'autrui (920). Hommage à la Déclaration des Droits de l'Homme de 1789, selon un trajet qui échappe d'une certaine manière à la morale.

La méthode transcendantale entreprend de déduire a priori les conditions matérielles de l'intersubjectivité, s'oriente du fait d'une réduction transcendantale, vers une déduction génétique, une psychologie phénoménologique du monde de la perception.

L'homme en tant qu'autrui se manifeste par son corps [Merleau-Ponty] comme un être libre qui enveloppe en soi un néant [Sartre], ce que montre le regard [Marx, Sartre, Lacan, Winnicott] (921).

F. aboutit à une nouvelle définition de l'état de nature. L'État devient lui-même l'état naturel de l'homme [Aristote, Machiavel, Vico, Hobbes, Wallon]. Il faut dès lors une nouvelle puissance qui impose aux différentes volontés une contrainte [Hobbes, Rousseau].

F. défend, contre le mercantilisme et le libre-échangisme [école anglaise : Locke, Adam Smith], l'idée d'une économie nationale, très différente sans doute de celle de Marx, mais qui se fonde néanmoins sur une critique de la plus-value absolument identique.

[Un tel État d'esprit marxien avant la lettre n'en réclame pas moins le droit à un espace vital, un Lebensraum, à la façon de l'idéologie nazie, mais aussi d'une certaine manière de feu le Comecon communiste (1949-1991). F. est par nature très ambigu.]

F. compare l'État à un arbre, qui est une république de cellules (922). On pense aux arbres de Descartes et de Hegel. Souvenir aussi des propos sur l'« organisme » dans CFJ 1790.

L'idée de volonté générale de Rousseau ouvre sur le danger d'un certain totalitarisme. F. admet un certain droit de résistance du peuple, qui n'est jamais « rebelle ». Le peuple est souverain (Rousseau).

À la même époque, Hegel se réfugie dans l'esprit idéal de la belle cité grecque [Thème qui a eu un certain destin dans l'idéologie de l'extrême droite.]

Nature/État/Moralité : thèse/antithèse/synthèse (923).

L'État est une totalité limitée. F. se prononce, en droit international pour un fédéralisme préservant chaque État dans sa souveraineté propre. Ce que à la fois veut et ne veut pas la nouvelle Pangermanie (voir ci-après).

La conscience est un moyen du Moi absolu, réalisé par l'action morale (924). L'éducation tient son importance du fait que le devoir moral est par excellence un devoir social.

La nature et le corps lui-même ne sont pas des obstacles, mais des organes de la moralité.

Le projet de l'homme en tant qu'être raisonnable est le progrès à l'infini, chacun devant « son » devoir (925).

La morale de F. est une morale de l'action, non du sentiment (critique de Rousseau), une morale de l'action guidée par la volonté de puissance sur le monde et sur soi-même [Schopenhauer, Nietzsche]. Le fondement de la temporalité est l'avenir [Descartes, Condorcet, *Aufklärung*], le Moi comme Idée [Hegel], le projet de soi accompli par la liberté [Sartre].

L'accusation d'athéisme :

F. niait l'existence d'un Dieu extérieur à la conscience et le Dieu de Kant lui-même conservait à ses yeux un dernier vestige de « chosisme ». Dieu, c'est la réalisation du devoir, de la moralité dans l'univers par et dans la chaîne infinie des consciences (926).

Un certain Schauman reproche à Fichte de répandre un enseignement pernicieux pour la jeunesse (Socrate) (927).

La philosophie de Fichte évolue à partir de 1799.

Les écrits de 1800 à 1801 :

Destination de l'Homme (1800), WL de 1801 et 1804 (928).

Le monde existe pour nous dans un acte de foi qui s'enracine dans la raison pratique (929). La conscience est toujours conscience de soi et conscience d'univers.

La conception du temps se modifie (930).

La thématique de l'intersubjectivité est transformée (931).

Le problème qui se pose à la philosophie de F. est dès lors celui de la théologie (931) [C'est un retour en arrière conservateur de la métaphysique vers la théologie (Comte).]

L'effort, principe du mouvement, une fois réfléchi, devient le principe de la volonté, constituant la véritable substance du moi [Maine de Biran.]

Selon Cassirer, la doctrine de F. incline dans la direction du platonisme et du néoplatonisme. La conscience, les consciences ne sont plus que le point en lequel se réalise l'absolu transsubjectif. Le savoir absolu est le savoir de l'absolu lui-même (état de lumière) [Plotin].

Cependant, Fichte se refuse à admettre, comme Hegel, que tout le contenu de l'absolu puisse se réfléchir dans l'esprit fini (933).

La dernière philosophie :

Il s'agit d'une exposition génétique de l'absolu [Hegel]. Nous sommes l'être extérieur, l'existence (*Dasein*) de la lumière [Heidegger] (935).

Le relatif est lié à la genèse de l'absolu (936).

Doctrine du Logos dans un climat de théologie négative.

Le sens religieux de la WL de 1804 est manifeste. Dans l'IVB (1806) distingue 5 points de vue accessibles à l'homme : 1/ réalité sensible,

2/loi d'ordre et de droit légal du monde, 3/moralité supérieure, 4/religion, 5/science.

Pour la science, devient génétique ce qui pour la religion n'était qu'un fait absolu (937).

[Cela ressemble un peu à l'arbre de l'Encyclopédie de Hegel, dans la partie sommitale Nature-Esprit.]

Tandis que l'esprit était temporalité originaire dans la première doctrine, il devient à présent « nostalgie de l'éternel » [Platon, Sartre, Alquié] (938). En 1806, la religion acquiert une autonomie très large : place est faite à un « amour », qui évoque tantôt l'amour intellectuel de Spinoza, tantôt la foi de Jacobi. L'IVB de 1806 affirme que la science dépasse la religion [Hegel], et en fait le principe de construction du monde, sans intuition de l'infini. Mais les WL jusqu'en 1813 posent plutôt un principe fondamental de négation du monde (939).

L'inventeur de la contradiction est empoigné pas son invention, comme l'apprenti-sorcier, comme Faust qui croit qu'il va dominer le Diable.

Morale et politique :

La pensée politique aussi se modifie considérablement.

En 1805, F distingue 5 périodes du monde : 1/innocence, 2/faute, 3/péché consommé (époque de Fichte), 4/ justification, 5/ sanctification.

Les grands hommes sont les véritables moteurs de l'histoire [Hegel] (940).

En 1793 et 1796, F. défendait les idéaux de la Révolution française avec vigueur. Par la suite [comme Beethoven], il se tourne avec violence contre Napoléon qui a trahi les espérances de 1789 et rêve d'une monarchie européenne.

La première tâche de l'éducation du peuple doit être orientée en premier lieu vers Dieu [Gott mit uns].

L'idée nationale est une idée nouvelle pour la pensée fichtéenne et qui contraste avec les thèses cosmopolitiques de 1793 (941).

F. critique le césarisme napoléonien et l'impérialisme français ; après Herder et Hegel, il entreprend de justifier la pensée politique de Machiavel. « On doit supposer d'avance les hommes méchants » [Propos contraire à celui de la première doctrine].

Le Prince reçoit le droit de se muer en dictateur (942). « Dans les rapports entre États, il n'y a ni loi, ni droit, si ce n'est le droit du plus fort. » C'est la naissance de la Realpolitik unifiant la politique de puissance internationale et la dictature interne liée à l'idée de nation.

« L'État doit toujours profiter du moindre déséquilibre, si bien que la stratégie recommandée est résolument offensive et consacre la faillite du fédéralisme et du cosmopolitisme kantien et révolutionnaire… On voit mal comment la recherche de la guerre ne pourrait pas devenir la règle de l'ensemble constitué par la nation. »

[F. avait certainement fréquenté à Berlin les théoriciens prussiens de la guerre : Clausewitz, et les autres déjà cités plus haut.]

Le propos de Philonenko 1973 b est aussi désabusé que celui de 1973 a. Il continue :

« La doctrine qui semblait autoriser la récupération du cosmopolitisme au sein de la *Realpolitik* héritée de Machiavel devait historiquement aboutir à l'apothéose de l'Allemagne considérée comme la nation salvatrice – ce qui fut, qu'on le veuille ou non, le germe d'une *Weltanschauung* tragique » (944).

DNA 1807 : L'allemand « possède la science » dans sa langue même, et « seul il peut être patriote ».

L'« amour de Dieu » prêché par F. n'exclut pas « le réalisme machiavélique intérieur et international », la négation, comme chez Hegel, du sens de l'idée fédéraliste et du droit international, n'a pas empêché son œuvre, « sans aucun doute contre l'intention de son auteur », d'avoir « contribué à asseoir l'idée de la destinée supérieure de l'Allemagne », et d'avoir « servi à appuyer les doctrines politiques les plus funestes ».

C'est la WL 94 qui marque la stature philosophique [impressionnante] de Fichte, tandis que, « du point de vue de l'histoire générale de l'humanité, c'est la célébration de l'Allemagne et la théorie machiavélique de la politique qui donnent à Fichte une place importante, essentielle même, mais il faut bien l'avouer, quelque peu liée aux ténèbres de la civilisation. »

Ces propos rappellent quelque peu l'histoire célèbre du Docteur Jekyll et de Mister Hyde. Sans oublier que c'est la transposition anglaise de l'aventure bien autrement compliquée du Faust allemand.

P3. Philonenko Alexis 1984 : L'œuvre de Fichte, Paris, Vrin, 225 pages.

F. a été pour ses contemporains une « étoile filante qu'on ne peut cependant oublier tout à fait », et qui est devenu une marche dans l'escalier menant via Schelling de Kant à Hegel (Kroner) (7).

[La richcssc ct la rapidité de l'évolution culturelle en Allemagne à cette époque est prodigieuse, comparée à ce voyage dans le tunnel qu'est notre culture contemporaine, contrairement à tout ce que les médias diffusent dans l'opinion publique.]

Il faut séparer l'œuvre de F. en deux tas. Jusqu'en 1798-1799, F. publie normalement ses recherches et après 1800 il divise son œuvre : d'un côté la philosophie conçue comme science rigoureuse (les exposés WL 1801 et 1804, puis 1805, 1807, 1810, 1812), de l'autre les œuvres proches de la philosophie populaire comme l'IVB de 1806. Dans la première période, F. publie tout, travaux de philosophie spéculative et travaux de philosophie populaire – dans la seconde il ne publie pas les résultats de ses grandes recherches philosophiques [les jugeant trop difficiles pour le lecteur (voire imparfaites et provisoires pour lui) et/ou trop dangereuses pour sa paix personnelle ?]. Les WL de 1798-1799, 1801 et 1804 font l'objet d'un exposé oral [déclaré préférable par lui.] La WL 94 est la seule publiée du vivant de F. [sous forme d'une sorte de poly. Tradition grecque puis médiévale de la primauté d'un enseignement d'abord oral. La philosophie est un devoir qui exige l'effort – d'abord de l'auditeur.]

Des masses très importantes de travaux non publiés ont existé aussi chez Leibniz, chez Husserl.

Dès l'essai de 1792, Dieu parle par la raison pratique et celle-ci par Dieu [C'est le secret de l'humanisme athée de Fichte, après avoir été celui de Lessing-Reimarus (édition Géraud-Jalley chez L'Harmattan) et de Klopstock, à peine moins celui de Kant. Celui de Descartes ?] (9).

Les Contributions de 1793 engagent F. dans la voie d'un socialisme libéral (Druet), cherchant à concilier individualisme et totalité (Schotthy). F. catalogué de ce fait comme jacobin, rompt déjà avec Kant. Kant donnait une priorité à l'ordre, Fichte d'abord à la liberté (10).

Des étudiants allemands lançaient des pierres dans les fenêtres de F. en criant : « V'là le Non-Moi » (12).

Attiré par la réalité juridique, sociale, historique des hommes, F. est difficile à cataloguer comme un idéaliste absolu [pas plus que Kant ni d'ailleurs que Hegel].

La triade kantienne paraît trop sommaire à F., les chiffres 6 (pas de foyer central) et 7 (trop difficile pour l'entendement) ne conviennent pas non plus.

Il n'est pas pleinement explicable que Fichte n'ait pas cru bon d'exposer toute sa pensée (15). Par exemple, il ne parle nulle part de cette « intuition intellectuelle » qui lui est reprochée par Schelling puis Hegel.

F. veut remplacer le terme usé de « philosophie » par WL : théorie du savoir [science de la science, épistémologie propose Hyppolite.] La Dialectique transcendantale de Kant s'était présentée comme une métaphysique de la métaphysique (17).

Dans le CWL de 1794, le système du savoir doit dériver d'un seul principe, de structure même complexe mais unitaire, et à partir de là doit tout embrasser (18).

F. cherchera à toujours mieux approfondir le fondement. La conclusion de la WL 98 propose le plan du système : 1, 2, 3, 4, 5. Voir plus haut (19). F. sans renoncer à l'entreprise encyclopédique [Kant, Schelling, Hegel], se réserve la tâche fondatrice et intègre avec sagesse les acquis antérieurs à son plan [Descartes, Spinoza, Leibniz, Hume, Kant, Maimon, Reinhold]. Fichte a toujours encouragé ses élèves à étudier les choses concrètes et à consulter l'expérience (20).

La première WL :

F. séjourne au firmament de la pensée philosophique entre 1794 et 1797-1798, au cours de la flamboyante époque d'Iéna, et meurt oublié en 1814. Ni Schelling ni Hegel ne connaîtront les versions ultérieures de la WL (1801, 1804 éditée avec des fautes en 1834) (21).

F. est d'abord l'auteur fondamental du « manuel » WL 1794-1795 (éditée 3 fois de son vivant). Nicht-Ich, Ichheit (moïïté) ont dérouté (23). De même **les aspérités du style, l'élaboration de la pensée selon une combinatoire d'une complexité décourageante, développant un message chiffré, codé même, référant à une mathématique supérieure [F. a fréquenté la Franc-maçonnerie.**] La WL est le moment fondateur (confus) qui ouvre l'ensemble du système (théorique, pratique, applications à la politique).

L'ouvrage commence par une dialectique – à la différence de Kant 1781 qui la situe à la fin, débouchant sur une « phénoménologie de la vérité » [1804, Hegel 1807, Husserl, Merleau-Ponty], celle-ci d'abord méconnaissable dans l'enveloppe d'erreur, [la contradiction dialectique] des systèmes philosophiques. [Après Descartes, surtout Spinoza, Leibniz, Hume, Kant, Reinhold] (24).

Après cette première série [91-227], la seconde série (déduction de la représentation : [227-328]) déplace le philosophe de son rôle critique [de la série idéelle] vers celui d'observateur de la série réelle (25). Philonenko dit que les pages 228-245 sont les plus difficiles à traduire de la WL, même si les pages 123-227 (1ère synthèse) sont les plus difficiles à comprendre.

On part donc de l'illusion, pour, en la décomposant, parvenir à un résultat absolu [le sujet de la conscience ordinaire] dont la mise au jour permettra l'approfondissement indéfini [Descartes]. Il faut aller, comme philosophe dans la série idéelle, le plus loin qu'on pourra [Descartes, Kant]. Fichte se rapproche de Descartes voulant douter de tout, mais s'en sépare en ce qui concerne la méthode [Kant]. Pour F. comme pour

Kant, l'organon de la logique générale fonctionne comme logique dialectique de l'apparence.

[Mais toute la difficulté est là : la logique de l'identité, de la non-contradiction ne fonctionne pas de soi comme une logique de la contradiction. C'est Parménide contre Héraclite, Aristote dépassé par Hegel (Héraclite subordonnant Parménide)].

Fichte comprend, comme Kant, que la logique générale ne peut jamais que produire des illusions. Mais en même temps, il insiste sur le fait qu'il utilise les lois de la logique générale pour le démontrer, comme le chat qui cherche à mordre sa queue (27).

Le Moi absolu se pose parce qu'il est : l'aspect dynamique du *Sichsetzen* est la dimension du Je pense comme agir : Descartes, puis les doctrines activistes du XIXe siècle : (Jalley : CPUF1, 2004, 302) : Hyppolite Taine (1870), Henri Bergson (1889), Alfred Fouillée (1893), Ernst Mach (1905), Abel Rey (1908), John Dewey (1903-1922), William James (1907), Henri Poincaré (1902), Pierre Duhem (1906), Édouard Le Roy (1912).

Le troisième principe se formule : « J' [D] oppose dans le Moi [C] un moi divisible [A] au non-moi divisible [B]» (*Ich setze im Ich dem theilbaren Ich ein theilbares Nicht-Ich entgegen*) (GA. I, II, p. 272). Philonenko, comme déjà dit, commente (28) en disant que D ne peut être que le philosophe et son rôle actif dans la série idéelle, tandis que (ce qu'il ne dit pas) C est le moi absolu (Dieu dont le mot n'est jamais utilisé par Fichte), et A et B respectivement sont le moi fini et son Objet.

À partir de cette suggestion peuvent s'identifier deux modèles de pensée comparables, l'un dans le passé, l'autre le futur.

Dans le passé, ce sont les *Méditations* (1640) de Descartes avec leur « Je suis » (ego sum) (D), muni de l'idée de Dieu (C), dont l'existence et la véracité vont garantir la relation de certitude de l'esprit fini de l'homme (A) en face du monde (B).

Dans le futur, on lit déjà la formulation du plan de l'*Encyclopédie* de Hegel (1817) : D est le philosophe Hegel qui décrit d'abord le Logos (dans la Logique : C), assurant ainsi la double base de la philosophie de la Nature (B), puis de la philosophie de l'Esprit (A dans la Culture).

Il n'y a rien là de très mystérieux, si l'on se réfère au modèle traditionnel depuis la philosophie antique des trois grands objets de la philosophie rencontrés par le philosophe (D) : le moi (A), le monde (B) et Dieu (C, depuis Aristote, mais déjà l'« hyperbole démonique », voire le Démiurge de Platon).

Le troisième principe se spécifie en deux principes subordonnés.

1. Le Je pose le Non-Je comme borné par le Je. Mais ce premier principe, qui jouera un grand rôle dans la partie pratique de notre science, n'est provisoirement d'aucun usage dans la dialectique transcendantale de la WL.

2. Le Je se pose soi-même, comme borné par le Non-Je. De celui-ci, la critique de l'illusion philosophique peut d'abord faire usage. Ce sera même la base du § 4 de la W-L de 1894, jusqu'à la « déduction de la représentation » [123-227].

Tout réel pour être reconnu comme tel doit être posé dans la conscience et reconnu en même temps par celle-ci comme indépendant d'elle [Difficulté cardinale de toute la tradition du rationalisme dialectique propre à la tradition continentale] (28).

En même temps, toute la question de l'accusation d'athéisme part de la lecture ambiguë possible de cette formule : dans quelle mesure le moi D du philosophe qui oppose se confond-il avec le Moi absolu C qui contient (le moi fini A et l'objet fini B), ou s'en distingue-t-il pour s'identifier à une simple figure de ce moi fini ? Déjà chez Descartes, le cogito est fait, est le fait de l'idée de Dieu, à laquelle il s'identifie d'une certaine manière, tout en s'en distinguant. La finitude cartésienne débouche sur le panthéisme de Spinoza (lui aussi accusé d'athéisme) : le je est Dieu, Je suis Dieu.

La dialectique des systèmes va permettre de déterminer les formes catégoriales (Spinoza : causalité. Leibniz : substantialité, dans la rubrique « *Relation* » de la Table kantienne de la CRP) (29). Les catégories dans la série idéelle sont découvertes dans l'évidence génétique, ce qui fonde une histoire de la raison pure. **L'histoire de la raison est logique et la logique de la raison est histoire** [Hegel]. La déconstruction de l'illusion est construction de la vérité. Le terme de la série idéelle ouvre sur l'élucidation de l'imagination transcendantale, principe génétique de la réalisation des catégories dans le temps. Le thème de l'imagination devient progressivement de plus en plus invasif à partir du milieu à peu près de la Dialectique transcendantale pour s'installer pleinement dans la partie suivante consacrée à la Déduction de la représentation [227-246.][4] L'imagination maintient les opposés en même temps et dans le temps (30). L'antithétique de la réflexion a conduit de l'illusion transcendantale au schématisme transcendantal [ibid. : 227-246]. L'intuition intellectuelle était cachée dans l'illusion transcendantale, le *Sichsetzen* du moi absolu.

---

[4] Imagination : [160, 179, 182, 206-208, 215-218, 224-228, 230, 232-235, 238-245, 274, 284, 315, 322.] Voir Index.

L'imagination comme intuition intellectuelle est « la seule vérité possible » appelée à s'approfondir.

[L'importance accordée à l'imagination fait de Fichte l'héritier de Pascal, le précurseur de Freud (sublimation, idéal) et de Lacan (imaginaire), comme de la recherche moderne sur les idéologies (Feuerbach, Marx), en psychologie cognitive également (créativité et rigidité mentale in Jalley : *La psychanalyse et la psychologie aujourd'hui en France*, Vuibert, 2006, 13.16.2–13.16.3 : Guilford, Torrance, brainstorming, Weisberg ; Cours de G. Simondon sur « Imagination et invention »).]

L'imagination est « un échange du moi en soi et avec soi ». L'imagination génératrice du temps s'oppose à la raison logique [pensée divergente et convergente de Guilford 1966, in Jalley, 290]. Dans la partie pratique, l'imagination se lie à la raison dans la compréhension du devoir comme « projet ».

La série réelle (de la sensation à la raison) inverse la direction thématique de la série idéelle (de la raison à la sensation), formant ainsi « l'histoire pragmatique de l'esprit humain » (31). Ce qui « pour nous » est vérité (série critique) doit le devenir pour la conscience (série génétique) [Hegel]. À partir de l'imagination comme condition de possibilité du choc qui éveille la conscience dans la sensation, la série réelle des épreuves de l'expérience sera une récapitulation en sens inverse des moments de la série réelle [Vues de Piaget sur le sens inversé de la genèse historique et de la genèse mentale des notions de la géométrie spontané de l'enfant. Voir Jalley : *Wallon et Piaget*, L'Harmattan, 2007.] Les démarches synthétiques ne seront plus des hypothèses fautives de la raison spéculative, au sens kantien, mais des positions, des réalisations réelles et effectives.

La série réelle a pour sujet propre le sujet concret, le moi effectif, comme imagination transcendantale. La structure de la réflexion du Moi effectif est toujours antithétique (32) : il s'élève d'un degré à l'autre en composant les contradictions [Hegel, Wallon]. Chaque moment est une réflexion sur le moment précédent [L'expérience de la conscience selon Hegel 1807 ; l'abstraction réfléchissante selon Piaget, Jalley : *Wallon et Piaget* 2007, ch. 8].

Le processus de la série génétique réelle se décompose en 5 moments : A sensation, B intuition, C imagination, D jugement, E raison [Modèles des stades chez Wallon et Piaget, in Jalley : *Wallon et Piaget* 2007, 441-457] (33).

L'ensemble du processus s'oriente d'après le schéma éducatif d'une progressive réalisation de l'intersubjectivité. L'auteur de l'*Anstoss*, du choc, est une conscience affectant une autre conscience [Rousseau, Freud, Husserl, Wallon, Piaget, Merleau-Ponty, Lacan, Lévinas.]

Les facultés de l'âme apparaissent au sein d'un procès dynamique [Freud, Wallon, Gesell, Piaget, K. et Ch. Bühler].

La limitation du Non-Moi par le Moi dans la vie pratique signifie que le Moi sera un effort infini/fini [Maine de Biran, Vouloir de Schopenhauer, Nietzsche] (34).

Le Moi absolu est le Moi indépendant dont tout dépend, le Moi libre [Descartes, Sartre] (35). À l'illusion transcendantale (Moi=Moi) se substitue le Moi comme idée pratique, intuition intellectuelle comme chose en soi au plus profond de l'illusion transcendantale, autofondation comme visée finie de l'infini.

Le moi est une relation originaire d'action réciproque (Kant : Relation 3.3 : *Wechselwirkung*), du fait du choc entre un moi et un autre moi, Autrui (Dieu ?) [Hegel, Marx, Freud, Wallon, Husserl, Merleau-Ponty, Sartre, Lévinas], selon un cercle que l'esprit fini peut élargir jusqu'à l'infini [Spirale : Hegel, Sismondi, Marx, Wallon, Gesell, Piaget.]

Le Soi est un effort, une aspiration (*unendliches Streben*) infini [Unruhe, Negativität de Hegel, Maine de Biran, Wille de Schopenhauer, Nietzsche], l'effort infini comme liberté et devoir, projet vers l'effectuation de la liberté [Sartre] (37). La liberté est un devoir, qui comprend en lui-même sa propre récompense [Kant]. Philosophie de l'espérance définitive, où le mal radical est la paresse.

L'imagination est un flottement (Schweben) [Unruhe : Hegel], qui assemble et dissocie les opposés. C'est elle qui permet de comprendre la WL.

Théorie du droit et de la morale :

F. développe génétiquement le temps et l'espace [idée très moderne en psychologie développementale : Wallon, Gesell, Piaget] (39). Les théories génétistes de l'espace et du temps, opposées aux théories nativistes, sont devenues un lieu commun de la première psychologie philosophique du XIXe siècle (Cuvillier, Cours de psychologie, édition 1947.)

La jouissance des droits n'a rien à voir avec la moralité intérieure, bien qu'il y ait interaction entre le droit et la morale (40). L'État doit conduire par la culture et la civilisation à l'ordre moral des choses [**Naïveté inconcevable de nos jours**].

F. suit le modèle de Robespierre. L'idée de l'État commercial fermé se situe dans cette logique (41).

L'éducation nationale est une forme déterminante de la formation de l'homme, dans l'articulation du droit naturel au droit public.

Un long travail politique devra permettre la disparition de l'État [Marx], pour pénétrer dans le royaume de la moralité (43).

F. anticipe la phénoménologie husserlienne et française (Merleau-Ponty, Dufrenne) (44).

Le choc initial sur la conscience peut être dû à la sensation, à autrui (droit-morale), à Dieu (46).

Comparé à l'animal, l'homme est simplement ébauché par la nature [Vaste courant de la prématuration : Lacan.] « **Seul l'homme originairement n'est rien** », liaison de la liberté à l'intérieur du projet [Hegel, Heidegger, Sartre, Lacan] (48).

L'œil est un projet [Sartre, Lacan.]

L'individualité est un concept réciproque [Wechselwirkung : Kant], dans le rapport vivant de la reconnaissance (Annerkennung) [Hegel], de l'intersubjectivité [Husserl, Merleau-Ponty], de la volonté générale [Rousseau] (51).

F. conçoit la propriété non plus comme une chose, mais comme une activité, un travail qui donne le droit à la vie (52). Anticipation du socialisme. Seule l'humanité entière est l'héritière de tous les hommes [Pascal, Hegel] (53).

Ma nature est pulsion (Trieb : Freud). Nous ne pouvons concevoir d'autre vie que la vie dans le temps (54).

« Je suis effectivement libre… Le fait de la liberté est le fait immédiat de la conscience ». Passage d'une philosophie de l'obéissance [Kant] à une éthique du projet [Heidegger, Sartre] (56).

« L'ordre moral vivant et agissant est Dieu lui-même ». Chacun devient Dieu, le moi pur, autant qu'il a le droit de l'être. Le Paradis, le Ciel, ce sont les autres [L'enfer pour Sartre.]

Fichte est remarquable par l'activisme pratique [praxis moderne], coloré par la « pulsion romantique » (Gurvitch), comme par l'identification entre morale et religion [Aufklärung : Lessing-Reimarus, Kant], en même temps qu'une formidable puissance de mécanisme logique et d'habileté philosophique, qui frappait les contemporains (Schlegel).

Certains auteurs vont suivre une *Spaltung* de modèle fichtéen [Hegel, Freud, Lacan], selon le modèle d'un déploiement de l'Être en régions spécifiques [Aristote], d'un émiettement radical de l'Absolu (59).

Chez F., l'Idée du moi pur enveloppe des moments évanouissants [*fading* lacanien] dans la réalisation du devoir. Le moi pur est une loi générative et concrète (60). Ce n'est pas une substance [Spinoza, Leibniz, Schelling.]

Je suis un moment agissant de la raison entière [Aristote, Avicenne, Averroès, Hegel] (62). Philosophie du progrès infini [Encyclopédie de

Diderot, *Aufklärung*], de l'engagement et du projet [Sartre], orientée par une logique morale de l'existence et de l'historicité concrète, l'idée d'une éthique concrète [Rousseau, existentialismes : Kierkegaard, Scheler, Marcel].

Dieu est ce qui est plus intérieur que je ne le suis à moi-même : spéléologie de la pensée [Psychanalyse] (63).

Hegel reproche à l'idée de progrès infini de n'avoir pas de cohérence intellectuelle. Mais le dynamisme éthique est ce qui permet d'éviter « le papisme ». Et la WL s'intériorise bien selon un cercle (63).

Selon une « pensée de l'avenir », et contre Rousseau, l'âge d'or est devant nous (64).

La pulsion (*Trieb*) s'entend comme sentiment de jouissance dirigé sur la matière, ou alors visée d'indépendance, amour de la liberté (65). Tous deux cherchent synthèse dans une pulsion originaire (*Urtrieb*). L'homme est totalité agissante, au-delà de la nature et de l'esprit (Luther). Opposition et union concrète de nature et liberté.

À la morale formaliste de Kant s'oppose une morale supérieure définie par l'aspiration par une loi créatrice, l'auto-affection de la liberté (67).

Entre la WL de 1794 et celles de 1801 et 1804, il y a progrès dans l'opération fondatrice, remontée ultime vers un principe fondateur (69). Les interprètes verront des périodes, des ruptures dans la pensée de F.

L'assusation d'athéisme :

F. achevait alors son système, à 35 ans.

Dans un texte de 1797, il avouait considérer le monde sensible comme une révélation appuyée sur le principe de la moralité (76), ce qui va au-delà de Kant. Il refusait de concevoir Dieu comme objet, « *res* ». Il voulait vider la religion de tout chosisme. Le divin ne se distingue pas de l'ordre moral du monde, considéré comme l'engagement de la conscience dans l'histoire, une chaîne des esprits [Augustin (Cités), Pascal (la longue mémoire de l'humanité), Leibniz (République des esprits)] tournée d'un passé immémorial vers un avenir éthique, et caractérisée par la liberté et la conscience. Panthéisme éthique comme communion des Saints en ce monde, où l'idée d'immortalité reculait dans la pénombre (77). F écartait la théologie biblique.

« L'ordre du monde moral vivant et agissant est lui-même Dieu ». Il n'y a rien au-delà de la liberté et de sa destination morale. Dès la WL 94, la dialectique de l'intersubjectivité exigeait un déplacement du fondement de l'être en la liberté, de la chose en l'acte (80).

« Pour eux, je suis un démocrate, un Jacobin ». La querelle était indissolublement religieuse et politique (81) ; athéisme et démocratie s'impliquaient réciproquement. F. quitte Iéna en juillet 1799.

En 1800 dans ECF, la fermeture progressive de l'État devait permettre d'éviter le mercantilisme et l'anarchie. Ces systèmes odieux compromettent liberté, égalité, fraternité. Or et argent seraient remplacés par une monnaie nationale (82). La propriété, au lieu d'une chose deviendrait la possession d'un acte, une fonction, une expression concrète da la liberté. F. dénonçait l'odieux système de la plus-value.

Le christianisme est la seule vraie philosophie populaire, ne dépasse pas la sphère de la sagesse pratique populaire (83). La WL peut apporter son aide au christianisme, selon un principe rénovateur des concepts d'athéisme et de démocratie.

F. distinguait déjà valeur d'utilité et valeur de travail (84). Selon Philonenko, l'État commercial fermé est opposé à l'internationalisme marxiste par sa combinaison de pensée prussienne et d'un idéal jacobin. Il inaugure le socialisme gouvernemental de Rodbertus, Lassalle, A. Wagner et Bismarck.

Karl Rodbertus (1805-1875) est un député prussien (1847), favorable à l'interventionnisme contre les excès du capitalisme, critiqué par Marx et Engels, Rosa Luxemburg, Bebel.

Ferdinand Lassalle (1825-1854) a été le créateur d'une « Association générale des travailleurs allemands » (ADAV), à l'origine du futur SPD ; il était critiqué par Marx et Engels qui ne le considéraient pas comme un véritable communiste, à cause de sa politique de collaboration avec le gouvernement de Bismarck.

Adolph Wagner (1835-1917) est un universitaire et économiste allemand, théoricien d'un social-étatisme qui a exercé une influence importante sur Bismarck, Guillaume 1ier et Guillaume 2.

Dès 1798, Kant, on l'a vu, condamnait la WL, « système absolument intenable » reposant sur une « pure logique ». Cependant, F. comprend que Kant veut se séparer de lui surtout à cause de la censure. [Dieu chez Kant n'est vraiment plus grand-chose. Et qu'est-il déjà chez Descartes, comme garant de la vérité, à la façon du correcteur d'orthographe de nos ordinateurs ?]

Dès cette époque, F. redoutait que Bonaparte ne confisque à son profit la Révolution, et qu'il en résulte la guerre.

[Fichte a évolué d'une certaine manière en réalité comme Napoléon : du jacobinisme vers la tyrannie du Prince machiavélien. De l'internationalisme républicain vers un nationalisme conservateur, en tout cas toujours sous le dénominateur de l'autoritarisme étatique. Philonenko critique un collègue, Druet, d'avoir comparé Fichte à Napoléon, en parlant d'un rapport d'amour-haine du premier au second (158).]

La destination de l'homme :

Le plan de l'ouvrage de 1800 est construit selon la **dialectique ternaire : Doute, savoir, croyance**. Dans la DH, F. oppose nature et liberté (89). L'aspiration (Streben), la volonté, c'est le conatus de Spinoza (90). Mais il n'y a pas vraiment chez F. de philosophie de la nature. En revanche il y a une théorie précise des actes catégoriaux (causalité, détermination, limitation, etc.) qui déterminent la nature pour nous. Le temps et l'espace sont des produits de la réflexion conceptuelle (91).

La volonté doit former et mouvoir d'abord mon corps [Maine de Biran, Merleau-Ponty]. La nature n'est pas que le phénomène de ma liberté, comme pour Schopenhauer.

C'est la moralité comme liberté qui rend possible en son objectivité la réflexion théorique (93).

L'intuition intellectuelle est présente aussi bien en 1794-1795 qu'en 1800 : c'est la part de vérité comprise en toute erreur (95) [Hegel appelle cela justement « vérité », *Wahrheit*.]

La substance ne pourra jamais être que le nexus des propriétés (97).

F. veut justifier non seulement les jugements scientifiques [Kant], mais aussi la doxa [Hume, Husserl] (98).

Le schématisme consiste à passer de la temporalité de la sensation à sa projection dans l'espace (99).

La raison théorique se trouve être perverse. Avec la fatalité spinoziste, « Je pourrais aussi bien dire : on pense » : Homo cogitat, *es wird gedacht*. La raison pratique fonde l'intelligence dans la liberté morale. Sinon le gouffre de la spéculation n'est qu'une intelligence pervertie (101).

Le savoir est le moyen du devoir, dans tel projet. C'est la valeur qui décide de l'être et non le contraire, dans la mesure où la volonté est décision d'espérance. Je veux, donc je suis, donc le monde existe. *Volo, ergo sum.*

F. ruine aussi bien la fatalité spinoziste que le principe schopenhauerien d'une Volonté comme force aveugle et chose en soi (103).

Il ne s'agit pas pour le philosophe critique d'inaugurer, mais de restaurer, à partir de l'angoisse [Kierkegaard, Freud, Heidegger] et de la misère (105). « L'humanité est alors reconduite à son point de départ » : la liberté comme aspiration à l'infini.

Il s'agit de « songer à l'éducation » (106).

Dans un monde intelligible, comme synthèse des esprits [Augustin, Pascal, Leibniz, Hegel], je suis et vis dès maintenant dans la vie éternelle [Spinoza]. Pour le devoir je suis immortel. Le monde sensible dépend de la foi [Hume]. Nous formons une pluralité intersubjective. Aucun homme n'est diabolique, n'a l'amour du mal [Platon (nul méchant volontaire), Kant (mal radical). Plus tard, F. dira le contraire avec Machiavel] (108).

Les chemins de la spéculation (1801, 1804) :

Fichte recherche la fondation de la fondation, la production de la conscience de soi et pour soi dans l'évidence génétique (114, 116). Il utilise « 4 modes et 16 termes fondamentaux ».

[Même le Parménide de Platon et l'Éthique de Spinoza, ainsi que la Logique de Hegel apparaîtraient comme un jeu de marelle auprès de ces textes hérissés de difficultés.

Cependant le bilan : faire son devoir dans un État bien organisé, en apparaît plutôt mince, et d'un humanisme naïf, qui serrerait le cœur, et auquel le monde contemporain, écrasé sous le poids du veau d'or, donne le démenti le plus cruel.]

En tout cas, la raison humaine pure doit (*soll*) retourner en soi, comme dans l'Odyssée (117). La genèse de la pensée doit procéder à sa propre genèse, le savoir est toujours liberté et pur acte, intégration génétique, unité de l'acte et du dire [Lacan] (118-119), pénétration du savoir par lui-même [Hegel].

Cette reproduction de moi, re-création, auto-pénétration du Soi fini et infini, synthèse, genèse intérieure à la genèse, vie génétique de la raison, projet de moi par moi, procès génétique, genèse transcendantale, est un *Sich-machen*, qui approche de la théologie négative (121- 122, 124-125).

« Le fait est genèse et la genèse fait ». Réalité et idéalité s'entrecroisent, par projection « per absolutum hiatum ». Projection et connaissance sont dans un rapport réciproque [Freud, Klein, Lacan]. La WL réduit les erreurs dialectiques pour parvenir à l'équation du fait et de la genèse dans la conscience réelle (la doxa).

Les synthèses de la WL se dépassent par projection. Dans la WL 94, la critique des systèmes philosophiques aboutit à faire coïncider genèse et facticité, genèse et critique coïncident dans le dévoilement de l'imagination transcendantale. Voir supra note 66. En 1804, la genèse de la genèse se poursuit en théologie négative (128).

Je suis image (*Bild*) de Dieu pour autant que j'accomplis la genèse et l'autogenèse, suis un être qui « se fait ». Telle est la jouissance de la vie divine ou béatitude (131).

La WL de 1794 dégage les actes transcendantaux présupposés pour la compréhension d'une nature. Et la nature n'est pas fin en soi, mais instrument de la moralisation de l'homme (133).

La religion dans les limites de la doctrine de la science :

La « personnalité » est « point zéro » [Sartre, Lacan]. Le philosophe doit découvrir en lui-même un nouveau point zéro [psychanalyse]. Telle est la genèse de la genèse (138-141), unitisme et dualisme, propre à la théologie négative de la WL 1804.

C'est ce rien qui doit livrer à l'homme le sens de la liberté [Sartre] (178).

Pour ma pensée qui se projette, Dieu n'existe pas, mais est [C'est déjà du Feuerbach !] (143-144). Revenant à Dieu, je reviens aussi à moi. F. réfute aussi bien l'idée de création que celle d'existence éternelle. Le Ciel est le devenir de ma liberté et rien d'autre [Par exemple la liberté aussi d'un « sans dents », comme dit le cher Hollande ?] (145).

« Fichte dénie au judaïsme toute compréhension des idées fondamentales et lui reproche d'avoir introduit des conceptions erronées (1793, 1804). D'une part l'injustice des juifs envers nous [?] ne nous autorise pas à être injustes envers eux, car ce sont des hommes. Mais d'autre part, l'intolérance, la fermeture spirituelle des juifs est telle que pour éviter qu'ils ne constituent un État dans l'État, il faudrait par une nuit miraculeuse leur accorder tous les droits du citoyen en leur coupant la tête [Une « nuit de cristal » pour eux ?] et en en mettant une autre à la place. Alors il faut se protéger des juifs et le seul moyen est de conquérir le pays qui était leur ancienne patrie et « de les y envoyer tous »… Fichte était un adversaire décidé du judaïsme – pensée intolérante, compliquant tout et avec laquelle il n'envisageait aucun dialogue sérieux. Kant est sans doute moins violent [Il serait intéressant de retrouver et de citer les textes]… Fichte violemment opposé au judaïsme n'est donc pas un antisémite [selon la logique imparable d'A. Philonenko !] » (147-148).

F. apprécie l'Évangéliste Jean, mais pas les trois autres Mathieu, Marc, Luc, restés juifs à demi [Voir Lessing-Reimarus : *Fragments de l'anonyme de Wolfenbüttel*, traduction de M. Géraud ; présentation d'É. Jalley, L'Harmattan, 2015]. F. cite Platon à propos du début de l'Évangile de Jean sur le Logos (149).

Il semble que la WL 1804 « détermine la vie bienheureuse ou la béatitude comme mouvement éternellement amoureux de l'Être. »

[Cela ressemble aussi à du Plotin. Il y a là comme un retour en arrière par rapport à la WL 94, et qui paraît accompagner en philosophie politique le même genre de repentir conservateur.]

Dans les 5 conceptions du monde exposées par Fichte (la première seule étant fausse), les règles qui se dévoilent successivement ne s'abolissent pas, elles s'intègrent bien plutôt dialectiquement [Hegel] (151).

« Un fleuve, je veux dire notre vie… L'Éternel dans ma vie s'accomplit et par mes yeux regarde » (153).

L'Allemagne possède la suprématie religieuse et culturelle fondamentale (184).

Le langage a plus d'influence sur les hommes que les hommes n'en ont sur le langage [Hegel, Lacan] (186).

Le Français pensera savoir ce qu'il ne sait pas. Sa langue trompe le Français [Kant et Hegel semblent avoir bien mieux connu les textes français que Fichte, en dehors de Rousseau] (188).

Fichte admettait les écoles mixtes. Connaissant Pestalozzi, marqué par la philosophie sociale de Rousseau, il l'a aussi profondément influencé (194, 196).

L'éducation doit se faire selon la pensée du projet, comme ouverture à l'avenir vivant. L'enfant porte en soi un élan naturel vers le bien suprême qui est le bien moral [conception optimiste…]. **Il ne faut pas penser qu'un enfant apprend sous la seule incitation d'autrui [Piaget]** (198-199). L'estime que l'enfant se porte se trouve confirmée par l'estime d'autrui.

F. pense à un ABC des sensations [Montessori] qui donnerait à l'enfant une claire connaissance de son corps [Merleau-Ponty]. Le développement de la libre parole lui permettra de mieux communiquer avec autrui. F. réclame aussi un ABC de l'activité de l'enfant [Piaget].

La philosophie fichtéenne de l'intersubjectivité est celle d'un cogito plural [Hegel, Husserl, Merleau-Ponty] (200-202).

La philosophie transcendantale de F. est d'une redoutable complexité, mais non la philosophie politique. Après 1807 F. ne se renouvelle plus. **F. a été vraiment inventif pendant 14 ans (1793-1807), Rousseau (1750-1760) et Nietzsche pendant 10 ans. F. a profondément sous-estimé la difficulté de sa pensée**. Il n'a pas voulu tout dire – sous le prétexte moral de ne pas opprimer la pensée personnelle, et pour imiter le Christ qui, selon lui, ne disait jamais les choses que dans un certain « clair-obscur », de manière que l'on soit obligé de penser par soi-même. **Qu'il ait sous-estimé la difficulté de sa pensée tient sans doute en ce qu'il avait une intuition claire et pénétrante de ses exposés.** Ce fut la grande erreur de Fichte.

[Ce peut être aussi le plaisir du virtuose de n'être pas tout à fait compris, avec l'effet de dominer, maîtriser, subjuguer, époustoufler, séduire l'auditeur, comme le font les camelots doués.

Il y a aussi un certain plaisir à ne pas comprendre, qui ferait comme pendant au plaisir de ne pas se faire comprendre, s'il y en a un. Le philosophe Vincent Delecroix parle récemment de cela (*Nouvel Observateur* n°

2648 du 6-12/8/2015, 65) à propos de s'être accroché à la lecture difficile de Kierkegaard « probablement pour le plaisir de ne pas comprendre. La joie de ne pas comprendre est ce qui nous attire à la fois dans la philosophie et dans la religion », même si on peut être d'un avis différent.]

Le retour à F. s'est amorcé à partir de 1960 (214).

H. Hyppolite Jean 1971 : Fichte, in *Figures de la pensée philosophique*, tome 1, Paris, P.U.F., 1971, 21-72.

Hyppolite souligne la proximité de l'idée fichtéenne de la science et du projet husserlien d'une philosophie comme science rigoureuse (21).

La rencontre de l'Autre est la condition du comprendre, et le comprendre la condition de la rencontre de l'Autre [Hegel, Husserl, Lacan, Lévinas] (26).

La genèse absolue du sens présuppose le dépassement de toute perspective théorique vers l'action pratique [Kant, Marx, Sartre, praxis moderne] (30).

La dialectique fichtéenne présuppose les notions suivantes : **transfert, oubli, rencontre, aliénation, originaire, répétition**.

Il ne faut pas croire, comme Guéroult, que la pensée de Fichte aboutit au système hégélien (34).

[Fichte a des héritiers qui ne sont pas ceux de Hegel : Nietzsche, divers existentialistes : Kierkegaard, Husserl par exemple] (34).

Une des difficultés de la philosophie de F. tient à **son caractère abstrait – beaucoup plus marqué que chez Hegel** (35).

Le Moi absolu présupposé par la philosophie ne se réalise effectivement que dans le moi fini de la vie morale (41).

F. ne cesse d'affirmer que sa philosophie part de la vie et revient à la vie (42) [Husserl : Lebenswelt.]

Il subsiste un décalage entre la genèse idéale postulée au départ (WL 1ère partie) et la genèse réelle à laquelle il revient (WL déduction transcendantale) (44).

La spéculation décrit « en général » : elle met en œuvre une réduction phénoménologique, une réduction eidétique (45). La WL se veut « savoir universel ».

La première WL de 1894 est une doctrine de la science, la seconde de 1801 une philosophie de l'Être, où le second principe (Non-moi) remplace le premier (Moi). Rapport de négativité entre pour soi et en soi [Sartre] (46).

Les WL de 1801 et de 1804 enferment une nouvelle contradiction, celle de la genèse et de la non-genèse. Savoir absolu et phénoménologie sont deux termes de F. avant d'être ceux de Hegel (47).

La dialectique du phénomène correspond exactement à la dialectique de l'essence et de la réflexion chez Hegel (Science de la logique, Phénoménologie de l'esprit) (49).

En 1804, la lumière du Verbe jaillit dans le champ de la relation ontologique (51).

L'univers n'aurait-il qu'un but, celui de produire des philosophes ? Le dévoilement de l'Être, son verbe, est-il le sens ultime de l'Être, le sens de tout sens ? (51).

Le savoir absolu de F. est une expérience ontologique qui reste dans la finitude. Sa dialectique n'est jamais un dépassement arbitraire, on trouve aussi en elle l'unité de de la vie et de la pensée (52).

Le temps est toujours dépassé, l'intemporel de l'instant est privilégié. C'est le spinozisme de Fichte [dans la philosophie d'après 1801].

F. identifie Dieu à la perspective de notre vie spirituelle. La différence avec Spinoza est visible. Il y a un théisme sans Dieu de F. qui n'est pas un athéisme sceptique (article de Forberg dans le Journal de Fichte en 1897) (55).

Derrière l'athéisme de F., on laissait entendre que F. était un révolutionnaire (57). C'était la querelle de l'athéisme et du jacobinisme.

F. se raidit comme un Alceste. Schiller et Lavater lui reprocheront son orgueil (58).

L'autre étoile, à partir de 1798, appelé à Iéna sur les instances mêmes de F., c'est Schelling, qui va commencer à tirer tout à lui (59).

Le Moi qui médite est le Moi de tous et de chacun [Hegel] (59).

Comme Reinhold, F. est dès le départ pris entre les exigences du cœur et celles de la raison (60). « Je ne veux pas seulement penser, je veux agir » : idée d'un État dominant l'économie. Toutes les deux, vie et spéculation, sont seulement déterminables l'une par l'autre (60).

Dans la dernière forme de la pensée, la spéculation deviendra à son tour une vie (61). F. avait d'abord élaboré la WL pour concilier les exigences de l'intelligence et celles de l'action. L'intuition intellectuelle manifestait l'immanence du Moi absolu au moi pratique.

Doute, savoir, croyance. Il y a **chez F. comme chez les existentialistes, le thème d'une existence libre** qui produit son essence, au lieu d'en être l'expression (63).

Toute la pensée de l'époque est condensée dans la conception d'un Dieu-Nature qui se révélerait progressivement. Les tentatives de Lessing et de Herder pour concilier Leibniz et Spinoza sont intégrées par Fichte (63). Celui-ci fait effort pour caractériser ce nouveau spinozisme dont Jacobi avait dit qu'il était le destin de tout savoir rationnel.

Le Moi est le créateur inconscient de ce monde, dont les lois sont les lois mêmes de mon intelligence. **Il n'y a que l'affection qui soit indéductible** [Freud].

Une partie de la « Phénoménologie » de Hegel, sur la perception, l'entendement, sera un commentaire de Fichte (64).

Le savoir pourrait n'être qu'un rêve bien lié (Berkeley inspire aussi F.) (65). L'identité et la personnalité de mon moi ne peut être qu'une fiction [Hume]. L'imagination serait la source de l'illusion [Pascal, Lacan].

Le concert du règne des esprits est l'expression de l'infini divin [Augustin, Leibniz] (66).

Un État doit servir de modèle aux autres. L'affranchissement d'un premier peuple qui devient vraiment libre est la conséquence nécessaire de l'oppression sans cesse croissante exercée par les classes dirigeantes sur les classes dominées, jusqu'au jour où la situation devient vraiment intolérable (69).

Certains textes de F. sont obscurs. Il y aurait une troisième vie, dans une succession des histoires (70).

Il n'y a de concevable qu'une fin terrestre unique (1798). La DH (1800) pose une actualité de l'Absolu, une réalité de l'Infini en acte, réclamée par Schleiermacher (71). S'ouvre une croyance au monde transhistorique des esprits dont l'Absolu est le soutien. Cette dialectique peut se comparer avec celle de Sartre dans l'Être et le Néant. Le pour soi veut à la fois se maintenir et s'enliser dans l'en-soi. [Il est aussi « passion d'être Dieu » chez Sartre].

La DH 1800 est une œuvre de transition dans l'œuvre de Fichte (72). Le savoir va reconnaître sa limite dans la WL 1801. Tandis que la WL 1804 sera une ontologie de la finitude.

La pensée philosophique de F. sera toujours insatisfaite, toujours remaniée [Contre l'avis de Philonenko qui dit qu'après 1807, F. n'invente plus rien.] Alors qu'Hegel aura le sentiment d'avoir bouclé l'« Encyclopédie » dès 1817.

P 4. Philonenko Alexis 1980 : La liberté humaine dans la philosophie de Fichte, Vrin, Paris, 1980.

Ce livre, qui est la thèse de P. est le plus dense et le plus difficile de ses 4 textes. Il est le commentateur qui apporte les aperçus les plus intéressants et les plus riches. Le livre se présente comme un commentaire de la seule WL 1794. Dans sa plus grande partie, qui serre le texte de Fichte de très près, le texte de l'auteur s'avère malheureusement presque aussi difficile à lire que celui de Fichte lui-même. Mais en dehors de ce défaut, le livre reste très utile.

P. dit d'abord refuser l'interprétation d'intention hégélienne consistant à faire de F. un simple précurseur de Hegel (Tillette, Guéroult). Dans ce cas, on ne découvre pas le lien entre le « solipsisme » de F. et sa pensée morale et juridique qui suppose d'évidence pluralisme et intersubjectivité (III).

Il faut plutôt lire la Déduction de la représentation à la lumière de l'éducation qui est, avec l'amour, l'élément suprême de l'intersubjectivité, conduisant au-delà à la politique (V).

Il faut pour cela écarter la notion d'intuition intellectuelle entendue au sens de Schelling.

La théorie du savoir n'est en vérité qu'une théorie de la liberté (9).

Un des commentateurs de F. dit que **sa « psychose** [?] ne s'acheva qu'en 1800 » (E. Bergmann 1928) (11).

F. a traversé plusieurs crises brèves mais extrêmement violentes (12), où tout est remis en question (13).

Jacobi le surnommait « le Messie de la raison pure » (15).

F. n'est jamais sûr de rien ni de personne d'où **son émotivité** (16). Nommé à Iéna, en échange de la gloire et de la sécurité matérielle, on lui avait demandé de modérer sa « fantaisie démocratique » (17).

Problématique de la première philosophie de Fichte

Le problème de l'existence d'autrui

L'importance du problème est d'abord soulignée dans la « Destination du savant » (1794) (21). Le problème de l'existence d'autrui est posé clairement pendant la construction de la première philosophie de F. (23).

La première philosophie de F. a (1794-1797) été très critiquée (Kroner 1923, Gurvitch, Guéroult, Vuillemin 1954 (tous du point de vue de Hegel), Noll 1936 (Heidegger), Lask 1902, Fuchs 1904, Fischer 1904, Löwe 1862, Dreschler 1955).

La première philosophie se justifie, dit F., « jusqu'à un certain point dans sa partie théorique » (26).

Philosopher consiste encore maintenant à philosopher pour ou contre Hegel (27).

La première philosophie de F. consiste à établir contre la spéculation philosophique la vérité de la conscience commune.

La signification du problème de l'existence d'autrui dans la pensée de Fichte :

Dans IVB 1806, 5 visions du monde, dont la première (0) est « fausse » (31-32) :

0. Vision sensible.

1. Kant, WL 94, Droit Naturel 96, Système Éthique 98 : raison, langage, communication.

2. WL 98 : moralité supérieure.

3. WL 1801 : religion, foi, entre-expression de l'homme et de Dieu.

4. WL 1804 : amour ; IVB 1806 : Verbe.

[Échelles des genres de connaissance chez Platon, et Spinoza, « Encyclopédie » de Hegel].

Comme Leibniz, F. croit que la raison se réfléchit dans le langage comme en son miroir [Lacan]. Ils admirent la langue composée d'hiéroglyphes (35).

F. complète la pensée luthérienne en la reliant aux idées de la Franc-maçonnerie (38).

Kant attache déjà une haute valeur à l'idée de communication (39) [par la voie de la science, de l'éthique, de l'esthétique et du rapport avec la nature sublime.]

Dans le droit qui réalise la communauté humaine, nature et liberté se lient (41) [Conte à dormir debout d'après ce que l'on peut voir du fonctionnement de la « justice » dans la France contemporaine].

Un système dont le cœur est l'idée de communauté humaine, donc la communication [À vrai dire, concept moderne] (42).

Le travail de la réflexion philosophique consistera à justifier **la doxa. « Il n'y a pas d'autre vérité que celle de la conscience commune** » [Point de vue peu encourageant, à voir ce qu'est l'opinion publique moderne régentée par les médias] (42). Il convient de donner raison au sens commun contre les philosophes [Prêche du retour au bon sens : ouverture sur la démagogie populiste hostile aux intellectuels] (43). La démonstration de l'existence d'autrui vise à retrouver le quotidien. **Pour Fichte comme pour Berkeley, les philosophes sont des bavards**.

Après 1804, selon certains interprètes, la philosophie de F. se rapprocherait de la philosophie spéculative de Hegel (44).

Le mouvement de l'imagination unit les consciences [Hume] (45).

La philosophie de F. doit être comprise comme une forme de monadologie [Malgré sa critique de Leibniz ?] (46).

La doctrine du droit prend dans le système de F. la place occupée chez Kant par l'esthétique [comme médiation avec la conscience commune. Il y a pourtant une doctrine du droit chez Kant que F. semble abandonner] (47).

La signification méthodologique du problème de l'existence d'autrui :

Fichte tente de justifier la vérité de la conscience commune, de la doxa (50). Il faut pour cela lier phénoménologie et ontologie (51, 54). F.

va présenter une **déduction des structures fondamentales de la perception** [Merleau-Ponty].

La chose en soi est affirmée par Kant par une application transcendante fautive de la catégorie de causalité (53).

F. a aussi confiance dans la technique, située à l'intersection du monde de la perception et du monde de la science [Simondon] (56).

F. humanise la raison comme il rationalise la doxa. Il y a une **relation d'entre-expression entre le point de vue de la raison et le point de vue de la doxa**. La doxa suppose la raison et cette dernière la justifie (58). Cette défense de la conscience commune permet de voir la philosophie de F. comme un **humanisme radical [dans le cadre de l'évolution de la pensée luthérienne** jalonnée par Lessing, Reimarus, Klopstock, et Kant] (59).

La WL a été surtout marquée par la dialectique transcendantale kantienne ; F. a surtout perfectionné l'aspect dialectique de la méthode transcendantale de Kant (60). La WL constitue un sommet de l'art dialectique que Hegel lui-même a cru devoir saluer (Histoire de la philosophie) [**Bien que le terme même de dialectique ne s'y trouve jamais**] (61).

Les erreurs de la pensée philosophique ont l'antériorité sur le dévoilement de la vérité de la conscience commune (61). Il existe trois niveaux du savoir correspondant à **trois niveaux de l'humanité** : innocence, culture, perfection (Rousseau) (61). [F. joue parfois sur le chiffre 3, mais préfère le chiffre 5.]

F. aurait-il été un Berkeley dont l'effort aurait été récompensé par le succès ? Ce serait « le plus grand de tous les philosophes » (62). [On peut préférer dire Hegel.]

La dialectique et l'histoire :

Parmi ses prédécesseurs, F. cite Spinoza, Leibniz, Kant [également Descartes, Hume, Reinhold, Maimon] (63). Il dit que Spinoza pensait sa philosophie, mais sans y croire.

La destruction des préjugés philosophiques doit permettre de retrouver « l'état naturel de l'homme » [Rousseau], celui-ci étant défini par l'existence de l'homme dans l'État [Marx], à partir de laquelle l'homme doit s'élever à la moralité [Marx ?] (64).

L'attachement de F. à la Révolution française n'était pas incompatible pour lui avec une conception religieuse des fins de l'homme (65). Le protestantisme de F. par son côté rationaliste pouvait aisément s'unir aux idéaux révolutionnaires.

L'État rationnel tend à établir la *Gleichheit*, l'égalité, entre tous les hommes dans une « société parfaite » et il ne vise que sa propre négation [Marx] (66). L'histoire du genre humain est un progrès indéfini dans le cadre de l'État rationnel, et l'espace d'une « fédération internationale »

(1796). Le philosophe devenant « l'éducateur du genre humain » (Lessing) (67), tout en se promettant peu de succès (68).

F. fait de l'avenir la valeur fondamentale [1794 : l'année des colonnes infernales en Vendée], se réfugie dans l'avenir comme Rousseau dans le passé (69). Il est un « croyant de l'avenir » (Michelet).

La source du mal est le désir pervers d'une jouissance obtenue sans travail (71). [Cela pourrait être du Marx, sauf que celui-ci n'invoque jamais la morale.]

Le Moi pur est négation de la négation [le contraire du Non-moi ; Hegel.]

Le Moi pur est le projet nécessaire de toute conscience, le grand être que compose l'humanité aux yeux d'**Auguste Comte** (72).

La dialectique comme réfutation de la métaphysique est dans la WL le prélude indispensable (73).

L'opposition de F. à la philosophie grecque est fondamentale [au contraire des anciens de Tübingen.]

F. désirait déconcerter les philosophes [L'une des raisons de son ésotérisme ?] En tout cas, depuis Hegel on a continué à lire F. à travers Schelling (75).

L'intuition intellectuelle :

La notion d'intuition intellectuelle dans la philosophie postkantienne est plutôt due à Schelling qu'à Fichte (79). F. n'en parlera que dans la Seconde Introduction de 1797.

La pensée de F. a beaucoup évolué de 1794 à 1804 selon la plupart de ses interprètes (80).

La démarche initiale est dialectique, consistant à détruire les illusions métaphysiques pour dégager le véritable sens des propositions auxquelles l'esprit peut souscrire (83).

[La dialectique est partout présente dans la démarche de F., mais y reste la grande muette. La dialectique initiale de la WL hérite de la dialectique transcendantale de la CRP comme critique des illusions naturelles de la raison, mais elle comporte aussi une dynamique d'enchaînement qui en fait déjà autre chose, sur le chemin de Hegel.]

Schelling commença à se présenter comme le disciple de Fichte (84).

La conscience commune réhabilitée par F. est la connaissance du premier genre de Spinoza (85).

Contre Schelling qui en fait la *noêsis noêséôs*, l'intuition intellectuelle pour F. est un acte humain (89).

F. encore cartésien estime peu l'Antiquité et rattache ses plus hautes pensées au protestantisme. L'opposition entre F. et Schelling tient au conflit de la pensée luthérienne et de la pensée platonicienne (91).

La philosophie pratique de F. est réaliste. Il s'agit de transformer par le travail [Marx] l'existence sensible et le monde. L'intuition intellectuelle en sa plus haute pureté est la conscience de la loi morale (93).

C'est à partir de cette notion intellectuelle dont F. ne disait rien, ou pas grand-chose, que sont parties les critiques des kantiens comme des hégéliens (94).

La problématique et le système :

Le système construit par F. entre 1794 et 1798 n'est pas achevé (95). C'est dans le « Concept de la doctrine de la science » de 1794, publié pour la seconde fois en 1798, que F. donne pour la première fois le plan de son système.

La synthèse quintuple se rattache peut être à certaines traditions de la franc-maçonnerie, influencées par ailleurs par l'œuvre de Dante (1265-1321) mettant en valeur les 5 mots : Diligite justitiam qui judicatis terram.

Philonenko expose plusieurs niveaux de la synthèse quintuple qui ont déjà été abordés plus haut.

On ne s'est jamais demandé à propos de la synthèse quintuple si son privilège pouvait avoir quelque rapport avec la tradition littéraire consistant à distribuer les **représentations dramatiques en 5 actes**.

J'ai parlé de cette question dans *Psychologie et psychanalyse (2008-2010)*, 1, ch. 9 : « Ignace de Loyola précurseur de Descartes et de la dialectique moderne », 2010, 207-215, en donnant les indications suivantes :

Contrairement aux auteurs classiques grecs qui procèdent tout autrement (Eschyle (525-456), Sophocle (496-406), Euripide (480-406), Aristophane (445-386)), la distribution de la représentation théâtrale en 5 actes serait venue d'abord de la Nouvelle comédie grecque de Ménandre (342-292), et elle est approuvée par Horace (né vers - 65-8) dans son *Art poétique*. Par la suite, tous les auteurs latins fabriquent leurs pièces de théâtre (comédies de Plaute (254-184) et Térence (190-159), tragédies de Sénèque (- 4 - +65)) en 5 actes. On sait ensuite par Montaigne (1533-1592) que l'usage était répandu dans les collèges des représentations théâtrales sous forme de « tragédies latines » (Buchanan et Muret, professeurs du XVIe siècle), et qui auraient probablement suivi cette tradition. Les *Exercices spirituels* d'Ignace de Loyola (1491-1556, 1548) s'intéressent beaucoup à la répartition justement de ces exercices et de leurs étapes selon un système de chiffres variées, mais surtout 3 et 5. Or c'est exactement à la même époque que sera créée la tragédie *Cléopâtre* (1552) de Jodelle (1532-1573) composée en cinq actes et déjà alors selon les « trois unités » (un lieu, un jour, un seul fait). À partir de là, une telle tradition des 5 actes se serait imposée presque jusqu'à l'époque moderne. On sait que des représentations de pièces classiques françaises (Corneille, 1625-1709) se sont produites en Allemagne dès la première moitié du XVIIIe siècle (Lessing, 1729-1781).

Ces propos, sans rien prouver, restent tout de même assez suggestifs. Le chiffre 5 relève de la pratique d'un certain discours social bien connu.

Une fois achevée la WL, F. va droit au problème de la monadologie comme système d'êtres raisonnables et supports de droits (99).

La WL est une introduction à la monadologie, ou une théorie de la monade (100). Les questions abordées par F. sont présupposées par l'idée monadologique.

Les §§ 1-4 [91-246] forment une logique transcendantale théorique (101).

La WL 1798 insiste sur la distinction entre la fondation du système et le système lui-même.

Selon le Concept de 1794, la doctrine de la science comprend en elle-même la forme de toutes les autres sciences et les principes de toutes les sciences possibles. Se pose aussi la question de l'exacte relation de la doctrine de la science et de la logique générale.

La doctrine de la science est un cercle (102) [Hegel].

La fin poursuivie par F. est la démonstration qu'il n'est pas d'autre vérité que celle de la conscience commune (104). Loin de célébrer la spéculation et la connaissance, la philosophie de F. s'oriente vers l'existence humaine commune (105), le retour à l'expérience.

[Le rejet de la philosophie au profit de la conscience commune, de la doxa, est une contre-tradition dans l'histoire de la philosophie. On se demande quel rapport elle pourrait avoir avec cette espèce particulière de philosophes que Badiou rattache à ce qu'il appelle l'**« antiphilsophie »**.]

Hegel critique la forme de la philosophie de F. ; tandis que Kant lui reproche de manquer de contenu, de se réduire à une pure logique (106). On sait que Kant n'avait pas lu le texte de Fichte. Avec le reste des contemporains (Maimon compris), il lui reproche de faire sortir la totalité du réel de la simple conscience de soi.

Gueroult présente F. comme l'héritier des encyclopédistes (108). Avec la WL, on ne parvient jamais au niveau concret des sciences réelles.

En fait la WL est le développement au niveau de la philosophie première des requisit de l'objectivité. [Le paradoxe est que l'ambition est modérée, alors que la mise en œuvre doctrinale est himalayesque.]

La WL :
La logique transcendantale de la WL :
La philosophie première de la WL :

La WL n'est qu'un résumé à l'usage des étudiants (113).

F. a voulu respecter l'idéal leibnizien de mettre le plus de choses possible sous le plus petit volume. La difficulté est d'autant plus redoutable que **F. a voulu être assez obscur pour contraindre son lecteur à penser par lui-même** (113). [Au moins est-ce là son discours « manifeste », comme dit Freud.]

F. a souvent affirmé que Kant et Leibniz bien compris s'accordaient (114).

Comment ma monade peut-elle parvenir à la représentation d'une autre monade ?

Monadologie : 1. Existence, 2. Organisation, 3. Individualité, 4. Personnalité, 5. Vie

Les monades tendent vers un Idéal infini et universel, vers l'unité du Moi pur comme Idée transcendantale, comme projet de la vérité de l'histoire (115).

La WL s'achève par un acte de croyance pour adhérer au pacte social, et conduit à la construction de la philosophie juridique.

1. : § 1. [91-101]
2. : § 2 - § 4.1. Quid facti ? [101-227]
3. : § 4.2. Quid juris ? [227-246]
4. : § 5. [246-285]
5. : §§ 6-11. [285-328]

Le point de vue du philosophe (§ 1 - § 4.1 : Régression critique) [91-227] et celui de la monade (§ 4.2 : Progression génétique [227-246]) s'entre expriment (116).

La plus haute vérité (raison 2 de la fin [244]) répond à la plus haute illusion (raison 1 du début [91]).

La WL peut être comparée à la « Phénoménologie de l'esprit » de Hegel.

Dans cet ordre double, tous les moments discernés s'entre-expriment.

Dans la « Déduction de la représentation » [227-246], la monade devient **pour elle-même ce qu'elle était déjà pour nous** [Hegel]. Dans le mouvement de cette déduction, le philosophe occupe le point de vue du maître, la monade celui de l'élève. La monade finit par rejoindre le point de vue du philosophe (117). [Quelque chose dans la relation duelle inégale pédagogique du maître et de l'élève préfigure la relation de servitude entre le maître et l'esclave, celle thérapeutique aussi entre le psychanalyste et le patient.]

Au problème théorique du règne de la nature va succéder le problème pratique du règne des fins.

Au début, le Je suis est hypostasié [de façon fautive comme pour la monade de Leibniz. Puis le Non-moi hypostasié de façon également fautive comme dans la substance de Spinoza.]

La dialectique transcendantale se développe aux étapes 1. et 2. : de § 1 à § 4.1. [91-227.] La décomposition de l'illusion progresse jusqu'au schématisme transcendantal (119).

[La notion de schématisme transcendantal, venue de la CRP kantienne (TP : 150-156), est synonyme de celle de progression génétique de la conscience de la sensation A à la raison E, mais activée par la notion capitale d'imagination B.]

La déduction transcendantale fichtéenne occupe le moment 3. : § 4.2. [227-246] (120).

La dialectique transcendantale et la déduction transcendantale constituent ensemble la logique transcendantale théorique de la WL [91-246.]

L'achèvement de la réflexion naturelle découvre le primat de la raison pratique à l'étape 4 : § 5. [246-285.] Le sujet projette alors son Idéal à réaliser.

À l'étape 5, la connaissance s'enracine dans le devoir-être.

Les moments 4 et 5 constituent la logique transcendantale pratique. [123-285.]

Le développement de la WL constitue une synthèse quintuple. Celle-ci peut se lire de plusieurs manières (121).

1. La logique transcendantale théorique (§ 4.1 et 4.2), comme déduction des catégories, explication du schématisme transcendantal, genèse de la vérité de la conscience commune, surtout, dans la déduction de la représentation, les 3 synthèses A (sensation (I [227-229])), B (imagination (II [229-231])), C (entendement (III-VII) [231-241]), fondent la Philosophie théorique.

2. Les 2 synthèses finales de la logique transcendantale (D : Jugement (VIII) [241-243], E : raison (IX-X) [243-246]) fondent la Philosophie du droit.

3. Le § 5 anticipe l'Éthique.

4. Les §§ 6-11 ouvrent sur Religion-Esthétique.

Le style de F est marqué par **une extrême sécheresse qui évoque l'Éthique de Spinoza. En outre, il y a une opposition entre le style de l'exposé scientifique et celui des écrits de vulgarisation** (123).

F. estime que le vrai et le quotidien sont une seule et même chose. Il ôte au philosophe le droit d'être original, de dépasser la quotidienneté. Les philosophes sont des « bavards ». C'est par rapport à ce travers que F. a voulu condenser sa pensée (124).

[C'est là l'« antiphilosophie », au moins le rejet de la métaphysique, propre à certains grands philosophes : Descartes, Kant, Fichte, Heidegger, Lacan ? Alain Badiou range dans l'antiphilosophie d'autres noms de philosophes « paradoxaux »: Paul de Tarse, Pascal, Rousseau, Kierkegaard, Nietzsche, Wittgenstein]

Par ailleurs **la structure opératoire de sa pensée explique le caractère excessivement abstrait de ses développements.**

Enfin, F. s'est refusé à éviter l'obscurité (125).

Les 3 parties de la WL évoquent **la triade hégélienne Logique-Nature-Esprit** (Kroner) [Tout en donnant lieu également à une synthèse quintuple.] Soit encore **Enfer-Purgatoire-Paradis de Dante** (126).

Dans la déduction de la représentation, la conscience progresse sous le regard du philosophe jusqu'au point où elle le rejoindra.

Il y a **derrière la dialectique glacée de la WL une profonde inspiration poétique** qui annonce le lyrisme de la DH 1800 (127).

La WL est un enchaînement de synthèses quintuples qui compose une synthèse quintuple. 5 synthèses de synthèses quintuples lient 25 arguments au début de la WL à 25 arguments à la fin. Lorsque F. développe 14 arguments dans la synthèse D de la 2e partie de la WL [137-143], c'est encore avec intention. **Cette forme d'exposition, comme celle de L'Éthique de Spinoza ; manque de plasticité, ainsi que l'a reproché Hegel**. F. s'est même imposé un nombre déterminé de propositions.

La synthèse quintuple est mise en œuvre à nouveau en 1798, 1801, 1804 (128).

L'illusion transcendantale :

Au début de la WL, F. dit présupposer la logique générale (129).

Cependant, la construction de la WL est dialectique (131).

Une dialectique transcendantale des systèmes philosophiques, opposant le réalisme et l'idéalisme, précède la déduction de la représentation (132). Elle est donnée par le § 4.1 de la WL [91-227.]

Le premier contenu de la logique générale est l'illusion transcendantale. Cette illusion est fausse mais réelle : sa plus haute expression est la confusion de la conscience humaine finie avec un sujet absolu [F. réunit les Paralogismes (TP : 278-327) et l'Idéal transcendantal (TP : 415-452) distingués dans la CRP 1781.]

La première erreur est la réification du moi. La réification de la conscience est le postulat de déraison du spinozisme. Il ne s'y trouve rien de rationnel à dégager (133).

La réification de la conscience est le principe de toutes les erreurs philosophiques, et elle est présente en germe dans l'assimilation de la conscience à un miroir [Marx, Lacan] (134).

La seconde forme de l'erreur consiste à hypostasier le sujet (Schelling) [Dans la tradition de la monade de Leibniz.]

La 3e erreur consiste à isoler le sujet du monde, d'où le scepticisme (Maimon) (136).

La 1ère erreur n'est pas réfutable. La 2e et la 3e en forment une seule, **dépassable** par une dialectique transcendantale, organisée selon une synthèse quintuple : substantialité, idéalité du monde extérieur, simplicité, doute, personnalité, et à comprendre comme une illusion (137). [125-148-227.]

La conception spéculative ou sceptique du sujet fonde la négation de l'intentionnalité, et **la dialectique transcendantale du § 4 montre à quelles conditions l'intentionnalité est un acte véridique de la conscience** et non une projection trompeuse de l'imagination (138).

Le sujet hypostasié est posé comme un être absolu par une dialectique qui évoque l'argument ontologique. La dialectique de la WL réunit dans la réalisation dialectique de la raison deux moments que la dialectique transcendantale de Kant sépare : Paralogismes (psychologia), Idéal transcendantal (théologie) (139).

L'imagination, productrice du temps, conditionne la logique générale. Le « Je suis » trouve sa raison même dans le Devoir-Être (140).

F. fonde toute la dialectique sur l'illusion produite dans le sujet. **La WL peut être présentée comme une critique de toute philosophie**. [Au risque qu'elle-même y soit comprise.]

Les analogies sont importantes entre la WL et la Phénoménologie de Hegel. Hegel comme F. part du faux. La « Phénoménologie de l'esprit » tend comme la WL à dégager le raison elle-même de l'illusion. Tous deux admettent qu'en toute erreur il y a une part de vérité (141).

La pensée contemporaine se meut entre ces deux entreprises géantes que sont la puissance philosophique de l'hégélianisme et la force critique de la pensée fichtéenne. **La question se pose de savoir si la philosophie demeure encore possible après une dialectique transcendantale donnant raison à la conscience commune**. [Rien ne resterait que le bon sens de la conscience médiatique contemporaine. On ne peut rien faire de pire en fait de suicide de la raison pour aménager la gouvernabilité de la plèbe à l'égard du Prince, par exemple du Kaiser allemand moderne. Est-ce cela que nous auraient préparé les deux ogres Fichte et Hegel ? Mais il y a une différence essentielle entre eux : Fichte rejette tout du passé, alors que Hegel en conserve tout. L'un propose la barbarie du devoir, l'autre le travail de mémoire.]

Logique générale et logique transcendantale :

Trois principes logiques sont établis : le principe d'identité, qui fonde tous les autres, le principe d'opposition et le principe de raison (145).

La dialectique transcendantale va opérer la décomposition de l'illusion (146), produite par l'imagination, et générer la logique de la vérité.

Au début, Moi=Moi, le Moi absolu est pensé par nous philosophes comme se pensant lui-même. L'analyse conduit à la décomposition de l'illusion transcendantale et à la logique de la vérité (147).

Un cercle se compose à partir de tous les moments examinés (148). [Il n'y en a qu'un seul apparemment chez F., alors qu'Hegel propose un cercle de cercles, avenir de la spirale (Sismondi, Marx, Wallon, Gesell). Reste que F. organise des emboîtements de synthèses quintuples, en structure de matriochka.]

La décomposition successive des contradictions génère le développement des catégories saisies dans leur genèse dialectique. La destruction progressive de l'erreur et la composition finale des contradictions relie tous les moments, toutes les formes de la pensée en un cercle.

F. travaille sur la table kantienne des catégories en la dynamisant et en la transformant (149).

Qualité :

Réalité : moi absolu,

Négation : non-moi,

Limitation : 3e principe,

Quantité : unité/pluralité/totalité.

Relation

Causalité (réalisme) : au lieu de *Kausalität* (Kant), F. dit *Wirksamkeit* (efficience).

Substantialité : idéalisme.

Action réciproque : *Wechselwirkung* est transformée par F. en *Wechsel* (alternance, changement), qui est la notion centrale utilisée par lui pour désigner le fantôme de la dialectique, dont le terme n'est pas nommé.

Modalité :

La pensée pure est « possibilité ». Il n'y a pas d'autre « nécessité » que la liberté.

F. distingue également jugements thétiques, antithétiques, synthétiques (150).

L'imagination lie thèse, antithèse, synthèse.

Cette genèse dialectique apparaît comme une histoire de la raison, présentant la genèse des systèmes philosophiques depuis Descartes. F. a pu s'inspirer de **Condillac**. Il a le souci de mettre fin à la philosophie classique. Le passage à la logique transcendantale est réalisé par **la destruction de la métaphysique [ce qu'ont cru initier naïvement les structuralistes français des années 1960 sous la caution de Nietzsche et Heidegger]** à partir de la décomposition de l'illusion transcendantale (151). Le propre des penseurs allemands est de prétendre achever la philosophie, ce qui peut s'entendre et se réaliser en plusieurs sens (Kant, Hegel, Heidegger). F. se rapproche plus de Hegel que de Kant, mais pas avec un sens historique aussi pointu. Les catégories sont considérées par F. de manière beaucoup plus abstraite que par Kant (152). [Mais en même temps selon une dynamique dialectique.]

Cette genèse dialectique apparaît aussi comme une logique de la philosophie, dont la nature est polémique (153).

Vuillemin et Guéroult ont entièrement négligé cette dialectique transcendantale qui occupe une bonne partie de la WL (153). [**Si Philonenko a raison, la divergence d'interprétation et même le contresens sont énormes. Fichte part du faux et non du vrai**.]

La nécessité a pour champ la philosophie pratique. Après la réduction de l'illusion théorique, intervient la croyance [Descartes, Hume, Kant] liée à l'intuition interne ou intellectuelle de la liberté (156).

L'interrogation de F. est qu'est-ce que l'homme ? L'acte de la liberté personnelle et le choix de soi (156).

Les valeurs religieuses demeurent présentes à l'esprit de Fichte (157) [Mais Rivaud dit qu'il a perdu très tôt sa foi religieuse.]

F. détruit la métaphysique qui engendre les préjugés. Selon F., nous ne sommes pas « condamnés à être libres », selon la formule de Sartre. La liberté peut être refusée. [C'est là la transposition d'une vieille problématique chrétienne, par exemple à propos de la grâce.]

Le conflit de la raison pure spéculative :

Le Moi absolu représenté par le philosophe qui le construit [Spinoza, Leibniz] est une illusion (159).

La limitation des philosophes est de penser le moi absolu (162).

Hegel dit que l'on peut s'arrêter de lire F. au § 1 (163).

La synthèse du Moi et du Non-Moi dans le 3e principe offre la formule d'une contradiction transcendantale [Kant ?] (164) [106-107.]

Une première grande synthèse quintuple majeure (5 X 5 = 25 moments : I-XXV) concerne l'exposé de la contradiction de la raison pure spéculative [105-125.]

D'autres séries de XXV moments vont suivre à partir de [125.] On pourra consulter la « liste des synthèses quintuples dans la doctrine de la science », pages 443-444.

Deux types d'opposition existent dans la pensée kantienne : contradictoire et synthétique transcendantale, où les contraires sont compossibles (165).

Moi : thèse ; Non-moi : antithèse ; opposition moi divisible/non-moi divisible : synthèse [105-122.]

Cette « synthèse » exprime l'antithétique de la raison pure spéculative de la manière la plus générale (169).

Dans la WL, la tâche du philosophe consiste à dégager la synthèse de l'antinomie, la tâche de la conscience commune consistant à l'inverse à s'élever jusqu'à la raison en remontant de la synthèse jusqu'à l'antinomie.

Pour F., antinomie et synthèse au sens kantien s'entre-expriment. L'antinomie se réfléchit dans le miroir de la pensée [de la pensée commune] comme une main gauche apparaît au fond d'un miroir (170).

L'unité synthétique du sujet et de l'objet se découvrent dans la synthèse de l'imagination transcendantale [Déduction de la représentation [227-246].]

Une explication de notre esprit serait impossible sans des opposés absolus (171). [**L'organisation dialectique forme le mécanisme même de l'esprit humain. C'est l'évidence à laquelle reste aveugle toute la psychologie cognitive contemporaine, abonnée à la mamelle de la philosophie empiriste-associationniste anglo-américaine.**]

De la dialectique transcendantale au schématisme transcendantal :
La dialectique transcendantale :

Penser à vide, penser le faux pour en dégager finalement la seule vérité possible. Déduire toutes les hypothèses fausses et vides de sens.

Produire la transformation de la contradiction de la raison pure spéculative (1ière face : 25 moments [91-122]), dans la synthèse de l'imagination transcendantale (2e face : 25 moments [125-217.])

Au fur et à mesure qu'on avance, la vérité de la doxa apparaît (177).

La deuxième face suivant l'ensemble [91-122] est consacrée à l'explication de la composition synthétique transcendantale (177).

1 A B C D 125, 127, 131, 136, 145 : 25 moments.

Suivent 25 moments couvrant l'espace [148-190].

2 I II III IV 148-151 : 5
3 I II III α β γ 151-171 : point de vue philosophique exact, synthèse de la déterminabilité, issue de l'antinomie : + 3 X 5
4 α β γ 1, 2, 3 171-190 : causalité : + 5 = 25

5 α β γ a, b, c 191-217 : substantialité : 25 moments ci-après :

25 {
191-195
195-199
199-205
205-212
212-217

Le premier moment 1 ABCD comprend lui-même 25 moments ; de même que les 2-3-4e, puis le 5e moment α β γ a, b, c, organisant l'exposé du schématisme. Soit en tout 75 points couvrant [125-217].

Le développement allant de l'opposition transcendantale à la composition véritative de l'imagination transcendantale pourrait se lire de trois points de vue (177).

Un premier point de vue met en évidence l'enchaînement linéaire du développement. Il est celui de la réflexion naturelle et apparaît plus historique [125-160].

Un second point de vue synoptique permet d'envisager l'ajustement de l'opposition spéculative à la composition de l'imagination transcendantale. Il culmine dans une logique de la philosophie [160-217].

Un point de vue mixte apparaîtrait dans les pages [151-171]. Ces pages [151-171] forment le centre de la réflexion philosophique, ouvrant sur la réflexion naturelle, permettant de sortir de l'antinomie, et fondant la composition de la déduction de la représentation, après la page [228].

On nous indique que le passage de l'histoire de la raison spéculative à la logique de la philosophie se fait page [160] (page 106). On nage un peu. Cela semble signifier que chez Fichte, comme ensuite chez Hegel, le point de vue de l'histoire et celui de la logique ont tendance à interférer, sinon à se superposer.

F. fait preuve d'une **grande virtuosité dans sa technique combinatoire**. Il a parlé de « spinozisme systématique » pour définir sa dialectique. Ses textes s'apparentent à un calcul logique des propositions plus poussé encore que celui de Spinoza. Comme **Spinoza** F. a voulu « rivaliser avec le mathématicien dans la rigueur de ses preuves » (180). Sa mathématisation de la dialectique semble s'être inspirée de la géométrie descriptive et projective de **Lambert** (Jean Henri : 1728-1777) cité par lui (181).

Une volonté d'ascétisme et de rigueur morale inspire, comme l'enthousiasme religieux de Spinoza, cette discipline spirituelle. Il s'agit d'un scrmon logiquc visant à aimer Dieu avec rigueur. L'idée dialectique est celle d'une catharsis liée à la notion chrétienne de transfiguration (182).

L'opposition transcendantale synthétique [90-222] est inversée en composition synthétique transcendantale [227-246] (183).

La démarche dialectique de la WL peut être comparée à celle mise en œuvre dans le « Sophiste » de Platon.

Il existe **3 grandes formes de contradiction** dans la WL.

La pure et simple contradiction logique, utilisée au point de départ de la WL.

L'idée de conflit ou d'opposition transcendantale, qui s'explicite dans la notion d'antinomie.

L'idée de contradiction féconde si remarquablement développée par Hegel. Elle finit par apparaître dans la WL comme principe de vérité d'abord au terme de la dialectique, où l'obstacle devient condition, ensuite dans le § 5, avec la synthèse du moi théorique et du moi pratique définissant le moi absolu (184). **F. dénonce les contradictions logiques, et déclare vraies les contradictions fécondes**. Il apparaît tel **un artiste de la pensée, aussi appliqué qu'un bâtisseur de cathédrale**.

Un « abrégé », un « résumé » ne peut produire une explication exhaustive.

L'histoire de la raison spéculative est aussi une logique de la philosophie (185).

La position du philosophe va conduire à dégager la forme de la conscience commune.

Histoire de la raison pure spéculative :

F. annonce Hegel, mais en demeure éloigné par la généralité des vues qu'il propose (187).

L'histoire de la philosophie comporte pour Fichte trois grands moments :

- La fabrication de l'illusion transcendantale avec l'idée d'un Sujet absolu [C'est déjà du Feuerbach], alors que notre Idée de Dieu et Dieu sont une seule et même chose [Qu'en est-il réellement de Descartes de ce point de vue ?], et que Dieu n'est pas extérieur à la conscience (187).
- Puis le conflit des systèmes philosophiques,
- La construction de la Doctrine de la science (188).

Au Moi absolu qui apparaît encore « derrière nous » se substituera peu à peu le Moi comme Idéal, qui est « devant nous ».

1ère Synthèse quintuple : [125-148]

On part des deux premiers principes (hypothèses), qu'aucun esprit même sceptique ne peut contester (190).

On décompose l'illusion transcendantale **en allant de l'antithèse à la synthèse**, et cette décomposition est une composition de la vérité, qui sera chevée lorsque tous les termes opposés qui doivent être dégagés auront été composés (193).

[**Cette conception préfigure la condition fondamentale de dissymétrie logique des deux opposés, permettant la dynamique du passage au couple suivant, et qui caractérise le noyau rationnel de la dialectique (NRD), selon A. Badiou et d'autres**. La dissymétrie met l'accent en faveur de l'antithèse, de la négation, du négatif, **la négativité étant le seul moteur** du développement, de la genèse, de l'histoire.]

Cette démarche concluant de l'antithèse à la synthèse est surtout propre à la WL 94.

[**Dans le modèle de l'expérience de la conscience décrit dans la « Phénoménologie » de Hegel : la conscience « vraie » (1. Thèse) découvre son objet comme « non vrai » (2. Antithèse). Elle pose un nouvel objet vrai (3. Synthèse). Cette nouvelle conscience vraie découvre à nouveau son objet comme non vrai. Elle pose derechef un nouvel objet vrai (1, 2, 3). Et ainsi de suite**.]

Le Moi est déterminé (Spinoza [132-136]).

La synthèse quintuple présente en son intérieur d'autres synthèses quintuples (194).

[C'est déjà le schéma hégélien du cercle enrobant d'autres cercles, avec au bout la notion de spirale.]

Le spinozisme matériel illustre la notion de causalité.

La construction dialectique fait abstraction de toutes les conditions de temps et le temps ne peut être invoqué qu'au moment où la décomposition de l'illusion s'achève (195).

La philosophie réaliste (Spinoza : [C : 132-136]) définit la relation du Moi et du Non-Moi [3e principe] par la causalité du Non-Moi sur le Moi (196).

L'idéalisme des leibniziens considère que « le Moi se détermine » [D : 137-141], et s'appuie sur la substantialité.

Il y a plusieurs manières de dénombrer le calcul.

§ 4.1 : 1 A B C D : 125-145, on a :

(1) A + (5) B + (5) C + (10) D + 11+ 12 + 13 + 14 = 25

L'analyse fichtéenne manifeste son sens critique en donnant la priorité à la méthode sur les contenus (199).

Le kantisme constitue la première solution, la première résolution de l'opposition (200).

La dialectique fichtéenne sera surtout une dialectique des points de vue philosophiques.

F. considère que la méthode entraîne nécessairement les contenus.

L'histoire de la raison spéculative se résume au conflit du réalisme et de l'idéalisme (201). [**Marx, Engels, Politzer** diront de façon assez convergente avec F. : conflit de l'idéalisme et du matérialisme].

La dernière proposition de l'histoire de la raison spéculative est la première de la logique de la philosophie [160, p. 119]. [Hegel : le réel est rationnel.]

La monadologie est finalement obligée de se fonder sur le principe qu'elle prétendait réfuter : une causalité étrangère à la monade (202).

Le réalisme et l'idéalisme s'affrontent intérieurement. Chacun est contredit et se contredit. Le conflit n'est pas contingent, mais nécessaire. Il y a d'abord un cercle général du réalisme et de l'idéalisme (203).

La conscience de soi est donnée par le philosophe qui observe la conscience d'objet (204).

Le spinozisme pense en profondeur, mais ne pense pas sa propre pensée.

La monade est toujours une conscience de soi, et c'est le philosophe qui la pose en même temps comme conscience d'objet.

Spinoza comme Leibniz sont incapables de résoudre le problème de l'intentionnalité (la conscience de soi comme conscience d'objet) : il n'y a pas de soi ou pas d'objet (205).

L'idée de l'intersubjectivité est comprise dans la décomposition du réalisme et de l'idéalisme (206).

Seconde synthèse quintuple : [148-151.]

La fin des considérations destinées à l'histoire de la raison pure constituera le premier développement de la logique de la philosophie [3e synthèse : [160]].

Le Moi doit accomplir deux opérations contraires (passivité et activité).

Le constructivisme fichtéen conduit à déterminer des concepts, par exemple celui d' « activité indépendante » (209).

Dans le spinozisme, la passivité est l'affection, la nature naturée est enveloppée par la nature naturante. La substance est l'activité indépendante qui fonde l'affection dans le mode (211).

Leibniz s'appuie sur l'imagination (213).

Le conflit du réalisme et de l'idéalisme est le cercle de la chose en soi et de l'imagination, le cercle de la métaphysique (214).

La vraie philosophie est l'idéalisme pratique (215).

Logique de la philosophie :

Elle commence, comme déjà dit, à [160].

F. est un **génie de la spéculation qui vise en fait à dépasser tous les penseurs spéculatifs** (219).

La causalité est un transfert (*Übertragen*) [Hume] (221). Le passage se fait de la cause à l'effet (synthèse) ou de l'effet à la cause (analyse) (222).

Quand Spinoza pose la Nature naturante comme « cause libre », tout est dit (223).

La notion de substantialité possède – comme celle de causalité – une triple signification ontologique, métaphysique, opératoire. **La substance est essentiellement une relation** (Kant) [Hegel, Bachelard, Simondon.]

Tandis que la causalité est un transfert, une *Aufhebung* de la négation, la passivité (activité diminuée) est une exclusion, une négation, plus exactement une aliénation (*Ein Entäussern*).

F. dégage la méthode de « l'Éthique » et celle de la « Monadologie ». Les philosophes ne thématisent pas leur méthode, et cela depuis Descartes (226). Le dogmatique étudie la pensée sans penser qu'il la pense.

3 I II III α β γ : 166-168

L'obscurité du texte de F. rend nécessaire une certaine « traduction ». Le lecteur se demande : Mais qu'est-ce que ça veut dire ? (229).

Le texte de F. encore une fois, est un résumé. Par ailleurs, F. définit le philosophe comme « l'éducateur du genre humain » (230).

La logique de la philosophie fichtéenne est au-dedans une pédagogie, au dehors une polémique (236). Pour éduquer l'homme, il s'agit de déraciner les concepts admis, **détruire la métaphysique**. La maxime étant de toujours penser par soi-même (Aufklärung).

On comprend une page de Descartes ou de Bergson en la lisant. **Dans la WL, il faut étudier une page en la reliant à toutes les autres** (237).

F. désire établir que l'expérience est une totalité (238).

Le passage [170-171] est le plus important de la WL (239).

3 I II III α β γ 151-171.

Le problème de l'intentionnalité apparaît résolu à son plus haut niveau. Le cercle découvert assure la liaison de la conscience de soi (Leibniz) et la conscience (Spinoza) (240).

L'illusion transcendantale apparaît ici complètement décomposée.

La thèse, l'antithèse et la synthèse constituent un seul et même acte. Le scepticisme est dépassé. Le présent moment est aussi la démonstration de la troisième catégorie de la relation : la communauté d'action réciproque. Assurant le cercle de la conscience de soi et de la conscience d'objet (241).

La philosophie s'anéantit en un certain sens en reconnaissant qu'il n'y a qu'une vérité, celle de la conscience commune (242). [**Mais que pense-t-elle donc ?** Conscience, instinct divin (Rousseau) ?!]

La déduction de la représentation s'illustre dans le mouvement infini du maître et de l'élève, celui-ci devenant à son tour un maître lié à un élève.

Il faut penser par soi-même en se mettant à la place de tout autre (243).

La WL est d'une grande difficulté d'interprétation. F. a volontairement répandu l'obscurité sur son ouvrage.

[Serait-ce parce que sa philosophie lui semblait aboutir à un bilan trop simple ?]

L'éducation qui est une forme d'intersubjectivité suppose l'objectivité.

« Les citoyens libres ont des qualités qui les déterminent à exercer telles fonctions dans la totalité du corps social, et qui sont données en même temps que la qualité de citoyen » (243). [**C'est donc cela le bon sens de la conscience commune ? Accepter le déterminisme de son insertion sociale ?]**

F. est trop souvent trop peu compréhensible. Il a pu confondre bien des choses en cherchant à les confondre dans une terminologie identique. F. traitait de beaucoup de choses à la fois. Le reproche de verbalisme qu'il a adressé autrui s'est aussi retourné contre lui (244).

Le kantisme s'oppose à la fois au réalisme et à l'idéalisme [173-186].

Le principe des erreurs des systèmes philosophiques, y compris le kantisme, est qu'ils « considèrent le Moi comme un miroir en lequel une image se reflète » (246).

L'ordre historique de la WL est Spinoza, Leibniz, Kant, Fichte. **Ce n'est que dans les grandes lignes que la WL se lie à la pensée kantienne** : la dialectique transcendantale, qui suit l'exposé de l'illusion transcendantale, définit le juste point de vue philosophique ; la déduction transcendantale définit la déduction de la représentation. Le rapprochement précis et détaillé n'est pas bon (246). [On saisit assez clairement pourtant comment F. lance le viaduc de Millau entre Kant et Hegel.]

Le schématisme transcendantal :

La doctrine de l'imagination productrice est abordée dans la dernière démarche de la dialectique (substantialité) [5 α β γ a, b, c 191-217.]

Connaissant le juste point de vue philosophique, il s'agit de préciser les actes fondamentaux dans la pensée philosophique.

« Le Moi se pose comme déterminé par le Non-moi », tel est le point de départ de la « déduction de la représentation » [227.]

La 5e synthèse comporte 5 synthèses quintuples [191-216] (247). Elle s'écrit : $\alpha > a > c < b < \beta$, et aboutit à 25 moments : on lit « α » qui réfère à « a », puis on lit « β » qui réfère à « b », et on lit « c » qui réfère à « a » et à « b » (248).

On peut comparer la combinatoire à un jeu, au tissage d'une étoffe [Le « Politique » de Platon.] Le développement de cette synthèse 5 [191-216] est à la fois **d'une redoutable difficulté et d'une étincelante beauté**.

« L'œil n'est pas simplement un miroir mort et passif, comme la surface d'une eau calme, le miroir produit par l'art, ou l'œil animal » [Marx, Lacan, Winnicott] (249).

L'analyse du schématisme transcendantal comprend 25 ments (250) :

5 α β γ a, b, c 191-216 : substantialité ; 191-195 ; 195-199 ; 199-205 ; 205-212 ; 212-216.

La pensée de F. est purement conceptuelle et opératoire, sans référence à la notion d'intuition kantienne.

La théorie de la conscience commune ne se sépare pas de la théorie philosophique, articulée elle-même à l'opération de l'imagination (251).

Les textes qui suivent sont parmi les plus difficiles que l'on puisse peut-être indiquer dans la philosophie moderne :

Synthèse de la déterminabilité (*Bestimmbarkeit*) [191-216]

191-192	I
192-193	II
193 l. 13-194 l. 13)	III
194 l. 14-29	IV
	I>III>V<IV<V
195 l. 10 sq.	VI
195-197	VII
197 l. 21 sq.	VIII
198-199	IX
	VI>VIII>X<IX<VII
200 l. 10-19	XI
200 l. 20 sq.	XII
202 l. 7-18	XIII
202 l. 20 sq.	XIV
204	XI>XII>XV<XIV<XIII
205-207 l. 2	XVI
207-208 l. 28	XVII
208-209	XVIII
210-212	XIX
	XVI>XVIII >XX<XIX<XVII

212-213 l. 1	XXI
212-213 l. 1	XXII
213 l. 1-16	XXIII
213 l. 17 sq.	XXIV
214 sq.	XXI>XXIII>XXV<XXIV<XXII

Le procès fichtéen est méthodiquement opposé à la démarche kantienne (253).

La thèse, l'antithèse et la synthèse, comme déjà dit, ne forment qu'un seul et même acte (255).

Au début de WL, Moi=Moi est interprété à tort comme substance ; plus tard, le Moi devient sujet (256).

On examine la duplicité vraie du pour-soi, à la fois conscience de soi et conscience de l'objet (257).

Le principe des indiscernables (Leibniz) a pour F. une signification psychologique, métaphysique, transcendantale (258).

Le sujet et l'objet se lient et s'opposent (260).

La loi de continuité (Leibniz) possède également dans la pensée de F. une triple signification psychologique, métaphysique, transcendantale (261).

Le texte VI est **très obscur** (265).

F. ici à la fois sépare et relie le point de vue philosophique et le point de vue de la conscience commune (266).

Le temps lie et sépare en même temps (267).

La détermination n'est possible que par la relation (268).

La WL ne tente pas de parvenir jusqu'à l'espace [! ! !]

[**Démarche d'un degré d'abstraction incroyable, comme « schizophrénique ». L'imagination génère en premier lieu le temps.**]

F. refuse de récupérer l'Esthétique transcendantale au sens kantien (269).

F. estime pour des raisons diverses mais contestables [?] que Kant a voilé une partie de sa pensée (270).

Le texte IX est **encore d'une brièveté et d'une obscurité déconcertante. F. lui-même dit que « comprendre ce que cela signifie est assez difficile.** »

Maimon représente le scepticisme, l'idéalisme sceptique (271).

WL 1798 montre que le noumène affectant est en réalité une autre conscience. Se développe l'idée d'un ordre moral du monde liant les consciences les unes aux autres et qui est le divin lui-même (273). Une conception spiritualiste et immanente, en laquelle la chose en soi, l'Absolu, est en réalité esprit (274) [Hegel : un Moi qui est un Nous].

Vient la **3e synthèse quintuple**, avec la formule :

XI>XII>XV<XIV<XIII

On lit XI, qui anticipe sur XIII, puis XII qui anticipe sur XIV, puis XIII et XIV avant de lire XV.

Fichte a emprunté, en commun avec Maimon, le terme « déterminabilité » à Kant (XI-XV) (278).

Pas de conscience de soi sans conscience d'objet et inversement (XII) [Mais ceci est déjà dans le cogito cartésien ?] (279).

La vraie duplicité de l'objet consiste en ce que l'objet qui est autre que le sujet est toutefois pour le sujet (XIV) (280).

L'objet apparaît ainsi lié au Moi et opposé au Moi.

C'est la circularité de tous les moments passant l'un dans l'autre qui exprime la vérité [Hegel]. Tout s'entre-détermine [Généralisation de la *Wechselwirkung* kantienne]. Le cercle est celui de l'imagination seule capable de lier des moments opposés. **C'est la fin proprement dite de la dialectique**. La vérité de la conscience est **la genèse du temps** lui-même [Hegel]. À l'illusion transcendantale se substitue la vérité de la doxa ou conscience commune, qui est l'acte de l'imagination [Pascal, Freud, Lacan] lié à sa production qu'est le temps (XI-XV) (283).

La synthèse de l'imagination est pure, a priori, nécessaire, véritative (284).

Ce que le Moi doit et peut être pour la WL est montré dans 2 synthèses finales.

La première est XVI>XVIII>XX<XIX<XVII

On lit XVI qui anticipe sur XVIII, puis on lit XVII qui anticipe sur XIX, enfin on lit XVIII et XIX qui conduisent à XX.

La deuxième est XXI>XXIII>XXV<XXIV<XXII

On lit XXI qui anticipe sur XXIII, puis on lit XXII qui anticipe sur XXIV, puis on lit XXIII et XXIV qui conduisent à XXV.

La déduction transcendantale :

Idée et problèmes de la déduction transcendantale de la WL :

La déduction transcendantale est plus facile à suivre que l'exposé du schématisme transcendantal (303).

Au terme de la dialectique, le Moi se pose comme déterminé par le Non-Moi.

L'imagination est pour F. le producteur du temps. L'imagination transcendantale unit la réalité et l'idéalité, mène de l'idéal au réel et du réel à l'idéal (304).

Cette idée de vérité évoque à la fois Leibniz et Hegel. Le faux est ce qui comprend des lacunes. Le monde est comme « un songe bien lié »

[Leibniz.] C'est dans le cercle de tous les moments que réside la vérité [Hegel.]

Le Moi absolu est pensé maintenant comme Idéal. La thèse pratique est absolument « devant nous ». En un sens, elle n'est pas comprise dans le cercle, lui demeure toujours extérieure (305). [**Un tour de cercle qui reste est déjà une spirale**.]

L'idée de l'affection, du choc se ramène à l'action de la conscience sur une autre [Wallon, Lévinas.] La déduction de la représentation en un premier moment traitera de l'objectivité, en un second moment de l'intersubjectivité.

Dans la DR, la monade doit devenir pour elle-même ce qu'elle est pour nous (307).

Le premier moment correspond à la construction du monde, jusqu'au moment de l'entendement.

Le second moment conduit au jugement et à la raison.

L'idée éducative : le Moi progresse sous le regard du philosophe jusqu'au moment où il atteindra son point de vue (308).

F. évoque le « Traité des sensations » de Condillac au point de vue technique, et aussi l' « Émile » de Rousseau.

[Évidemment aussi, comme déjà dit, la Phénoménologie de l'esprit de Hegel.]

Le schématisme précède la déduction (309).

Au début de la WL, le sujet est comme le philosophe devant les antinomies de la raison pure et doit, pour se comprendre lui-même, parfaitement les résoudre.

Selon une relation éducative, la dialectique est l'opération propre au maître. Elle lui permet d'engager la déduction en laquelle l'élève accomplit le chemin de la construction du monde et de lui-même. Au terme de ce chemin l'élève devient conscience de son maître, puis atteint le niveau du maître lui-même ; il est alors capable d'engager la dialectique car il est devenu un individu possédant une raison.

[**On a déjà dit que l'on se trouve ici en présence d'une certaine version de la dialectique hégélienne et du valet. Le deux discours du maître et de l'université de Lacan sont également dans les parages**.]

Les actes ne sont pas absolument inconscients ; ils le sont sous un certain rapport. Le sujet n'aperçoit pas véritablement ses actes – dans le cas de l'imagination par exemple [Psychanalyse] (310).

La déduction fichtéenne se situe à un niveau supérieur à la déduction kantienne. Par ailleurs, la relation éducative donne à la construction fichtéenne une tout autre physionomie.

La déduction doit nous conduire de la sensation jusqu'à la raison. De la sensation à l'entendement le problème est celui de l'objectivité. **La grande question est celle de l'inconscient**. Dans le second moment le problème est celui de l'intersubjectivité.

Le progrès d'une conscience sous le regard d'une conscience qui l'observe se trouve naturellement dans le « Traité des sensations » de Condillac, dans l' « Émile » de Rousseau, et dans la « Divine Comédie » de Dante [et derechef dans la « Phénoménologie de l'esprit » de Hegel] (310).

Au point de vue technique, la déduction fichtéenne est étonnamment comparable au « Traité des sensations » de Condillac. Dans le développement même de la déduction, F. peut encore être rapproché de Condillac (311).

La WL dépasse la psychologie empirique des facultés pour établir une psychologie transcendantale et dialectique des moments (312). [La vraie psychologie ne peut être que dialectique.]

L'influence de la phénoménologie de Condillac peut aussi se retrouver chez Hegel.

Aufklärung :

Histoire pragmatique de l'esprit humain

La relation de la déduction avec la dialectique se présente ainsi :

Sensation	synthèse de la relation [92-122]
Imagination	synthèse de la substantialité [191-196]
Entendement	synthèse de la causalité [171-190]
Jugement	synthèse de la déterminabilité [145-217]
Raison	synthèse de la déterminabilité [145-217]

On produit une genèse interne des facultés du Moi (320).

Il y a deux manières d'être passif : percevoir, imaginer.

L'imagination est aussi lien de la passivité à l'intuition de l'intuition, activité, perception de la perception (321).

Nous imaginons avant de percevoir [Bergson.]

Les actes du Moi ne sont pas conscients et le moi est comme perdu dans son objet. L'objet serait le produit inconscient de l'esprit, qui s'opposerait à l'esprit conscient du produit [Hegel, psychanalyse] (322).

L'imagination agit à un niveau inférieur à celui de la conscience.

La réalité fruit de l'inconscient se donne à nous comme n'étant pas notre produit. [**aliénation** : Hegel, Feuerbach, Marx.]

Le monde objectif n'est qu'une projection de l'inconscient qui échappe à la conscience [Hegel, Feuerbach, Mélanie Klein] (323).

F. accorde à Maimon le fait de l'inconscient.

Hartmann accorde une vingtaine de pages à F., et insiste beaucoup sur le rôle de la tendance inconsciente.

L'opération de l'imagination est une opération suggérée par le choc (324).

Série d'oppositions : activité-passivité, réalité-négation, représentation-chose : [236-237.]

La règle de détermination réciproque ne cesse d'être appliquée [Wechselwirkung : dialectique en acte] (326). **Comme plus tard dans la dialectique hégélienne, le sujet et l'objet se transforment ensemble**. Cet objet doit apparaître comme une autre conscience. La conscience de l'élève, du Moi comme conscience engagée dans la réflexion naturelle.

F. parle d'une activité interne de l'objet.

Le noumène est la conscience d'autrui (329).

Le temps pratique :

F. a suivi la CRP en partant de la fin. De l'illusion trancendantale il redescend jusqu'au schématisme de l'imagination transcendantale et au temps, en suivant la dialectique des systèmes qui lui permet de dégager les catégories à partir des Idées. Du schématisme il passe à la déduction transcendantale. Puis à la philosophie pratique.

Le problème fondamental de la philosophie de F. est celui de l'existence d'autrui, et par ce biais de l'objet [Wallon.] (334).

Le Moi est infini, mais dans son effort seulement, comme négation de la négation. Pas d'effort, pas d'objet [Maine de Biran, *Wille* de Schopenhauer et Nietzsche] L'effort lui-même indique l'invincible tendance de la conscience humaine à devenir Dieu [Sartre] (336).

Le Moi pur est Dieu [L'Homme-Dieu. C'est en un sens l'une des racines du pangermanisme. Voir ci-dessus le texte de Wallon sur l'hypertrophie pathologique du moi] (337).

Le temps au point de vue pratique s'engendre à partir de l'avenir (338).

L'effort est source du temps, « projet qu'aucune pensée ne précède » [Heidegger, Sartre], répétition fondamentale (« Wiederholung ») [Freud, Lacan], expression d'une liberté originaire [Sartre], d'un ordre moral du monde, de ce Moi qui est un Nous, de ce Nous qui est un Moi [Hegel.] « Ut unum » (Luther).

Dieu n'est pas un être extérieur à la conscience, le vrai Dieu, le divin, est l'ordre moral du monde [**L'hégémonie économique du Veau d'or comme ordre naturel des choses, vu du mauvais côté de Faust**] (339).

La vérité de la conscience qui la rattache aux autres consciences est l'espoir, c'est la foi (Luther), ce n'est pas le savoir comme mémoire (Hegel : *Erinnerung*). « Nous sommes tous nés dans la croyance » (Jacobi). La métaphysique est en vérité ignorance, et seule la foi est connaissance de soi (Luther).

Le savoir s'efface devant la foi. La révolution copernicienne est achevée.

[**Après les horreurs du XXe siècle, à une époque où la pesanteur du Veau d'or écrase le monde comme jamais dans le passé, on ne peut plus souscrire à de pareilles professions de foi, d'autant que leur dimension latente pèse encore sur l'impérialisme allemand qui domine l'Europe.**]

K. Kroner Richard 1921-1924 : De Kant à Hegel. De la critique de la raison à la philosophie de la nature, 1921-1924, Tome 1, traduction de Marc Géraud, Présentation d'Émile Jalley, Fichte : pp. 259-342.

Ce livre célèbre est l'un des meilleurs ouvrages sur le sujet produits par l'école d'histoire de la philosophie allemande dans le courant du XXe siècle. Son style de tradition universitaire germanique le rend plutôt difficile à lire, surtout pour les philosophes français de la nouvelle génération, qui semblent avoir perdu tout intérêt pour cette époque pourtant fondamentale de l'histoire de la philosophie occidentale, de même que la capacité de travail et le niveau de compétence pour aborder et maîtriser ce champ difficile.

La réédition récente de cet ouvrage en traduction française chez l'éditeur L'Harmattan en 2013 a donné lieu en deux ans à environ 80 ventes, alors qu'il existerait probablement quelque 3000 philosophes de tous grades investis dans le champ universitaire en France. C'est là un indice irréfragable du fait que les philosophes français ne travaillent plus le registre des auteurs fondamentaux comme ils l'envisageaient jadis être de leur devoir minimal, indice aussi de la profondeur de la crise française dans les champs de la philosophie et de la culture, crise encadrée elle-même dans une crise morale, sociale et économique plus vaste affectant l'ensemble du pays.

L'ouvrage n'a même pas été mentionné à la « Revue philosophique » dans la liste des « ouvrages parvenus au Bureau de la Revue ». Adressé également aux « Études philosophiques », à la « Revue de Métaphysique et de Morale », et même à « Philosophie Magazine », le livre n'a éveillé aucune de ces belles endormies.

L'ouvrage a tout de même fait l'objet d'un compte rendu plutôt cavalier d'un certain Thibaud Gress, qui n'a même pas mentionné les noms du traducteur et du préfacier, a prétendu de façon totalement diffamatoire qu'il contenait une coquille toutes les pages et demi, et pour le reste s'est comporté d'une manière aussi infatuée, et même délirante, que s'il avait atteint l'objectif impossible d'avoir été l'auteur même du livre.

Parmi les 28 livres personnels et les 37 livres collectifs publiés par Émile Jalley, seuls deux d'entre eux – *La psychanalyse et la psychologie aujourd'hui en France* (2006), et La crise de la philosophie en France au XXIe siècle (2013) – ont connu l'heureuse fortune d'être mentionnés à la « Revue philosophique » dans la liste des « Ouvrages déposés au Bureau de la Revue ». Deux autres livres de l'auteur ont donné lieu à des comptes rendus, d'ailleurs non signés, dans la Revue Philosophique : *Critique de la raison en psychologie. La psychologie scientifique est-elle une science ?* (2007) et : *La guerre des psys continue. La psychanalyse française en lutte* (2007).

Les relations entre les revues de philosophie d'une part, les éditeurs et les auteurs d'autre part sont de moins en moins faciles.

De façon générale, dans la médiasphère, l'identification correcte de la qualité des ouvrages donne lieu à des mécanismes de cliques variés. Il faut sortir, communiquer, solliciter un petit nombre de Cerbères (gatekeepers) qui font la loi de l'opinion, courtiser, plaire *omni modo*.

Par ailleurs, par économie, certains éditeurs ne font plus parvenir les ouvrages aux revues que sur demande et engagement d'en faire un compte rendu. Or celles-ci ne l'entendent pas de cette oreille et persévèrent dans le désir de recevoir les ouvrages à leurs bureaux, quitte à ne pas rendre compte de la plupart. Certains directeurs de revues proposent aux auteurs de trouver eux-mêmes en guise de rédacteurs de comptes rendus pour leurs ouvrages, ou de revues critiques de leurs travaux, des collègues bien disposés en leur faveur ou des « disciples ».

Perry Anderson (*La pensée tiède*, 2004) a décrit de façon très pertinente le fait que la culture française est encore capable de produire des ouvrages de qualité (Piketty, 2013), mais qui ne suscitent plus aucun débat de haut niveau comme si l'Esprit (au sens du *Geist* hégélien) l'avait définitivement quittée.

Kroner : Troisième section : la doctrine de la science de 1794

Méthodes et principes

La méthode de la doctrine de la science

Comme déjà chez Kant, la pensée philosophique doit aspirer à la synthèse dialectique, sans jamais l'accomplir (259). La raison ne peut **s'arrondir pour constituer un cercle**, [fantasme de grossesse ?] être libérée de la contradiction d'être finie et infinie. L'esprit est toujours en division avec lui-même.

Pas plus que la philosophie kantienne, la WL ne parvient à la synthèse dialectique 260).

Fichte évite le mot « Dieu » (261).

La méthode de la WL est **une dialectique analytique** (262).

Le premier principe (*Grundsatz, Prinzip*) a besoin du système, comme le système a besoin du principe (263).

La spontanéité exige la réceptivité, l'infinité exige la finité, l'absoluité la relativité, le moi le non-moi, la disparition de l'opposé est une tâche qui ne peut ni ne doit jamais s'accomplir dans le système (264). Néanmoins le système doit revenir au début ; le chemin qu'il emprunte ne peut pas se dérouler en ligne droite à l'infini.

Le système se rapproche de l'idéal réalisé en Dieu (tout en un et un en tout). Mais F. ne parvient qu'au moyen d'un décret à l'achèvement, à la clôture (265).

Mais en un certain sens la WL ne revient pas à son point de départ. Ses adversaires lui ont reproché de ne pas dépasser le concept d'aspiration (266). Pourtant elle veut s'arrondir pour constituer un système. Ces deux motifs se heurtent dans l'hostilité sans jamais conclure la paix (267).

L'anneau qui constitue la WL ne peut que rester ouvert, la contradiction qui est à sa base rester irrésolue [L'anneau d'or maudit des Nibelungen] (267). C'est celle en particulier entre l'idée spéculative et l'idée éthique.

La raison pratique comprise comme raison spéculative se nie elle-même, elle retire son sol sous ses pieds. Le seul « élève » de F., Schelling a cherché à retrouver l'équilibre en se détournant du moi pour se tourner vers les objets [Le trajet même de Descartes dans les *Méditations*.] (268).

Être à la fois infini et fini est la condition de possibilité de la conscience finie. C'est dans cet aperçu que le système culmine, peut se tenir et se reposer.

L'idéalisme allemand choisit avec F. de sacrifier la pensée éthique à la spéculation. L'idéalisme ruine d'abord chez Kant la métaphysique par l'éthique, reconstruit chez F. la métaphysique par l'éthique, chez Schelling et Hegel accordera de nouveau à l'éthique sa place au sein de la métaphysique (269).

[F. « parle », bavarde de morale. C'est la porte ouverte à la perversion de **Tartufe, d'autant que cette morale de l'Homme-Dieu tend à se mettre au service de l'État, fût-il justifié même comme immoral, par le droit de la force, celui-là même jadis invoqué par Hobbes**.]

On trouve dans la WL les concepts de moi absolu ou pur, celui de moi fini, et celui de raison « nôtre » qui se décompose en théorique et pratique [Hegel.]

La réflexion qui réfléchit sur soi est la raison identique, absolue, pratique-théorique, et appelée « pratique ». Ce fait n'est pas du tout clarifié.

La réflexion chez F. n'est **ni théorique ni pratique, mais les deux à la fois**, et malgré cela ne peut être la réflexion du moi absolu sur soi-même, car celui-ci – un en tout, tout en un – ne réfléchit pas. Mais qu'est-elle ? Seul Hegel pose et cherche à résoudre cette question (270).

À l'inverse de Kant, le chemin chez F. part de l'inconditionné, il ne va pas du monde vers Dieu, mais **de Dieu [de l'Homme-Dieu] vers le monde**.

Moi=moi est le fondement de A=A, pour tout de suite dire que -A≠A (et que A≠moi). Le A est posé, le moi se pose.

[**C'est d'une simplicité ascétique et d'une audace extraordinaire, tout comme le cogito de Descartes**.]

Un deuxième principe vient borner le premier (271).

Le postulat du système qui réclame absoluité et unicité du fondement suprême est valide, mais impossible à remplir [Descartes.] Le système doit avoir deux points de départs, un qui pose l'absoluité, et un qui la nie ; **le non doit être lancé contre le oui, car le oui ne peut s'avérer qu'au niveau du non**. La sphère qui lui est accordée doit être progressivement regagnée au niveau du non. **Il est à prévoir que ce processus est sans fin**.

F. conserve dans le deuxième principe le point de départ de la philosophie kantienne, la finité face au point de vue de l'absoluité, et la tension entre les deux éveillant la tâche de leur réunion par l'activité de la pensée (272).

Il faut nécessairement opposer au oui un non à anéantir, à nier, au moi absolu un non-moi absolu, et cet acte d'antithèse doit être posé comme fondement, tout comme l'acte de thèse.

Le premier principe correspond au postulat de la croyance de Kant, la conformité au devoir, le second principe correspond au point de départ de la philosophie kantienne, le moment de l'expérience, de la donation, de la sensibilité, de l'inclination.

Jamais on n'aura vu une présentation aussi grandiose et simple, aussi élevée au niveau des principes.

F. s'élève d'abord à une synthèse et à une antithèse originelles (274).

La dialectique fichtéenne est affectée d'une raideur et d'une rigidité que seul Hegel cherche à éliminer [Bien mieux que Schelling.] (275).

Il reste deux absolus dans le système.

Le troisième principe est censé établir la première synthèse (276).

Le troisième principe : Dieu, moi, le monde (278).

F. continue à creuser dans la direction inaugurée par Kant, selon quoi toute pensée est antinomique ou dialectique. [Cette percée dans le tunnel n'ayant pu déboucher, au point de vue technique, que sur le nouveau paradigme obligé de la dialectique hégélo-marxienne] (281).

Hegel fait accomplir un nouveau pas à la dialectique au-delà de F. : celui-ci croit que la thèse est possible sans la synthèse. Le travail de F. approfondit le procédé analytique pour en faire un procédé dialectique. **F. reste en retrait par rapport à Hegel sur un point** : pour lui, antithèse et synthèse se coordonnent nettement, mais la chose ne lui paraît pas si claire à propos du rapport de la thèse et de l'antithèse, de la thèse et de la synthèse. En ce sens aussi, F. est devenu infidèle à la pensée kantienne et est tombé dans la « métaphysique ». **Il n'y a pas non plus chez F. de clarté à propos de la question du moi posant et réfléchissant**. [C'est Dieu comme cause, par l'acte de la pensée, de soi et de la créature.]

On peut saisir les 3 parties de la WL comme la thèse, l'antithèse et l'synhèse, et ceci selon un rapport radicalement intérieur : **la tripartition ultérieure de l'« Encyclopédie » de Hegel** est préfigurée (288).

Le chemin théorique de la WL se compose de deux moitiés : il descend depuis le principe théorique jusqu'au fait de l'intuition, puis monte graduellement dans la « déduction de la représentation » (complétée par le « Précis de ce qui est propre à la Doctrine de la science au point de vue de la faculté théorique » de 1795), jusqu'au moi théorique.

Une fois que **la dialectique expérimentante** du premier demi-cercle de la WL théorique a fondé l'intuition dans sa possibilité, peut être mise en œuvre la construction transcendantale de la conscience humaine qui s'élève depuis l'intuition (la sensation dans le « Précis ») jusqu'à la représentation achevée et l'idéal de la raison (289).

L'imagination est la faculté infinie du moi fini : son flottement [*Schweben*] est une aspiration [*Streben*] théorique (290).

La tâche de penser la contradiction est résolue par le concept de l'imagination productive. C'est à ce niveau qu'intervient la relation entre conscience et inconscient (291). La production des images se fait **« sans conscience » parce qu'elle se fait « en vue de la possibilité de toute conscience »**. [Psychanalyse.]

La dialectique expérimentante de F. opère à travers **un « épais hallier » [à partir de la Table kantienne des catégories de la CRP]** : [Qualité] réalité, négation, limitation (bornage : *Beschränkung*), quantité (divisibilité), [Relation] interaction, causalité, substantialité (292).

Kroner dit n'être pas d'accord avec Medikus, qui voit F. déduire les principes des sciences philosophiques individuelles [la psychologie ?] (293).

F. déduit la structuration en degrés de ses pensées avec **une opiniâtreté et une méticulosité admirables**. Le dessin fondamental reste clair même s'il est nécessaire de dépenser un peu de peine pour suivre les lignes, qui se croisent souvent jusqu'au résultat à partir de leur rassemblement [Métaphore du tissage.] C'est ici **le premier essai de cheminement dialectique de ce type dans l'idéalisme allemand** (295).

F. distingue les trois moments thèse-antithèse-synthèse dans son langage personnel : **forme, matière, alternance** [*Wechsel* = dialectique] (299).

L'action revient en soi en suivant un cours circulaire.

La méthode de la réunion synthétique et de l'ascension vers des formes toujours plus concrètes dans lesquelles les formes anciennes disparaissent autant qu'elles survivent, est parfaitement esquissée chez Fichte [Hegel] (300).

Le réalisme quantitatif critique de Kant reste attaché au point de vue du moi fini, comme l'idéalisme quantitatif de Maimon (303).

Idéalisme et réalisme dogmatique ou qualitatif (Leibniz, Spinoza) se complètent dès qu'on réfléchit sur eux pour constituer l'idéalisme critique (Kant, Fichte) (304).

La 4e synthèse [171-190] et la suivante [5e synthèse quintuple de la substantialité : 191-216] font partie des chapitres les plus difficiles de la WL.

L'absolu ne peut être rien de plus qu'une relation [Hegel : auto-négation, négativité] (305).

L'imagination fonde et dépasse les deux opposés qu'elle lie en un tout. Elle est le membre liant, le point d'unité de l'esprit humain. En elle est déjà esquissé ce que Hegel appellera plus tard auto-mouvement et vivacité de l'esprit (ou du concept) (309).

Toute conscience est imagination, un créer vivant du moi par lui-même.

La victoire de l'aspiration [Streben : *conatus* de Spinoza, *Wille* de Schopenhaeuer et Nietzsche] n'est pas complète, et ne peut pas être complète (310).

C'est dans la « déduction de la représentation » qu'il faut trouver le premier modèle de la « Phénoménologie de l'esprit » de Hegel (313) [Venu d'abord de la « déduction transcendantale » de la CRP 1781.]

F. se rapproche de Leibniz, comme avant lui Maimon (314).

L'activité du moi se trouve en conflit avec elle-même, [Psychanalyse] selon l'opposition entre deux directions (315).

Le sentir est le premier degré (316).

La tension entre forme et contenu [Thèse/antithèse] est le nerf de toutes les déductions de la WL (317).

Dans la perception, le moi perçoit la chose à travers l'image [Bergson] ; s'y développent les catégories de substantialité et de causalité. Le moi devient entendement (319).

Le moi doit être unité, identité des opposés en conflit (320).

Le § 5 [246-285 : effort, dimensions centripète/centrifuge] se détache du schéma rigoureux de la dialectique et fait partie sans doute de ce que F. a dit de plus lumineux et de plus pénétrant en général dans la WL (323).

La 3e partie de la WL, commençant par ce § 5, n'est parue qu'en 1795.

Le moi dit aspirer [conatus de Spinoza, Wille de Schopenhauer et Nietzsche]. Expulsé hors de soi, il est posé devant la tâche de revenir à soi, de se trouver, de s'assurer de soi par la réflexion (324). [**Schéma très ancien de la procession-retour dans la philosophie antique et chrétienne** : Plotin, Proclus, Jean Scot Érigène, Eckhart.]

La déchirure qui pénètre par la finitisation dans le moi absolu le refend et le dédouble en soi [*Entzweiung* : Hegel ; *Spaltung* : Freud, Lacan.]

L'exposé même de F. rend perceptible **la faiblesse et l'obscurité de sa pensée** (325).

L'identité du moi fini et du moi absolu **doit et ne doit pas** [annulation obsessionnelle] être établie, pouvoir être sue par la réflexion. F. ne sort pas de cette **contradiction mortelle pour son système** (327).

F. veut penser dans le moi absolu un moi hissé au-dessus de toute dialectique, libre de toute dialectique, pré-dialectique. **Hegel va dépasser F. en faisant du penser dialectique le penser dominant toute chose**, le penser de la réflexion qui se conçoit (329).

Dans le § 6, la genèse du moi est déduite à partir du moi pulsionnel [Freud.]

Medikus pense que ce sont les passages les plus difficiles de tout le livre, **un « écheveau » de pensées** [**qui préfigurent vraiment des notions cardinales de la psychanalyse**.]

Le moi pulsionnel est entraîné vers l'intelligence. Les pulsions et les sentiments sont le point de jaillissement ultime, le plus profond, du courant de la vie consciente (330).

L'aspiration, la pulsion, « la basse faculté de désirer », la volonté produisent l'unité de la faculté théorique et pratique, marquée par la prévalence de la faculté pratique elle-même. [**La psychanalyse aussi tend à une praxis**] (331).

La raison n'est pas seulement pure, mais vivante et active, théorique et pratique, basse et supérieure, aspirant comme la monade leibnizienne à la perfection, fondée dans la WL sur une « sorte de biologie et de psychobiologie métaphysiques » (332).

Le monde des objets est le « matériel du devoir », ouvert à une pulsion éthique [Freud : sublimation] (333).

Avec le sentiment-de-soi commence la conscience-de-moi [Wallon.]

La réflexion, pour autant qu'elle est pulsion d'un moi, est réfléchie dans le sentiment d'une contrainte. La pulsion devient désir [Freud : *Realität*, *Trieb*, *Wunsch*] (335).

Le sentiment devient sensation [psychanalyse, Wallon] par la relation à un objet.

La réalité de l'objet comme réalité sentie se manifeste dans la croyance [Hume.]

Intuition et pulsion sont strictement liées dans le moi.

L'**alternance des sentiments** [ambivalence : Racine, Freud] comporte un sentiment de satisfaction, une approbation (337).

L'aspiration est infinie, temporellement sans fin, le désir revient nécessairement après le sentiment de satisfaction [Freud : *Drang*] (338).

Dans le moi coexistent originellement l'aspiration et la réflexion [Processus primaire et secondaire] (340).

Impossible de penser sans contradiction.

F. n'arrive pas à l'harmonie dans son système [Bien moins que Hegel.] F. cherche à s'exempter de la temporalité tout en la ménageant. Or **l'histoire a tout de suite dépassé la conception de Fichte** (341).

F. dit que le philosophe a autant besoin de sentiments obscurs du juste ou du génie que le poète ou l'artiste [Romantisme de Fichte] (341).

Chez tous les grands penseurs, on trouve des passages obscurs, des profondeurs qui s'ouvrent et que nul rayon de lumière ne pénètre ; mais dans ces profondeurs, les nouvelles pensées des successeurs se concentrent (350).

Telle serait peut-être aussi l'une des raisons, parmi d'autres déjà mentionnées, de l'extrême difficulté de la pensée de Fichte

Kroner Richard, tome 2,

« La destination de l'homme » 1800 :

Le savoir renonce à soi-même au profit de la croyance (54).

« J'appartiens en tant que volonté à un monde supra-terrestre, qui est le monde de ma croyance…

« **Ce qu'ils appellent Ciel** ne se trouve pas au-delà de la tombe… Le monde suprasensible n'est pas un monde futur, il **est présent** » (55). [C'est au moins ce que l'on aimerait.]

F. est même entraîné par sa dialectique à admettre de façon obscure une troisième vie (56).

F. se trouve déjà sur la voie atteinte pas Hegel : la spéculation est la croyance qui se sait.

L'intuition esthétique est chez F. le fruit de l'intuition religieuse. Fichte, « le grand esprit du monde » (Schleiermacher), proclame la vie ubiquitaire de la nature dans un sens panthéistique (57).

Le Schelling de « l'idéalisme transcendantal » de 1800 fait éclater tout l'édifice de l'idéalisme éthique et conduit à un idéalisme d'orientation esthétique qui est étranger à celui-ci (59).

« La différence des systèmes de Fichte et de Schelling » :

Tel est le titre d'un ouvrage de Hegel daté de 1801.

Jacobi est à côté de Kant le parrain de la WL (100).

Hegel pose tout de suite la spéculation au-dessus de l'art ; et alors que Schelling (comme Kant et Fichte) avait assigné à la religion son lieu dans la philosophie pratique, Hegel l'élève dans la sphère de l'art et de la spéculation ; il les conçoit tous trois comme des solutions de la même tâche (103).

F. sépare l'absolu de la réflexion, pour conserver un lieu à la non-contradiction qui ne peut être instaurée dans le système (104).

Certes, Fichte et Schelling se représentent l'absolu comme identité de l'identité et de la non-identité (105).

La réflexion doit se donner « la loi de l'autodestruction » ; or, la WL n'y parvient pas (106).

Selon Hegel, la connaissance absolue est une connaissance absolue du relatif (107). Chaque énoncé contient en tant qu'énoncé de la non-vérité.

Selon Hegel, ce que l'entendement établit n'a pas son être par le biais de l'entendement ; celui-ci donne seulement la forme ; c'est l'intuition qui donne le contenu. Nécessité et liberté se réunissent, alors que dans la WL elles demeurent opposées (108).

Le tout est un cercle, dont le centre n'est lui-même que quand le cercle entier est accompli (110).

Hegel tranche le conflit en donnant raison au système de l'identité de Schelling plutôt qu'à l'idéalisme transcendantal de Fichte. **En fait, il se tient au-dessus des deux adversaires** en préparant une nouvelle synthèse de leurs points de vue opposés.

Or, Hegel se rencontre bien plus avec F. du point de vue de la méthode philosophique, centrée sur la face logique de la spéculation (111).

En choisissant comme objet principal de son investigation la WL, Hegel prend au sérieux la méthode dialectique bien plus que Schelling ne l'a fait (112).

Hegel formule comme principe suprême l'identité de l'identité et de la non-identité. Mais chez lui, le savoir transcendantal unit réflexion et intuition.

Hegel découvre dans le système de Schelling l'unilatéralité opposée à l'idéalisme transcendantal de Kant et de Fichte. Alors que ce dernier persiste dans la non-identité, dans le dualisme, Schelling persiste dans l'identité, dans le monisme. Le vrai est selon Hegel la synthèse spéculative des deux points de vue – à laquelle d'ailleurs même F. a aspiré dès 1800.

Hegel emploie pour la première fois dans la littérature philosophique le mot *Weltanschauung* au sens de l'intuition philosophique totale. Puis Schelling et Schleiermacher l'ont utilisé au sens où on l'utilise aujourd'hui, en particulier avec une signification religieuse chez ce dernier (114).

En 1801, Hegel ne voit pas encore clairement et ne s'exprime pas clairement non plus (116).

La dialectique chez Kant, Fichte, Schelling, Hegel :

Schelling ne prend pas au sérieux la mise en évidence de la contradiction comme moyen méthodique de connaissance ; le savoir absolu reste chez lui vision intellectuelle, la réflexion est exclue de la vraie méthode (128). « L'absolu est la nuit, et la lumière est plus jeune qu'elle. » Schelling est loin de concevoir le chemin méthodologique comme celui offert par l'essence de l'absolu lui-même, comme « auto-développement » de la raison (129).

On peut dire que pour Kant la dialectique signifie l'apparence, à laquelle est opposée la vérité de l'expérience ; pour F. la dialectique signifie la méthode permettant de connaître le vrai pour autant qu'il est connaissable ; pour Schelling la dialectique redevient apparence (« pures contradictions ») face à laquelle se tient la connaissance vraie – non des manifestations mais de l'absolu. **Hegel enfin réunit en soi Kant, Fichte et Schelling** : pour lui la dialectique est la méthode permettant de connaître absolument l'absolu apparaissant, c'est-à-dire l'absolu dans ses manifestations.

Pour Schelling, Dieu est condamné à rester nocturne, il doit redouter la lumière de la raison (130). Schelling recule d'effroi devant la témérité de la pensée à faire saisir par l'identité de la raison l'opposition de l'être et du non-être.

En tant que logicien, Schelling n'a pas quitté le terrain de la WL. Il en a conservé aussi, comme fragment de son système, l'idéalisme pratique.

Pour Hegel, la dialectique est la vie qui se pense (185). Le vrai se laisse énoncer seulement dans le système.

La cellule primordiale de la pensée spéculative n'est pas la proposition, mais **un système de trois propositions** comme celui qui sert de modèle dans la WL (186).

Le supra-rationnel est l'objet de la philosophie hégélienne, le concept (187).

Chez Kant, la dialectique intérieure de la proposition se cache. F. amène à la lumière la dialectique dissimulée, mais il ne remarque que le négatif de la contradiction, parce qu'il persévère dans le point de vue de l'entendement. Il reconnaît que l'analyse, la séparation sont insuffisantes. Mais l'imagination productive, qui accomplit le miracle du franchissement de la séparation, se reste à elle-même inconcevable (189).

La dialectique est pour lui uniquement dialectique de la pensée bornée, au-delà de laquelle l'entendement non-dialectique persiste à affirmer son droit. De ce point de vue, F. reste comme Kant, rationaliste.

Hegel voit dans la dialectique la forme de pensée absolue de l'absolu. Toutes les déterminations de la pensée deviennent des prédicats de l'absolu. La vrai est le mouvement de la réflexion en soi-même. Les jugements dialectiques se suppriment, le contenu disloque leur forme en se mouvant (191).

Logique formelle, transcendantale et spéculative :

Hegel ne logicise pas le monde, il spiritualise la logique (198).

Kant l'a précédé en mettant à la place de l'ontologie l'analytique transcendantale, à la place de la psychologie, de la cosmologie et de la théologie rationnelle la dialectique transcendantale, et en les rassemblant toutes deux dans la logique transcendantale.

Kant n'a jamais clairement aperçu le caractère ontologique de sa logique transcendantale, son caractère de métaphysique logique, de logique de l'être (200).

F. tient la logique pour « une science non philosophique » (201), mais c'est pourtant lui qui a ouvert **la voie menant à la réunion de la logique formelle et de la logique transcendantale, la voie menant à la logique spéculative de Hegel** (202).

Il n'y a pas pour lui de logique en dehors de la logique transcendantale, et la logique transcendantale devient ainsi logique spéculative (204).

C'est l'esprit qui pousse hors de soi l'entendement, qui le frappe avec ses propres armes en en reconnaissant le merveilleux (205). Le concept est la clef qui ouvre l'univers.

F. est aveugle à la dialectique contenue dans la proposition moi=moi. Pour Hegel, la dialectique recélée par la proposition moi=moi devient pour lui l'essence du logique en général. **La proposition A=A est contradictoire** parce qu'elle affirme que le A se sépare de lui-même et reste pourtant le même, c'est-à-dire non séparé de lui.

La proposition A=A est une proposition transcendantale, un « jugement synthétique a priori » (206).

La conviction qui porte la WL de F. trouve une nouvelle validité dans la « Logique » de Hegel.

C'est cela que Schelling cherche en vain : le mouvement dans la tranquillité, la tranquillité dans le mouvement.

La logique est un moment de la philosophie de l'esprit.

La proposition A=A se présente dans la triplicité ou la triunité du sujet, du prédicat et de la copule (207).

L'être est le soi, ou la substance est le sujet. Hegel appelle ce mouvement réflexion en soi-même. L'être est l'être, et de ce fait l'être est le soi (208).

Selon Schelling : tout est moi. Pour Fichte : le moi est tout. Pour Hegel, tout=moi parce que le moi=tout.

Tout est aussi seulement tout quand tout est le soi. La tâche de la philosophie devient ainsi : connaissance-de-soi de tout.

Kant parlait déjà d'auto-activité, d'auto-mouvement de l'unité synthétique originelle (CRP, B 130).

7. La « neutralité » apparente de l'interprétation plus extensive de Martial Guéroult 1930

Il n'était pas possible d'envisager, dans le cadre de notre ouvrage, de présenter un compte rendu à base de notes de lecture venues du monumental ouvrage de Martial Guéroult sur L'évolution et la structure de la Doctrine de la science chez Fichte, comportant 2 volumes de 383 et 252 pages.

On a préféré recourir à l'opportunité d'un remarquable compte rende cet ouvrage donné par Joseph Dopp dans la Revue néo-scolastique de philosophie, Année 1930, volume 32, numéro 28, pages 457-460.

On a par ailleurs reproduit à la fin du livre les trois tableaux créés par Guéroult en guise de synthèse des trois WL de 1794, 1801 et 1804.

> L'auteur du compte rendu souligne « une contribution très considérable à l'histoire de la doctrine de Fichte. Ce travail, qui a fait le sujet d'une thèse de doctorat soutenue tout récemment, était déjà entièrement conçu en 1922. Il a donc été élaboré dans une absolue indépendance à l'égard de de l'œuvre magistrale de Xavier Léon, parue de 1922 à 1927. Les conclusions en sont absolument opposées, et l'on regrette que la discussion ne soit pas plus ouvertement engagée. »

On ne nous dit pas en quoi ces conclusions des deux auteurs sont opposées, ce qui n'est pas possible dans le cadre d'un simple compte rendu. Et c'est dommage.

> « L'auteur, poursuit-on, se place au plan des pures idées philosophiques et en étudie la genèse, la signification, la portée, sans autres références aux contingences historiques qui constituent comme l'histoire extérieure du système. C'est à l'intérieur du système fichtéen qu'il se meut constamment. Mais c'est bien à l'histoire de cette pensée, à la genèse et à l'évolution de ce système qu'il entreprend de réfléchir. Il ne s'agit pas d'un exposé intemporel du système fichtéen, conçu *a priori* comme devant constituer un bloc immuable, mais d'un exposé qui suit la chronologie des principaux écrits de Fichte, notant les développements nouveaux de la pensée au fur et à mesure qu'ils se formulent, signalant éventuellement les fluctuations de points de vue, s'efforçant de déterminer dans quelle mesure ces fluctuations impliquent une transformation – souvent inavouée, voire même dissimulée dans les principes eux-mêmes, et cherchant enfin à expliciter les raisons précises de ces évolutions. On entrevoit l'énorme intérêt d'une pareille étude appliquée à l'un des plus grands penseurs de l'histoire. Le lecteur ne se laissera pas rebuter par la forme extrêmement technique de l'exposé, ni par une certaine lourdeur de la phrase, à quoi l'œuvre de Fichte l'aura sans doute accoutumé. »

Une telle méthode avoue d'emblée prendre le parti d'écarter du débat non seulement les circonstances historiques externes de l'œuvre de Fichte, mais en outre un certain nombre de ses écrits dont les titres se réclament explicitement de sujets politiques, contemporains (1793, 1806, 1807-1808) ou plus détachés du contexte historique immédiat (1800, 1807).

L'inconvénient de la lecture d'Alexis Philonenko est que son étude se limite à l'analyse de la WL de 1794, et encore de façon incomplète, mais il n'en souligne pas moins un certain nombre d'incidences très importantes sur l'œuvre de Fichte de plusieurs facteurs de caractère « politique ».

Premièrement, dans deux de ses études, Philonenko n'évite pas le sujet délicat des conséquences à long terme de caractère très négatif et même nocif des vues de Fichte, quelle que soit son importance majeure en tant que philosophe.

Deuxièmement, Philonenko souligne l'incidence essentielle des considérations d'ordre politique dans le départ même des spéculations philosophiques de Fichte. D'après Philonenko, le schème fondamental thèse-antithèse-synthèse de la philosophie de Fichte, comme de celles – après lui, de Hegel et de plusieurs autres auteurs (entre autres Marx et Hamelin), est né de l'interprétation très précoce liée à une certaine philosophie de l'histoire : ainsi l'opposition du despotisme et de la liberté, de la monarchie et de la république tendant dans un troisième moment à restaurer un état de paix.

Alors que l'inspiration pollitique de Hegel, s'il y en a une, est partie de considérations bien plus distantes et prudentes, même si intéressantes, sur l'harmonie de l'ancienne « cité grecque ».

Les considérations d'ordre politique chez Fichte sont placées tout au long du trajet entier de son œuvre, tout au début de sa partie théorique (1793), comme en plein cours de celle-ci (1800), comme aussi tout à la fin (1806, 1807, 1808), si au moins il est admissible qu'après les trois versions de la WL données en 1794, 1801, 1804, Fichte ne modifierait plus rien de son modèle théorique. Mais cette considération pèse peu à côté du fait que chez Fichte, la théorie est, déjà comme chez Kant, déclarée subordonnée à la pratique.

Sur ce présupposé, si du moins il doit être admis, Guéroult écarte facilement de sa lecture les titres de 1806, 1807 et 1808, bien plus facilement encore que celui de 1793, et *a fortiori* celui de 1800, comme « non pertinents » à son interprétation résolument « internaliste », selon la logique d'une évolution endogène, du système de Fichte.

Par ailleurs, on ne peut pas ignorer que la période 1806-1808 mobilise plusieurs inspirations dans des titres dont l'interprétation coextensive est d'autant plus délicate que leur voisinage comporte une signification pour le moins « explosive ».

L'*Initiation à la vie bienheureuse* de 1806, à laquelle du reste Guéroult a aussi consacré une introduction très importante, est l'exposé d'un humanisme moral élevé et dans la tradition kantienne d'un luthérianisme très épuré, où la Religion tend à être confondue avec la Morale. Les *Discours à la nation allemande* de 1808 reflètent l'inspiration d'un patriotisme germanique véhément, ouvrant directement la porte sur l'idéologie d'un pangermanisme dont les conséquences historiques n'ont pas été innocentes. Enfin l'écrit *Sur Machiavel* exactement contemporain du précédent (1807) justifie avec une froideur cynique assumée le pur droit de la force dans les relations entre États, ceci en relais direct et conséquent avec les suggestions de *l'État commercial fermé* (1800), touchant le droit pour celui-ci d'atteindre les frontières naturelles jugées par lui susceptibles de lui assurer la sécurité.

Que l'explication d'une oeuvre philosophique se réclame d'une perspective « internaliste », à l'écart de toute pression « externaliste », est parfaitement légitime même si ce n'est pas toujours aisé. Par exemple la conception de la *République* de Platon est en rapport incontestable avec l'histoire des relations historiques personnelles concrètes de celui-ci avec

Denys le tyran de Syracuse, comme avec ses propres conceptions politiques en sympathie avec le parti aristocratique. Mais la chose devient plus difficile dans le cas où certaines œuvres traitent directement de certaines conditions sociales externes, dont fait partie le contexte politique.

En fait, toutes sortes de situations se présentent. L'œuvre de Descartes – comme celles de Nietzsche, Husserl, Bergson, se présentent comme d' « apparence » très indépendante à l'égard du contexte sociopolitique. Bien moins celles de Spinoza (*Traité politique*), Roussseau (*Contrat social*), Hegel (*Philosophie du droit*), comme du reste celles de tous les auteurs intéressés par la philosophie « politique », dont la frontière n'est pas toujoutrs aisée à tracer avec la philosophie « sociale », et parfois « morale », posant parfois un délicat problème d'évaluation.

La position strictement « internaliste » de Guéroult à l'égard de l'œuvre de Fichte est assez pittoresque, d'autant que des photographies familières de cet honorable philosophe le représentent en uniforme de lieutenant de l'armée française impliqué dans la Guerre de 1914-1918 (voir Wikipédia images), dans laquelle le pangermanisme issu de la pensée de Fichte n'a pas joué un rôle négligeable. Dopp poursuit :

> « Dans une longue introduction, l'auteur étudie la genèse de la *Wissenschaftslehre*. Un double souci travaille l'esprit de Fichte. D'une part celui de l'autonomie de l'esprit et de la liberté morale [Tradition luthérienne-kantienne.] L'autre le besoin de rationalité démontrative, éveillé par l'œuvre de Spinoza, se muant avec Lessing, Herder et Reinhold en besoin d'une explication « génétique ». La *Wissenschaftslehre* de [1801] tente de fusionner ces deux préoccupations. Cette fusion est décrétée devoir s'opérer grâce au subjectivisme kantien et au primat de la moralité. Mais elle est plutôt décrétée que réalisée. La distension interne persiste, ferment qui provoquera l'évolution ultérieure de la *Wissenschaftslehre*. Cette évolution a pu être favorisée par les polémiques, mais elle sort bien d'un principe interne inclus dès l'origine dans le système. »

La philosophie critique du tribunal de la raison de Kant se développe dans un cadre défini par un principe de finitude, alors qu'au contraire la philosophie de la *natura naturans* de Spinoza évolue dans un espace d'infinitude. On peut y voir la source chez Fichte de la corrélation-opposition entre deux versions contradictoires du Moi comme Moi fini opposé au Moi infini.

Ce doublet fichtéen Moi fini-Moi infini est le point d'origine de l'émergence du doublet *Geist-Logos* dans la philosophie de Hegel

> « L'auteur distingue dans l'évolution de cette doctrine trois moments essentiels. Le premier s'étend depuis la récension de l'*Énésidème* [1794] jusqu'en 1800. La *Bestimmung des Menschen* [1800] marque le passage au second moment, dont la *Wissenschaftslehre* de 1801 est l'expression

caractérisée. Le troisième moment est marquée par la *Wissenschaftslehre* de 1804 et se prolonge jusqu'à la mort de Fichte.

Dans son premier moment, la *Wissenschaftslehre* se tient à un point de vue que l'auteur appelle celui du « Moi fini en général ». Entendez que ce point de vue s'oppose à celui du Moi infini qui serait un absolu actuel, et qu'il s'oppose au Moi individuel, déterminé (celui qui dit : « moi, et non toi »). Le principe fondamental du réel est un Moi, un esprit (s'opposant par là à toute chose, à tout « lui »), infini uniquement par la loi de sa tendance, mais toujours actuellement fini, et irrémédiablement. En somme, un esprit fini dont la destinée, d'ailleurs irréalisable, est infinie. C'est ce moi fini en général, qui est le principe suprême de la *Grundlage* de 1794. L'absolu en acte lui est délibérément sacrifié. Un Moi infini en acte serait sans rapport avec notre moi conscient, et n'aurait donc de Moi que le nom ; ce serait une « chose » morte. C'est l'aspiration du Moi fini vers l'infini qui est le divin lui-même. »

L'exposé de l'auteur nage un peu, faute de bien distinguer quatre entités différentes qui sont bien distinguées par la célèbre proposition de Fichte, plusieurs fois citée précédemment : « le Moi fini [le Moi-sujet du philosophe] oppose dans le Moi [infini : Dieu=Homme ?] un Moi fini [le Moi-objet, celui de la conscience commune, observé par le philosophe, et auquel se rattache celui-ci] au Non-Moi. Donc, arrivé jusqu'ici, le Moi s'entend en trois sens différents.]

« Mettant cette conception à l'épreuve dans l'élaboration de sa philosophie pratique (système du droit naturel [1796], système de la morale [1798]), Fichte se voit amené à caractériser plus précisément son point de vue comme étant celui de l'humanité comme telle, ou de la « communauté des « Saints » ». Or ce glissement implique un passage de l'idéalisme au réalisme, puisque dans le concept de la communauté les individus divers doivent avoir chacun même valeur d'autonomie, être chacun pour son compte un « Moi fini en général ». Cela implique qu'ils ont les uns pour les autres un degré d'indépendance et de « réalité » supérieur à celui qu'il était possibler d'accorder au Non-Moi dans le point de vue idéaliste primitif. Or la nécessité d'adopter ce point de vue de la communauté s'affirme en vertu des exigences du point de vue de l'idéalisme lui-même. La difficulté est donc aiguë. Fichte est donc obligé de l'esquiver, ou au moins de la dissimuler. Sans doute a-t-il tout d'abord affirmé que ce principe n'était rien d'autre que la tendance infinie du Moi fini en général, conçu dans sa totalité. C'est la loi morale comme telle qui est le fond du réel, qui est le divin. Mais cette tendance, conçue dans sa totalité, n'est pas actuellement réalisée. Tout au plus pourrait-on déduire d'elle une *tendance* à une communauté de plusieurs Moi finis particuliers ; elle peut être un principe d'ordonnancement. Mais elle ne peut expliquer un système actuellement réalisé et fermé de Moi particuliers. Or c'est bien réellement ce système fermé qui est déclaré nécessaire par le point de vue de la communauté. »

« Vers 1799, dans les *Rückerinnerrungen*, mais surtout dans le *Privatschreiben* [Titres non cités dans les bibliographies de Rivaud et de Philonenko], l'évolution s'opère, comme telle, la loi morale n'est plus le principe suprême : elle suppose elle-même une Force supérieure. Cette force fait le lien des divers Moi finis. Elle n'est encore ici que simple condition d'efficacité de notre action morale. Mais elle sera bientôt conçue comme actuelle ; c'est bien un absolu. Elle est proprement au-delà du cercle du Moi fini, lequel est réellement soumis à son action. »

[L'idéalisme antérieur bascule dans son contraire, une forme nouvelle du réalisme. Ce qui se fait jour ici, c'est la notion moderne d'intersub-jectivité, qui ne parvient pas à se dire dans le langage utilisé à l'époque par l'auteur, mais dont Philonenko souligne avec insistance la pertinence appliquée à la pensée fichtéenne du terme moderne.

C'est aussi la notion formulée par Émile Durkheim d'une moralité sociale, sous forme d'une conscience collective des normes s'imposant comme un système de contrainte dépassant les consciences individuelles.

Mais c'est aussi et d'abord, pour se resituer dans le cadre de l'époque, la prémonition de la notion hégélienne d'un *Geist*, comme Esprit qui anime une figure de la culture, incarnée dans le milieu historique où se développe « un Moi qui est un nous ».

Chez Fichte, le concept d'un moi fini-infini en capacité de divin, à dimension de transcendance horizontale, devient celui d'une communauté dont l'Idéal éthique-juridique-politique ne serait rien d'autre que la réalité de Dieu en ce monde.]

> « Dans la *Bestimmung des Menschen*, de 1800, Fichte tente une réadaptation de sa philosphie antérieure avec le principe nouveau. Il insiste particulièrement sur le fait que seule la conscience morale peut fonder en nous la certitude, et investir les concepts vides de notre savoir. »

Oui, mais d'où vient-elle ? Est-ce la forme intériorisée d'une conscience sociale, d'une idéologie collective ? Il s'agit d'un problème qui apparaît aujourd'hui à notre conscience critique moderne, du moins pour le lecteur qui aura été introduit dans l'ère du soupçon par Hegel, Marx, Nietzsche, Freud, mais problème qui ne pouvait pas être posé à l'époque « Von Kant bis Hegel ».

> « Or cette conscience morale exige, et fonde très légitimement, un réalisme très accusé : réalisme des corps, des individus libres, d'un monde sensible, d'un monde suprasensible, d'une Volonté infinie actuelle assurant le lien entre notre action morale et ce monde suprasensible ou royaume des esprits qui se réalise progressivement. C'est une sorte de panthéisme, non plus un athéisme. »

On assiste bien ici au repentir religieux de Fichte, qui part de la loi morale, de la conscience morale, définies même dans l'espace d'un humanisme athée, pour remonter au-delà du régime kantien des postulats de la raison pratique vers leur réification ontologique, à vrai dire non sous forme de Personnification d'une transcendance, mais de la recherche paradoxale d'une forme de transcendance dans l'immanence. Il s'agit donc d'un retour du rationalisme limitatif de la morale kantienne vers une nouvelle version – romantique – du « panthéisme » spinoziste, au moins à ce que croit pouvoir suggérer J. Dopp de façon intuitive mais pertinente. À vrai dire, dans un premier temps, ce panthéisme va prendre la forme d'une ontologie négative de type plotinien.

La théologie négative est illustrée par une tradition très longue, qui existe de manière continue depuis l'Antiquité jusqu'à l'époque moderne en passant par Platon, Plotin, Proclus, les Gnostiques, Grégoire de Nysse, Denys de l'Aréopage, Scot Erigène, Robert Pulleyn d'Oxford, Albert le Grand, Maître Eckhart, la Cabbale rhénane juive du 14ème au 16ème siècles (Reuchlin 1557), Nicolas de Cues, Fludd, Paracelse, Weigel, Böhme, Spinoza, Leibniz, Hegel, etc. selon la ligne de pensée « grosso modo » que « Dieu est un pur néant » (*ein luter nicht* , Eckhart).. Le passage qu'y opère alors la philosophie de Fichte doit être compris comme l'acheminement de celle-ci vers ce que vont être un peu plus tard les vues de Hegel touchant la négativité et sa doctrine du Logos. Hegel réussit le premier à penser l'équivalence de l'Être et du Savoir. L'être a pour sens de produire le sens, la pensée de l'être. Dopp poursuit ci-après en ce sens.

> « Dans la *Wissenschaftslehre* de 1801, l'affirmation d'un Absolu actuel perd sa signification spécifiquement religieuse mais elle est maintenue en vue d'assurer la possibilité du savoir. Le Savoir apparaît comme une libre création de cet Absolu, lequel est en soi, un Non-Savoir, un Être. Cette création du savoir marque un hiatus infranchissable à toute déduction. Ce moment marque donc la faillite de l'idéalisme « génétique ». »

Dans une telle vision plotinienne, la genèse, l'histoire, s'il en reste l'ombre, est réduite à un double mouvement de procession-conversion, qui écarte la créature de la source absolue pour l'y ramener dans un temps final de dépassement de toute finitude, ainsi que l'interprétera la théologie chrétienne populaire du « jugement dernier », dans la tradition d'ailleurs du jugement des âmes selon l'Égypte pharaonique, et encore dans certains « mythes » de Platon.

> « La *Wissenschaftslehre* de 1804, elle, vise à supprimer ce hiatus. L'Absolu de 1801 lui paraît comme une entité morte, radicalement étrangère à la conscience, entachée de l'erreur du dogmatisme. L'absolu est une réalité vivante ; il est source nécessaire de tout l'être et de tout le

savoir. Il est à la fois transsubjectif et transobjectif [Les trois phrases précédentes sont **déjà « du Hegel ».**] Il synthétise les deux moments antérieurs de la *Wissenschaftslehre*. C'est nécessairement que l'Absolu actuel engendre le Savoir. Il n'y a plus de hiatus. Ce point de vue culminant, Fichte y demeurera désormais fidèle. Il ne fera plus que développer des applications de sa doctrine de 1804. Spécialement, le point de vue religieux, sacrifié en 1801, reprend une importance marquée. »

Il existe une oscillation périodique et à la limite pénible chez Fichte entre le dépassement et le retour du point de vue religieux.

Il existera une lecture religieuse, spiritualiste de Hegel – par les hégéliens de « droite », consistant à lire le « syllogisme » (*Schluss*) hégélien dans le sens Logos-Nature-Esprit, opposée à une lecture par les hégéliens de « gauche » (Marx, etc.) en prenant le même syllogisme dans le sens Nature-Esprit-Logos.

C'est ce travail compliqué de l'histoire qui se prépare dans les hésitations de Fichte : refoulement et retour du refoulé de l'objet « religion ».

De façon plus approfondie du côté d'une perspective « politique », on peut dire que le Moi fini-infini à vocation « divine » devient progressivement une communauté, une intersubjectivité à vocation elle-même divine, celle-ci à voir comme la prémonition d'un *Geist* hégélien, dont, sur la suggestion même de Rivaud, **Hegel considère que le flambeau doive être porté par le destin d'une Allemagne encore en gestation, et qui est bien celle-là même dont l'Idéal historico-politique est profilé par les *Discours à la nation allemande*.**

La pensée laborieuse de Fichte nous fait assister à un étonnant glissement de concepts par quoi on va passer de la morale luthérienne-kantienne, à la communauté des Moi formant un nous, à la négativité en acte organisant un *Geist*, prêt à s'incarner « pour le moment et peut-être pour toujours » (Rivaud), dans le Destin d'un Peuple allemand, dans la Domination de droit machiavélien d'une Pangermanie.

Un passage célèbre de la *Phénoménologie de l'esprit* de Hegel montre comment la morale kantienne est de part en part soumise à ce qu'il appelle justement un mécanisme de « déplacement équivoque » (*Verstellung*, 2, 156).

> « La *Wissenschaftslehre* de 1804 aboutit à une conception proche de celle de Hegel, et montre à la fois la nécessité de traverser les deux moments antérieurs, et de les traverser avec l'illusion, à chaque fois, d'avoir atteint au point de vue définitif. Mais, au cours de cette évolution, chacun des points de vue ne s'établit que par une réfutation en règle du précédent. »

Les trois moments caractéristiques des WL de 1794, 1801, 1804 seraient ceux d'un humanisme athée, puis de la maîtrise progressive de la notion de « négativité », enfin de celles de Logos, de Geist, qui vont être les attributs du modèle hégélien de la nouvelle dialectique postkantienne moderne, en gestation laborieuse mais incontestable dans la pensée de Fichte.

> « Cette thèse, l'auteur l'appuie principalement sur une analyse détaillée des trois exposés de la *Wissenschaftslehre* de 1794, de 1801 et de 1804. Cette analyse est conduite avec le souci de mettre en évidence la structure logique de ces ouvrages, assez enchevêtrée, et souvent difficile à découvrir dans l'exposé de Fichte. Des tableaux schématiques rendent de bons services au lecteur.
>
> Il est regrettable que l'auteur n'ait pas cru devoir rencontrer les difficultés qu'on peut tirer, contre sa thèse, des nombreux écrits qui s'échelonnent autour de ces trois ouvrages. La thèse centrale apparaît plutôt comme une hypothèse dont la vérification n'est pas achevée. Une thèse assez semblable a été soutenue en 1924 par Georg Gurwitsch, dans son ouvrage : *Fichte's System der konkreten Ethik*, Tübingen. Mais c'est un labeur énorme qui a déjà été fourni.

Comme on l'a déjà dit plus haut, les importants écrits de Fichte sur la philosophie politique, qui jalonnent toute sa carrière ne peuvent pas être détachés de l'interprétation à donner à sa philosophie théorique. Guéroult veut bien tenir compte dans son analyse de la philosophie du droit (1796) et de la morale (1798), de la philosophie de la « religion » aussi (1798, 1800, 1806), quitte à considérer comme des incidences externes intempestives les travaux de Fichte sur la question politique (1793, 1806, 1807, 1808).

Sartre a très bien parlé dans un passage de *l'Être et le Néant* de cette « passion de l'homme » consistant à vouloir être Dieu, et qui anime manifestement toute la pensée de Fichte, comme d'ailleurs toute la pensée allemande romantique et déjà préromantique.

> « Pour conclure, selon Dopp, l'auteur voit dans le système de Fichte une lutte constante entre des besoins moraux, et la libre exigence toujours renouvelée d'un rationalisme à prétention « génétique ». »

Fichte est à l'origine de la philosophie politique qui a engendré la théorie moderne de l'État en l'articulant de manière problématique avec l' « autre » principe de l'autonomie de l'éthique.

Sa morale humaniste de tradition kantienne (1798) est totalement contredite par l'immoralisme de caractère machiavélien de sa doctrine de l'État totalitaire (1807).

La préoccupation pour la question de la genèse le situe dans la tradition des grandes philosophies et autres approches modernes de l'histoire (Vico, Montesquieu, Rousseau, Hegel, Marx, Comte, Thierry, Tocqueville, Michelet, Fustel de Coulanges) comme de la variété des modèles développementaux dans les sciences humaines (Freud, Wallon, Piaget, Gesell).

> « Pour nous, nous y voyons une intelligence géniale aux prises avec les difficultés de tout idéalisme qui entend réagir contre le rationalisme sans en renouveler le principe radical, lequel est un conceptualisme acritique. Pareilles expériences mettent en lumière l'étonnante valeur des théories critiques traditionnelles qui se sont condensées dans la thèse de l'analogie de notre connaissance métaphysique. J. Dopp. »

Joseph Dopp (1901-1978) est un spécialiste de logique (logiques modales), de philosophie des sciences et de philosophie contemporaine anglo-saxonne (Quine), représentant de l'École néo-scolastique de Louvain, et qui a aussi travaillé sur Félix Ravaisson (1813-1900). On a du mal à saisir ce que signifie l'allusion épistémologique de sa dernière phrase. Peut-être veut-il parler des thèses de Willard Van Orman Quine (1908-2000) sur l'indétermination de la traduction, l'inscrutabilité de la référence, la relativité de l'ontologie.

Fichte, Hegel, Marx sont de très grands philosophes allemands, qui ont en particulier ceci d'exceptionnel d'avoir eu, bien au-delà de tous les autres philosophes de cette nation (Nietzsche, Husserl, Heidegger), et même de toutes les autres nations, l'influence la plus considérable sur la réalité historique. Ils sont seuls comparables à certains égards, sur ce point, aux grands fondateurs de religions : Bouddha, Jésus, Mahomet.

Or c'est un fait aussi que ces trois philosophes d'influence et de propagation historique maximales se trouvent avoir été les promoteurs de la nouvelle dialectique postkantienne, mais qu'en outre leurs pensées semblent avoir été saisies par la dialectique même dont elles avaient généré le modèle. Pensées traversées comme objets par cette dialectique dont elles étaient les sujets porteurs. C'est l'histoire de l'apprenti-sorcier ou encore du fabricant d'explosifs.

On sait depuis longtemps, comme déjà dit, qu'il y a eu une lecture de droite et de gauche, spirirualiste-conservatrice et matérialiste-progressiste de Hegel. Mais la même chose a existé aussi pour Marx : menchévisme contre bolchévisme.

L'intéressant est que la même situation ait existé aussi déjà pour Fichte : jacobinisme universaliste ou pannationalisme mittel-européen ? Ou les deux ? Ainsi l'interprétation de Xavier Léon (1902) mettait résolument en valeur un « humanisme républicain » de Fichte, alors que celle de Guéroult dépolitise Fichte au maximum, mais paradoxalement tout en l'ou-vrant sur Hegel. Philonenko au contraire, tout en reconnaissant la dangerosité de l'héritage de Fichte, défend sa singularité contre la canalisation exclusive de sa pensée vers un devenir hégélien.

8. L'inventeur de la dialectique moderne

Envisagé au niveau des contenus, il faut dire que le bilan de l'immense entreprise théorique de F. est mince. Mais la question n'est peut-être pas là. Où est-elle ? Justement dans ce qu'annonce le sous-titre de ce paragraphe. Voici le bilan « matériel » de la philosophie de Fichte.

Philosophie théorique : la philosophie n'a pas d'autre visée que de faire retour aux données ordinaires de la conscience commune (doxa de Platon, connaissance du premier genre de Spinoza). Celle-ci a été égarée par les aberrations produites dans l'ensemble de l'histoire de la philosophie, résumée par le conflit entre le réalisme de Spinoza et l'idéalisme de Leibniz.

En dehors de cela les références de F. au reste de la philosophie classique sont très maigres : Descartes, Hume, Kant. Pas un mot sur la philosophie grecque !

Voici le contenu de la conscience commune : j'existe, le monde existe, tous deux l'un bien en face de l'autre. D'accord, mais encore ?

Philosophie morale : Il s'agit de faire son devoir, chacun son devoir, chacun à la place qui lui est dévolue dans le cadre d'un État censé être organisé de façon rationnelle. La convergence de l'ensemble de « nos » devoirs dans le bien commun et sur le long terme ne définit rien d'autre que la présence de Dieu sur terre. *Gott mit uns !*

Philosophie politique : un État fédéral, laissant à chaque province sa relative souveraineté rassemblerait l'ensemble des peuples allemands, doués de toutes les qualités naturelles à un degré supérieur à celui de tous leurs voisins, et leur donnant un certain droit à une expansion raisonnable. *Deutschland über alles.*

A. Philonenko a parlé plus haut, à propos du système moral et politique de F., de « pensées puissantes et meurtrières » ayant généré « les doctrines politiques les plus funestes », y compris l'apologie finale de la « guerre » (à l'instar de textes connus de Hegel), et au profit de « l'apothéose de la destinée supérieure de l'Allemagne salvatrice ».

Il n'y a rien à ajouter à ce sujet, sinon qu'il est très étonnant qu'il soit malvenu, dans une large majorité de l'opinion française actuelle, telle que façonnée par les médias, de rappeler que l'Allemagne porte la responsabilité directe de deux abominables catastrophes mondiales, qui ont ruiné pour toujours l'idéal que l'humanité se faisait jusqu'alors de la culture (Valéry, 1921).

« C'est du passé », dépassé, comme absous, pardonné. Mais les mêmes catholiques conservateurs qui, parmi d'autres, pensent d'ordinaire cela, ne pardonneront jamais la Révolution française, pas plus que le

Premier Empire, voire considèrent comme insupportable de haine nationale le texte même de la Marseillaise.

On a parlé précédemment de Faust. Goethe, qui a composé son Faust entre 1808 et 1832, a très bien connu Fichte, qu'il a même essayé d'aider lors de ses démêlés avec les autorités lors de la fameuse querelle de l'athéisme. L'histoire de Faust remontait à une tradition orale très ancienne, à propos de laquelle ont pu être invoqués, outre le nom d'un alchimiste médiéval, ceux de Paracelse et du Grand Albert (Maubert). Il est raisonnable de penser que le nom de l'« athée » Fichte, chassé d'Iéna, puisse leur être associé, sans que ce soit autrement démontrable, ce dont il n'est nul besoin, mais n'en reste pas moins très suggestif.

Ceci dit, en tenant de tels propos, A. Philonenko n'en a pas moins souligné avec autant de netteté que de pertinence, les acquisitions considérables de la philosophie théorique de Fichte.

La revue de la littérature présentée plus haut, sans pour autant toujours produire des évidences, n'en a pas moins déjà contribué à éclairer beaucoup, du moins à notre sens, l'élaboration révolutionnaire que Fichte a imprimée au concept kantien de la dialectique pour en conduire la destinée vers Schelling, Hegel, et même encore au-delà.

Cependant, et paradoxalement, **la dialectique est la grande muette dans l'œuvre de Fichte : présente et agissante partout, elle n'est jamais nommée comme telle dans le texte de la WL 1794** (*Dialektik*), alors qu'elle est un mot d'usage ordinaire dans le texte de Kant, le maître justement de Fichte. Il y a là une situation qui interroge, mais qui semble n'avoir jusqu'ici posé de question à aucun interprète, chacun « jasant » à qui mieux mieux sur « la dialectique » de Fichte.

Lorsque F. veut désigner la « dialectique », il utilise le mot « *Wechsel* », alternance, changement, ou alors il use d'une périphrase dans le genre : action alternante, détermination alternante, relation alternante, pulsion de la détermination alternante. Mais également le mot « opposition » (*Entgegensetzung*), détourné de son sens aritétotélicien ordinaire.

Chez Kant, la dialectique désigne l'illusion transcendantale, c'est-à-dire l'ensemble des constructions illégitimes et fautives de la raison philosophique à propos des trois grands objets traditionnels de la philosophie : le moi, le monde et Dieu.

À côté de cela, le module « thèse-antithèse-synthèse », qui organise le fonctionnement naturel et originel de l'esprit humain (Freud, Wallon, Piaget), et dont l'usage implicite varié se rencontre chez la plupart des auteurs depuis la philosophie antique (Jalley : *La crise de la philosophie en France au XXI*[e] *siècle*, 2013, CR21SF) se présente dans la « Critique de la Raison pure » (CRP 1781) à plusieurs niveaux :

- Dans l'organisation triplice des facultés humaines : sensibilité, entendement, raison.

Mais ce n'est pas la première fois dans l'histoire de la philosophie (Platon, Aristote, etc.).

- Dans la fameuse table des catégories, chacun des quatre quadrants est organisé en trois niveaux, selon un rapport tel que ce qu'affirme le premier est nié par le second, cependant que le troisième rassemble ces deux aspects – ce dont Kant lui-même fait la remarque, d'une importance majeure, car c'est de ce point précis que partira tout le développement ultérieur de la pensée moderne : « La troisième catégorie dans chaque classe résulte toujours de l'union (*Verbindung*) de la deuxième avec la première » (CRP, trad. Tremesaigues-Pacaud, 97). Par exemple, Unité/Pluralité/Totalité, etc. (Ibid., 94).

- L'« antinomie trancendantale » est la seule des trois Idées de la raison – touchant le Monde – à se présenter selon le schéma explicite d'une thèse opposée à l'antithèse, et à propos de laquelle la tâche se propose de dégager la possibilité d'une « solution », comme « décision critique » (*Auslösung*, *kritische Entscheidung*) accessible. Voir ibid. pages 376, 386.

Chez Kant, la notion de synthèse est d'un usage très général, elle n'est pas en soi coordonnée au couple de base thèse-antithèse (Rudolf Eisler : *Kantlexikon*.)

C'est chez Fichte que l'on voit apparaître la formulation explicite du module « thèse-antithèse-synthèse » (WL 94, p. 80, 156-157), lequel prendra son plein usage chez Hegel.

La grande adresse de Hegel sera de traiter la synthèse comme une nouvelle thèse appelant elle-même une antithèse, toutes deux dépassées par une nouvelle synthèse, etc.

Si l'on examine l'arbre en arborescence hypercomplexe de l' « Encyclopédie » de Hegel (page 454-455), les choses apparaissent tout juste un peu plus compliquées. Les tridents, dont la synthèse occupe la position centrale peuvent s'organiser en embranchements plus ou moins complexes, donnant lieu à des modes d'organisation variables et agencés avec une grande souplesse.

Fichte ne parvient pas encore à un tel niveau artistique. À partir de la triade kantienne de base, il essaie de produire un enchaînement génétique plus articulé de l'ensemble des catégories de la table kantienne des quatre quadrants (3 X 4 = 12), comme aussi des 5, et non plus 3, fonctions de l'esprit : sensation, imagination, entendement, jugement, raison.

Le mélange de ces deux tâches distinctes (Dialectique transcendantale de la 1ère partie de la WL, Déduction transcendantale de la 2e partie) génère évidemment des complications.

Fichte recourt alors à sa « synthèse quintuple » comme à un moyen de complexifier et d'enrichir, par un procédé de bouclage à double trajet avant-arrière, la triade « kantienne » de base thèse-antithèse-synthèse. 1>3>5<4<2

- 1.3 : on lit 1 qui anticipe 3.
- 2.4 : puis on lit 2 qui anticipe 4.
- 3.4.5 : on lit 3 qui anticipe 5, puis 4, ce qui permet de lire 5. Ce niveau étant lui-même **une triade à l'intérieur d'une triade plus grande**.

Cependant, malgré cette amorce incontestable de boucle, n'est découvert de ce fait aucune technique de transition commode entre les synthèses quintuples. Le « philosophe » les juxtapose de l'extérieur en collier, parfois il est vrai en les englobant les unes dans les autres, de plus petites dans de plus grandes, à la façon des poupées russes.

Cet enrobement des objets annonce évidemment les métaphores ultérieures du « cercle de cercles » (Hegel), comme de la « spirale » (Sismondi 1819, Marx 1857-1858, Lénine 1914, Wallon 1936, Gesell, Piaget 1950).

Dans la partie consacrée à la déduction transcendantale des fonctions de l'esprit, par contraste avec la partie consacrée à la critique externe des erreurs produites par l'histoire de la philosophie, les choses se modifient quelque peu : c'est le trajet génétique de la conscience commune, allant de la sensation à la raison, qui est alors décrit selon une progression qui semble désormais bien plus intérieure à la chose elle-même qu'à l'ordre installé par l'observateur extérieur.

Cette partie, soulignent les commentateurs les plus avisés, annonce la future « Phénoménologie de l'esprit » de Hegel, consacrée d'ailleurs au même sujet de la genèse de la conscience à partir de la sensation vers la raison. Alors que la première partie restait bien davantage liée au projet kantien d'une critique des illusions de la philosophie.

F. découvre déjà la dialectique du réel, dans la chose même, comme mouvement, principe de changement, pulsion d'alternance. Mais il n'identifie pas encore les deux composantes du « noyau rationnel » de la dialectique (NRD) : structure et mouvement, différence et différance. Cela ne se fera que bien plus tard (Hegel, Marx, Engels, Politzer, Wallon, Piaget, Sève, Badiou, Jalley), bien que fonctionnant dès les origines de l'histoire de la philosophie occidentale, par exemple dans le *Sophiste* (repos/mouvement) ou encore dans le *Parménide* (même/autre) de Platon.

La perfection technique et l'adresse architectonique propres à la philosophie hégélienne donnent parfois le sentiment décourageant qu'avec son achèvement toutes les possibilités techniques sont définitivement bouclées dans la définition des contenus et des rapports entre les trois objets fondamentaux de la philosophie : le moi, le monde et Dieu.

À y regarder de près, on découvre que la philosophie de Fichte n'est pas la simple préparation de la dialectique hégélienne à partir de la philosophie kantienne, mais qu'elle comporte comme un « reste » qui permet de tracer des lignes en direction de philosophies qui ne se laissent pas facilement profiler dans la perspective de l'héritage hégélien, ou du moins parfois pas seulement.

Fichte conduit vers Maine de Biran (effort), Auguste Comte (religion de l'humanité), Schopenhauer (*Streben=Wille*), Nietzsche (*Wille zur Macht*), Bergson (image-perception), Heidegger (projet, *Dasein*), les existentialismes divers : Kierkegaard, Scheler, Marcel, Sartre, la phénoménologie aussi : Husserl, Dufrenne, Merleau-Ponty, Lacan également (imaginaire, miroir), Winnicott (regard-miroir), Lévinas (visage de l'autre).

9. Retour sur la question de l'impérialisme allemand ancien et nouveau style

On voudra bien nous pardonner le défaut de méthode, qui a consisté à avoir déjà touché plus haut à cette question, inévitable lorsqu'on aborde de façon sérieuse le problème de l'évaluation globale de la pensée de Fichte, mais que par ailleurs nous ne pouvions pas traiter d'emblée de façon complète, vu ses incidences aussi massives que touffues dans la période toute contemporaine.

On reprend ici, pour le compléter d'abord, le développement précédent de Rivaud sur la responsabilité de Fichte et de Hegel dans la formation du « nationalisme germanique » (319-325). En réalité, les choses sont plus compliquées que cette première approche, et dans un passage antérieur (pages 6-7) du tome V de son *Histoire de la philosophie* intitulé *De l'Aufklärung à Schelling* (Le philosophe de la liberté : Johann Gottlieb Fichte (1762-1814), pages 287-310), A. Rivaud décrit les prodromes d'un nationalisme allemand bien antérieur, avant sa reprise par Fichte en 1807-1808, soit au début de l'*Aufklärung* à situer selon lui dans les années 1720-1730.

Le nationalisme personnel de Fichte prendrait racine dans un sol bien plus ancien d'environ trois quarts de siècle.

D'après Rivaud, l'atmosphère de la première Aufklärung résulte de la convergence de courants divers : le cosmopolitisme des Princes et des Cours, le rationalisme universitaire et rhétorique de la Bourgeoisie des villes, le Piétisme, la Franc-Maçonnerie – ces deux dernières composantes entretenant un pont avec l'Angleterre, incidente importante sur laquelle on ne peut pourtant insister ici. On en a parlé ailleurs (G. E. Lessing et H. S. Reimarus : Fragments de l'anonyme de Wolffenbüttel, Traduction de Marc Géraud, Présentation d'Émile Jalley, pp.283-314, L'Harmattan, 2015).

En tout cas, nous dit Rivaud :

> « Paradoxalement, c'est dans le sillage de l'Aufklärung, qui groupe d'ailleurs des tendances très diverses, que se formera le nationalisme. L'élément national germanique auraut dû semble-t-il s'effacer, dans cette conception, devant l'idée d'humanité universelle. Mais, dans l'Allemagne d'alors, **Kant et Goethe mis à part**, le mouvement de l'universalisme supranational se heurte à des sentiments anciens [sacs du Palatinat par Turenne en 1674 puis par Louvois en 1689 ?] vivifiés peu à peu par une bourgeoisie montante avide de participer à une vie politique encore très morcelée. Habile militaire et politique, c'est **Frédéric II le Grand (1712-1786) qui, acharné à construire son royaume, a symbolisé le sentiment national allemand** – et ce, aux dépens de l'Autriche [où jouera cependant 60 ans plus tard l'ascendant de Metternich]. Dans la période de la Révolution et de l'Empire, le sentiment patriotique latent et inquiet des Allemands subira un choc. L'aspiration à la liberté s'absorbera dans une poussée d'esprit national déçu et humilié par de graves échecs militaires et politiques. **L'universalisme se changera alors complètement en une conception pangermanique**. Ces contrastes sont visibles dans les écrits de Johan Gottfried Herder (1744-1803), des frères Wilhelm et Alexander Humboldt (1767-1835 ; 1769-1859), d'Adam Müller (1779-1829) et de Friedrich Carl von Savigny (1779-1861), le juriste théoricien du *Volksgeist*, de **Fichte et de Hegel [donc pas seuls « coupables »**], qui inclinera de plus en plus vers un nationalisme conquérant [Gebhardt Leberecht Blücher (1742-1819) à Waterloo (1815), Metternich, Bismarck] auquel le général stratège Carl von **Clausewitz** (1780-1831) apportera une théorie de la guerre (1812-1832).

Il existe par ailleurs dans Wikipédia un article très intéressant sur le « pangermanisme » auquel on peut renvoyer sans entreprendre ici de le reprendre même en résumé. Il ne dit pas tout à fait la même chose que Rivaud, datant par exemple l'émergence d'un « pangermanisme » plus tard que lui.

De fait, cet article prévient de ne pas confondre le pangermanisme, « prenant corps vers 1890 », avec plusieurs autres entités historiques : le sursaut de 1814, la politique de Bismarck plus prussienne que germanique, ni non plus l'expansionnisme colonial allemand voulu par Guillaume II.

Malgré tout, l'article présente le grand intérêt de réunir sous la même « idée » latente une longue série de noms dans le temps :

Herder, Fichte, G W. Hegel (1770-1831), F. W. J. Schelling (1775-1854).

Bismarck (1862-1890), Guillaume 1[ier] (1861-1888).

Joseph-Ludwig Reimer (1905), Otto Richard Tanneberg (1911), Friedrich Naumann (1915), André Cheradame (1916), Adolf Hitler (1925).

Les sources du Mein Kampf d'Adolf Hitler sont situées dans le parti appelé « Ligue pangermanique » apparu dans les années 1890, et aussi chez Tanneberg ci-dessus cité (1911).

On explique également de manière intéressante que le nationalisme des années 1800-1814 était une idée nouvelle, apparue en rapport avec l'idée révolutionnaire, d'abord en France, puis dans les pays allemands, en réaction contre la vieille mentalité féodale, [aussi bien en France] que dans le Saint-Empire germanique.

Fichte pouvait donc aussi bien être jacobin que nationaliste prussien contre Napoléon, lui-même ancien jacobin. Mais cette idée était en réalité à double tranchant, le nationalisme allemand devant évoluer historiquement dans le sens du conservatisme et de l'autoritarisme politiques.

On nous explique enfin que « la peur du passé » [?] empêche les Allemands de rêver à nouveau à un « Volksdeutschen » uni, notamment sous la forme d'une union de l'Allemagne et de l'Autriche. Mais outre que l'on n'a pas encore tout vu, les nouvelles données de l'économie bancaire, même contrôlées en fait par les États-Unis et l'Allemagne, passent largement par-dessus les frontières, et ont démodé le vieux concept de frontière politique.

La vérité, c'est qu'il existe aujourd'hui un empire germano-européen, qui n'a plus besoin d'autre armée que celle de son appareil bancaire, et qui englobe la France, l'Espagne, l'Italie, et même la Grèce (ô combien !).

À propos de Bismarck, les choses sont aussi assez compliquées, dans la mesure où il s'est opposé aussi bien au clan religieux, surtout catholique (le *Kulturkampf*) qu'à l'expansion des idées socialistes, tout en mettant en œuvre un « socialisme d'État » soucieux d' « améliorer le sort des classes laborieuses » (Malet-Isaac 1930). Rien n'a existé en France d'une telle configuration.

À envisager la prise de consistance du pangermanisme dans les années 1890, sous l'Empire allemand (deuxième Reich), on s'aperçoit, à consulter de près les documents (par exemple Malet-Isaac 1930), que son idéologie ne diffère guère, sauf forme à peine plus caricaturale, de celle propre au « nationalisme » qui s'exprime pour la première fois, quelque 80 années plus tôt, dans les *Discours à la nation allemande* de Fichte (1806).

Une énorme différence aussi, c'est que les conditions politiques ne sont plus les mêmes. Dans l'Empire allemand, la Prusse joue, dans les années 1890, un rôle cette fois prépondérant. Le roi de Prusse, souverain de droit divin, porte le titre d'Empereur et dirige en fait toute la politique. Le Kaiser est déjà un Führer. L'accroissement de sa population et son prodigieux essor industriel achèveront de faire de l'Allemagne, dès avant 1914, une grande puissance économique. Éblouie par ses succès et convaincue de sa supériorité militaire et morale, l'Allemagne aura l'ambition de tenir la première place dans le monde.

L'Allemagne de Guillaume II se préoccupe de développer sa puissance également par le développement de l'Armée et d'une puissante flotte de guerre, la deuxième du monde après l'Angleterre.

La grandeur de l'Allemagne s'affirme alors tout autant sur le plan intellectuel.

Ses savants lui donnent une grande part dans les progrès de la science pure : les mathématiciens Weierstrass, Gauss, Riemann, Cantor, les physiciens Euler, Reich, Mach, Hertz, Herschell, Boltzmann, Einstein, Weiss, Heisenberg, les chimistes Liebig, Ludwig, Diels-Alder, les physiologistes Kirchhoff, Müller, Haeckel, Helmholtz, Du Bois Reymond, Brücke, Warburg.

Les historiens Mommsen, Harnack, Ed. Meyer.

Les poètes Lilienkron, Dehmel, Stefan Georg.

Les romanciers Heyse, Frennsen, Thomas Mann.

Les dramaturges Wildenbruch, Sudermann, Hauptmann,

Les musiciens Richard Wagner, Richard Strauss,

Les philosophes Nietzsche, Wundt, et at last but not least :

Le psychanalyste Freud.

Sans parler de nombreux psychologues et pédagogues : Karl et Charlotte Bühler, etc. Voir Karl Bühler : *Le développement psychologique de l'enfant*, L'Harmattan, 2015, trad. Marc Géraud, Présentation par Émile Jalley.

C'est du sentiment de la grandeur intellectuelle de l'Allemagne, surtout la Prusse, en même temps que de l'âpre convoitise d'hégémonie militaire et économique qu'est sorti le pangermanisme. Je suis ici le développement remarquable du Manuel Malet-Isaac (Classes de philosophie-Mathématiques, 1930), rédigé à une époque où il existait encore des manuels scolaires dignes de ce nom.

> « Le mouvement pangermaniste visait à étendre l'hégémonie de l'Allemagne bien au-delà des limites de l'Empire allemand. Il fondait ses

appétits d'annexion, non seulement sur la nécessité pour l'Allemagne de trouver des débouchés, mais encore sur une sorte de théorie mystique de la supériorité du peuple allemand.

« Un pangermaniste, *Bley*, disait : « Nous sommes, sans conteste, les meilleurs guerriers du monde… Nous sommes le peuple le plus capable dans tous les domaines du savoir et des beaux-arts ! Nous sommes les meilleurs colons, les meilleurs marins, et même les meilleurs négociants ! » Il fallait donc que l'Allemagne dominât le monde afin de l'élever à toute noblesse et à toute perfection. » (Dans Andler, *Collection de documents sur le pangermanisme*, Conard éd.).

« Un peuple si supérieur se devait de posséder l'hégémonie sur les autres plus petits ou tombés en décadence [**Vous dites par exemple la Grèce ?**] Voici le plan de la « Grande Allemagne et l'Europe Centrale vers 1950 », tel que le prévoyait un pangermaniste modéré, en 1893 :

« La Grande Allemagne se composera d'une Confédération [**l'Europe des 28 nations…**]… et d'une Union douanière… La *Confédération* sera formée de : 1. L'Empire allemand actuel, y compris le Luxembourg ; 2. Les Pays-Bas (Hollande et Belgique) ; 3. La Confédération suisse allemande ; 4. L'Empire d'Autriche. La Confédération sera un État… pas exclusivement habité par les Allemands, mais exclusivement dominé par les Allemands. Les Allemands ayant seuls le droit d'exercer tous les droits politiques, de servir dans l'armée et dans la marine et d'acquérir des propriétés foncières, retrouveront le sentiment qu'ils ont eu au moyen âge d'être les maîtres [cf. **la dialectique du maître et de l'esclave de Hegel** !] Ils toléreront volontiers les étrangers qui vivront parmi eux pour y accomplir les besognes manuelles inférieures… L'*Union douanière* sera composée de 1. La Confédération ; 2. Les principautés baltiques ; 3. Le royaume de Pologne ; 4. Le royaume de Ruthénie [Ukraine, Tchécoslovaquie] ; 5. Le royaume de Roumanie ; 6. le royaume de Grande Serbie (Dans Andler, ouv. cité). Cette brochure date de 1893 ; les pangermanistes du début du XXe siècle ajoutaient à cette Europe Centrale – *Mittel-Europa* – « tout le territoire de la Turquie actuelle et des pays balkaniques, le Proche-Orient et une part immense des empires coloniaux anglais, français, hollandais et portugais. Le pangermaniste *Tanneberg* (supra, *Plus Grande Allemagne*, 1911), prévoyait une hégémonie allemande s'étendant en dehors de l'Europe, sur près de 23 millions de km2 et 137 millions d'habitants. Le pangermaniste *Naumann* (cité supra) justifiait ces annexions en ces mots : « L'histoire décrète qu'il y a des nations conductrices et d'autres qui doivent être conduites… Il n'y a pas pour les hommes en général un droit éternel à être conduits par des hommes de leur race [Dans Förster, *Mes combats*, Istra éd.]

« Naturellement une pareille transformation du monde ne se ferait pas sans de terribles guerres [Fichte les prévoit, comme lu supra ; **les textes de Hegel sur la capacité régénératrice des guerres pour la jeunesse des peuples sont bien connus.**] Mais les pangermanistes, bien sûrs de leur victoire [Cela avait été jadis aussi le cas de Napoléon III et d'Eugénie]. d'après leur théorie des « races supérieures », loin de craindre la guerre, l'appelaient plutôt de leurs vœux. La guerre à leurs yeux réalisait la justice, parce qu'elle donnait la victoire au plus digne et au plus civilisé.

« La guerre est le seul *jugement* équitable, elle est la *sélection* naturelle dans laquelle les peuples germaniques, parfaits, triomphent des peuples de médiocre valeur, imparfaits et faibles… [**Nietzsche non plus n'est pas très loin...**] La guerre fait place aux plus *aptes* aux dépens des *débiles*. Sans la guerre tout développement des peuples est impossible. Si nous reconnaissons la *nécessité du développement*, il nous faut aussi reconnaître la nécessité de la guerre… Il nous faut proclamer le guerre éternelle [**Le polémos d'Héraclite.**] Le Cantique des Cantiques de la guerre éternelle – cri d'alerte, appel à la joie pour les forts, glas strident pour les faibles [**Idem Nietzsche**] – retentira comme un tonnerre jusqu'au dernier jour ! » (Dans Andler, ouvr. cité.)

« Ces idées n'étaient pas l'apanage d'un petit nombre. Des professeurs, des pasteurs luthériens leur donnaient une large diffusion ; des associations nombreuses et actives – la plus importante était la **Ligue pangermaniste [inspirant Hitler**] – les propageaient par des brochures, des tracts, des conférences, dans toutes les classes de la nation. **Le mouvement pangermaniste constituait ainsi une menace redoutable pour la paix du monde.** »

On comprend assez bien, d'après ce texte écrit en 1930, comment la Première Guerre mondiale avait pu d'abord sortir d'un pareil climat d'hystéro-paranoïa collective, comme en sortiront par la suite Hitler, puis la Deuxième Guerre mondiale.

Spinoza : « « *Verum index sui… ordo et connexio idearum est idem ac ordo et connexio rerum* » : la vérité est son propre critère… L'ordre et la connexion des idées sont les mêmes que l'ordre et la connexion des choses. »

Un autre passage d'un autre Manuel d'histoire d'Albert Malet : XIXe siècle. 1850-1900 (Classes de Philosophie-Mathématiques), page 197-198, édité cette fois en 1914, parle des philosophes Kant, Fichte, Schelling, et Hegel de manière très intéressante pour le sujet qui nous concerne. L'auteur y reconnaît l'universalisme de Kant, y trouve une certaine excuse au nationalisme de Fichte, mais en revanche considère Hegel comme d'une ambiguïté bien plus dangereuse par les usages opposés qui peuvent en être faits – « droite » et « gauche hégéliennes – soit dans un sens réactionnaire soit dans un sens révolutionnaire.

« Kant (1724-1804)… L'influence de son œuvre fut immense non pas seulement en Allemagne, où, comme avait fait Descartes en France au XVIIe siècle, Kant agit sur la plupart des écrivains, et où d'autre part il fut comme le principe de tout le mouvement philosophique ultérieur, mais aussi hors d'Allemagne dans tout le monde pensant. Pour s'en tenir à un seul point, la philosophie de Kant, cherchant dans la conscience la base de la loi morale, établissant le caractère universel de cette loi, l'obligation de l'obéissance au devoir, « l'impératif catégorique », cette philosophie est à l'origine de tous les essais de morale indépendante par où on a pensé supplanter la morale religieuse ; elle est le principe de tout le mouvement rationaliste.

« Fichte (1762-1814)… Ce fut à Berlin qu'il publia celle de ses œuvres par où surtout il intéresse l'histoire, ses *Discours à la nation allemande*. Patriote ardent et de grand courage, il s'y appliquait au lendemain de la paix de Tilsitt, en pleine domination française, à relever les courages abattus, à raviver le sentiment national (1807-1808). Nul ne contribua plus que lui à préparer chez la jeunesse universitaire, et par elle, le grand mouvement de 1813.

« Schelling (1775-1854)… philosophe en perpétuelle évolution, parti de la *Philosophie de la nature* pour arriver, mystique, à la *Philosophie de la Révélation*, compta de nombreux disciples, en dépit d'une pensée flottante et souvent obscure et contradictoire.

« Hegel (1770-1831)… dont on a dit que « sa force d'esprit métaphysique le met à côté d'Aristote et de Kant », est, avec Kant, celui de tous les philosophes allemands dont les doctrines ont pratiquement le plus influé sur leur temps et sur le temps présent [1914]. En politique, il a professé que l'individu et la famille ne sont rien en dehors de l'État dont ils ne sont qu'un élément et ne doivent être qu'un instrument [*République* de Platon]. Le despotisme monarchique au temps de la Sainte-Alliance, le despotisme socialiste de nos jours [La Révolution russe de 1917 n'a pas encore eu lieu. On ne comprend pas bien à quoi de réel, sinon à une menace virtuelle, fait allusion l'auteur] se réclament de Hegel. Il a professé que chaque État n'est qu'un élément dans l'ensemble des États, chaque peuple dans l'ensemble des peuples, que les États et les peuples qui ont la force sont des États et des peuples supérieurs [**chemin paradoxal allant de Hegel à Nietzsche, dont on fait invariablement l'adversaire implacable du premier**], et que cette supériorité prouvée par leur force, leur donne le droit de s'imposer à tous les autres.

« Très généralement invoquée à propos des conquêtes coloniales, la théorie de Hegel est aujourd'hui professée par les Pangermanistes pour justifier de futures conquêtes allemandes en Europe. En métaphysique, professant que « Dieu n'est pas, mais devient », Hegel est à l'origine de toutes les écoles matérialistes modernes [**Feuerbach, Marx, Freud**] pour qui l'homme, étant à lui-même sa propre fin, doit rejeter comme une funeste entrave toute idée religieuse. »

Hegel est la référence de Metternich comme aussi de Marx, il est également le chantre de Wotan et en quelque façon aussi déjà l'Antéchrist, que s'est proclamé être plus tard Friedrich Nietzsche.

La question de l'implication du musicien Richard Wagner (1813-1883) et du philosophe Friedrich Nietzsche (1844-1900) dans l'idéologie

pangermaniste, en particulier à propos de la récupération sans vergogne qu'a faite de leurs œuvres l'idéologie nazie a été un sujet de débat classique, parfois tumultueux, mais la plupart du temps mal informé et partisan. Pour les personnes mieux informées, il a toujours été évident que la qualité culturelle et le niveau de sublimation de telles œuvres, dont l'ambiguïté par ailleurs rend l'évaluation problématique à cet égard, est située bien au-delà d'une exploitation aussi vulgaire et même dévoyée. C'est un problème dès longtemps connu, comme irrésolu, que celui de l'interprétation de la *République* de Platon, dans le sens ou non d'un projet de « communisme » antique, en considération de l'engagement de son auteur dans l'idéal aristocrate de son époque.

Le problème semble de même nature que pour Fichte et et Hegel à propos de Nietzsche, dont il a existé une lecture de « droite » tout aussi bien que de « gauche » (Deleuze, 1965).

On n'abordera qu'à peine ici la question si passionnelle en France de l'attitude du philosophe Martin Heidegger (1889-1976) par rapport au nazisme. Mais elle semble en partie de même nature que ce qui précède.

L'Allemagne est incontestablement un pays particulier à l'égard de la question de « l'engagement », implicite ou explicite, de certaines des personnalités majeures de sa culture dans l'espace politique du pangermanisme. Leibniz, Kant et Goethe ont été des tempéraments intellectuels de signification bien plus universaliste, plus liés à la tradition de l'Aufklärung.

En France, **Jean-Paul Sartre (1905-1980)** serait la seule grande personnalité philosophique à être notamment impliquée, implicable dans la sphère de l'engagaement politique – lui de « gauche », intimement liée à une attitude philosophique. À partit d'un certain moment, l'existentialisme a destin lié avec une certaine interprétation de la pensée marxiste, d'insistance forte sur l'humanisme. C'est ce qui n'a jamais été pardonné à Sartre par la génération du structuralisme régnant sur la république des lettres à partir de 1960.

10. Le matricide de la Grèce par la Pangermanie

La cohorte des grands esprits de l'Allemagne formée dans le célèbre séminaire protestant (*Stift*) de Tübingen : Schelling, Hegel, Hölderlin, considéraient la Grèce Antique comme la véritable ancienne patrie spirituelle de l'Allemagne. Or c'est cette patrie vénérable dont l'Europe-Allemagne, la Pangermanie, dirigée aujourd'hui par la puissante Frau Merkel, ont entrepris de dépecer le corps pour en racheter à l'encan les dépouilles sanglantes.

Dans certains numéros récents de *Marianne* (952 du 17-23/7/2015), voici ce qu'on peut lire :

« Grèce : pourquoi l'intox continue. Un accord ? Non, un diktat. Le traité de Bruxelles signe la reddition sans conditions de la Grèce d'Alexis Tsipras. La défaite économique et politique est totale. **L'Allemagne d'Angela Merkel s'est intronisée impératrice des créanciers**. Les dirigeants n'ont plus qu'à s'incliner » (Emmanuel Lévy, 10-17).

« Dérive autoritaire…

« Le texte organise même les activités de boulangerie. Pour l'Allemagne, **la Grèce doit être administrée comme une colonie [Il en allait exactement de même pendant l'occupation de la France par les nazis entre 1939 et 1945]**…

« Le coup de force de Wolfgang Schäuble aura réussi. Sa menace du « Grexit » a eu raison de Syriza version Yanis Varoufakis. Sans restructuration de la dette…

« Retour de la tutelle…

« À vouloir absolument que les Grecs paient, on invente le paiement éternel, la pénitence éternelle. » Thomas Piketty…

« Les habits du négociateur : « Un accord a été trouvé. La France le cherchait, le voulait », a annoncé l'Élysée le 13 juillet. Un « story-telling » chargé de présenter François Hollande en heureux père du compromis entre l'intransigeance allemande et la poussée démocrate grecque…

« Un euro bunkérisé…

« La preuve est faite : l'euro n'est pas qu'une monnaie, c'est aussi une politique économique fondée sur le **totem ordolibéral**…

« La crise grecque a montré que l'euro n'est pas irréversible, puisque la BCE peut exclure un pays de la zone et l'Eurogroupe impose des choix politiques…

« Tragédie humaine. »

« Merkel et Schäuble ? C'est la presse allemande qui en parle le mieux. Le lendemain de l'accord, les grands journaux d'Outre-Rhin dénoncent l'intransigeance de leur propre gouvernement. Florilège » (par Laurence Dequay.)

« « Schäuble devrait avoir honte », Eric Bonze, Taz (*Die Tageszeitung*, quotidien berlinois)…

« « L'Europe n'a pas voté la fin de l'effroi mais un effroi sans fin », Patrick Bernau, rédacteur en chef (*Die Frankfurter Allgemeine Zeitung* (faz.net))…

« « Ce deal va échouer », Merk Schieriz, journaliste financier, *Die Zeit*…

« « Si Tsipras est un risque pour la sécurité de l'Euro, alors Schäuble l'est aussi à coup sûr », Claus Hulverscheidt, *Die Süddeutsche Zeitung*…

« « [Merkel] la femme des ruines ». Tel est le titre de « une » du très placide hebdomadaire *Der spiegel* en date du 15 juillet, qui évoque « un catalogue de cruautés ». »

« Syriza va payer ses factures. L'accord du 13 juillet risque de faire éclater le parti de Tsipras. Un rêve que caressaient les dirigeants européens depuis sa victoire de janvier…

[**Intervention de la Sainte-Alliance de l'Euro-gouvernement contre les libertés des peuples**.]

« « Ce n'est pas le moment des discussions idéologiques. » Alexis Tsipras…

« Double jeu…

« Yanis Varoufakis, l'ex-ministre de l'Économie qui a poussé le Premier ministre au bras de fer avec ses créanciers. « Son entêtement ne nous a pas aidés », regrette un sympathisant de Syriza. »

« L'esclavage pour dettes existe encore », en Europe (remboursement de la dette contractée pour émigrer), au Brésil, en Mauritanie. Une vingtaine de millions de personnes seraient concernées dans le monde (Hervé Nathan, 20.)

« Ils n'ont rien appris » (*Marianne* 953 du 24-30/7/2015, 2, Éric Decouty.)

« Il existe aujourd'hui une « noblesse » européenne composée de technocrates bruxellois et des politiques qui les adoubent quand ils ne les suivent pas…

« Comme on l'a vu dans ce **nouveau congrès de Vienne que fut la dernière réunion de l'Eurogroupe**, ils n'ont rien oublié, non plus, de leurs prérogatives et de leurs privilèges, sûrs de leur bon droit…

« Sourds à ces colères qui grondent autour de la Méditerranée, en Grèce, bien sûr, mais aussi en Espagne, au Portugal. Sourds et méprisants devant ce mouvement de paysans exploités, éreintés par un néolibéralisme aussi décomplexé qu'un Copé barbotant dans la piscine d'un Takiedine…

« Où l'on comprend que les prédateurs n'ont qu'un seul objectif : accroître leurs marges sans se soucier des cadavres des petits exploitants laissés derrière eux…

« Pierre Moscovici nous a fourni un exemple de cet aveuglement nobiliaire…

« Et l'on pense à Jaurès qui s'exclamait : « Est-ce que le peuple ouvrier et paysan sera dupe de ces manœuvres ? Est-ce qu'il se laissera dépouiller une fois de plus ?...

« Une fois son rôle rempli, cette noblesse de robe européenne sera congédiée comme un domestique [**Ses vrais maîtres se situent à l'étage**

supérieur.] En attendant, les quelques millions d'euros distribués à la hâte pur faire baisser d'un ton ces paysans [**dont l'état d'aliénation politico-économique est de même nature que celui de la population grecque**] ne résoudront rien…

« Se dessinent avec ce traité [commercial de l'Europe-Allemagne avec les États-Unis, de même nature que le diktat contre la Grèce], un accroissement de la précarité, des inégalités sociales et de la pauvreté. »

« Un nouveau frondeur nommé DSK » (par Émmanuel Lévy, 7.) Sur le fond la critique de *Marianne* n° 952 ayant représenté « sainte Angela Merkel affublée d'un casque à pointe » ne plait pas au « comité des eurobéats (Jean-Michel Aphatie et Jean Quatremer en tête » [sans oublier Christian Barbier de *l'Express*.]

« Ce mot de diktat, c'est pourtant celui qu'utilise Dominique Strauss-Kahn. Dans une lettre ouverte intitulée « À mes amis allemands », l'ancien patron du FMI a fait sensation en tirant à coups de canon contre cet accord. Comme la majorité de ses confrères économistes, l'agrégé qu'il est y voit un projet inopérant, incapable de remettre le pays sur le chemin de la croissance et du désendettement. Ce dernier point n'est même pas abordé dans le dernier texte de la troïka. Mais le politique qu'il demeure s'exprime ainsi. Il considère la séquence de la négociation comme « l'occasion d'une victoire idéologique sur un gouvernement d'extrême gauche », d'une Europe « où [ses] amis allemands impose[raient leur] loi »… L'ex-patron du FMI a sorti la sulfateuse contre ses « amis allemands ». »

« Les écorcheurs du peuple grec » (*Marianne* n° 956 du 14-20/8/2015, Joseph Macé-Scarron.)

« Oui, la crise grecque a largement profité à l'Allemagne d'Angela Merkel…[*Le Figaro* du 10 août] a publié une étude qui souligne que nos amis d'Outre-Rhin ont réalisé « plus de cent milliards d'économies budgétaires » [le 1/20 du PIB annuel de la France, soit son rendement annuel à 5 %] depuis le début de la crise en 2010. En effet, la peur du « Grexit » a précipité les investisseurs vers ce qu'ils considèrent comme le plus sûr : les obligations de l'État allemand. Ce faisant, les taux d'intérêt réel auxquels l'Allemagne emprunte sont inférieurs à 0 %...

« Après le temps des rançonneurs, voici venu celui des équarisseurs, des dépeceurs, des écorcheurs du peuple. »

Dans la mythologie grecque, le malheureux Marsyas devait « à la fois jouer de la flute et chanter dans le même mouvement. » Comme il n'y parvenait pas, le dieu Apollon « se vengea en l'attachant à un pin avant de l'écorcher vif et de clouer sa peau près d'une grotte. » Il est absurde de lancer « comme défi à une nation de sacrifier à la fois à l'austérité et de produire de la croissance.

« On trouvera peut-être que le terme d'« écorcheur » est un peu outré… c'est tout un pays qui est en train de se faire dépouiller au coin du bois de l'Europe par les grandes compagnies du **Saint-Empire romain germanique [Références historiques précises des Discours de 1806 de Fichte et des Pangermanistes des années 1900.**] Car au-delà de ses économiques, l'Allemagne en a également profité dans le secteur commercial. »

[**Pendant l'occupation de 1939-1945, ce qui restait de l'État français versait aux nazis la somme énorme de 400 millions par jour (environ 80 % du budget de l'État de l'époque), cependant que les autres réquisitions diverses laissaient la population pratiquement sans aucun moyen de survie, sauf pour une caste de trafiquants liés à un système bancaire collaborationniste véreux. C'est pratiquement la même histoire qui continue avec la Grèce, à quelques changements de coordonnées près. La Guerre continue, mais usant de moyens économiques plutôt que militaires classiques.**]

« Pendant ce temps, Daniel Cohn-Bendit sirotant une retraite libérale-libertaire bien méritée » explique à Libération que « le problème de l'Europe est le « souverainisme démocratique national » et qu'il est temps de « dépasser l'État nation » *via* un saut fédéral dans une Union européenne encore plus démocratique. Du Habermas en kit idéologique pour les sociétaires perpétuels du Boboland. » En fait, Cohn-Bendit appartient à cette « surclasse… perpétuellement jetlaguée idéologiquement, en lévitation au-dessus des peuples et de leurs problèmes réels. »

L'allusion précédente, à propos de la mise en coupe réglée de la Grèce, au pillage de la France par les nazis sous l'occupation 1939-1945 n'a rien de forcé à en juger par la dernière nouvelle rapportée ci-après.

Grèce. Athènes cède quatorze aéroports à l'Allemagne.

Se pliant aux exigences de ses créanciers, la Grèce se lance dans une série de privatisations. Le gouvernement s'apprête à céder quatorze aéroports à l'Allemagne (dont Thessalonique, Corfou, Rhodes, Cos, Santorin…)

C'était prévu par l'accord signé le 13 juillet par la Grèce et les pays membres de la zone euro : Athènes devait mettre en place des réformes structurelles et engager un gigantesque programme de privatisations, au nom du retour aux « grands équilibres » qui préparent les déséquilibres de demain. C'est chose faite : mardi 18 août, le gouvernement a officialisé « la vente de quatorze aéroports régionaux à l'Allemagne », rapporte die *Tageszeitung*.

Selon le quotidien allemand, un décret signé par le vice-Premier ministre grec, le ministre des Finances et le ministre de l'Economie « approuve l'accord conclu par l'agence Taiped » [chargée des privatisations du pays] avec la société allemande Fraport-Sientel ». L'entreprise, qui exploite l'aéroport de Francfort, a remporté l'appel d'offres avec « un rachat de 1,234 milliard d'euros, assorti d'un loyer annuel de 22,9 millions d'euros ». Le porte-parole des autorités de Bruxelles a salué « la première action concrète d'un programme de privatisation ambitieux ». De son côté, Ulrich Wilken, membre du parti de gauche Die Linke, déplore « la liquidation de l'argenterie grecque ». Selon le député, « les bénéfices ne vont pas aller aux Grecs mais à l'économie allemande ».

Cet accord n'est pas une coïncidence pour le quotidien allemand. Mercredi 19 août, les députés allemands ont approuvé à une large majorité le troisième plan d'aide à la Grèce lors d'un vote au Bundestag. [**Le Parlement européen n'ayant qu'à la fermer.**] En janvier dernier, la Grèce avait gelé la vente des aéroports après l'élection d'Alexis Tsipras.

Le programme en question passe par la création d'un fonds visant à dégager 50 milliards d'euros (25 fois le PIB français), fonds qui devait être à l'origine installé au Luxembourg, mais qui finalement restera en Grèce, mais sous l'étroite surveillance des créanciers, autrement dit de ceux qui tirent sur la corde étranglant le peuple grec. [**Quelle est la différence réelle avec l'armée d'occupation allemande en France au cours des années 1939-1945 ?**]

Mais pourquoi s'arrêter en si bon chemin : l'Allemagne – la Grande Allemagne de Kant, Fichte, Schelling, Hegel, la même que celle de Goethe, Schiller, Hölderlin, Novalis, va-t-elle carrément mettre un jour sa mère sur le trottoir, va-t-elle contraindre la Grèce à démonter le Parthénon pour le vendre en pièces détachées aux amateurs yankees ?

La Grèce a dû passer sous les fourches caudines d'une Europe où l'Allemagne donne le ton, au point d'organiser la curée à son profit. Romano Prodi disait récemment qu'« une Europe allemande » [une Pangermanie] était sur le point de prévaloir sur le simple fait d'une Allemagne européenne.

« Après les aéroports, à qui le tour ? Sans doute des **ports [avec la complicité des armateurs grecs**], les chemins de fer, l'équivalent grec d'EDF, et d'autres entreprises, bientôt emportées par un tsunami de privatisation qui va vider de sa substance un pays déjà affaibli, aggravant à terme le problème d'une dette qui ne sera jamais remboursée. Mais de cela il est interdit de parler. Chacun sait pourtant le cœur de la crise [non seulement grecque mais en grande partie européenne]. »

« Daech » s'occupe de ce genre de débouchés rentables en vendant les Antiquités de Syrie, celles qui sont transportables, en prenant soin de détruire à l'explosif celles trop volumineuses à transporter.

Reste à parler de deux sujets :

- Habermas,
- La nouvelle économie dite ordolibérale.

11. La condamnation mesurée par le philosophe Jürgen Habermas de la politique prédatrice de la Pangermanie

Il s'agit d'une interview donnée au *Nouvel Observateur* n ° 2647 du 30-7/3-8 2015 pp. 24-27 (Propos recueillis et traduits par Odile Benyahia-Kouider avec Catherine Colliot-Thélène.)

Le philosophe, âgé de 86 ans, dit avoir été « choqué par la « façon brusque et teutonique » [La référence aux chevaliers Teutoniques se trouve, on l'a vu, dans le *Mein Kampf* d'Hitler] dont le gouvernement allemand [nommément impliqué plutôt que l'« Europe »] a traité les Grecs au cours de ces dernières semaines. »

J. H. fait valoir son rôle d'« intellectuel engagé intervenant dans les débats afin que l'on puisse « s'entendre mutuellement sur un enjeu » important pour la vie de la cité [espace étrangement métaphorique], loin des intellectuels médiatiques occupant l'espace public pour se « faire valoir personnellement ». » Européen de la première heure, J. H. compte sur l'imagination des Français [vœu pieux] pour sauver l'Europe de la désintégration [Telle qu'elle est faite, sa vie vaut-elle un clou ?] »

J. H. aurait d'ores et déjà déclaré que « l'Allemagne post-nazie avait ruiné en une nuit, celle du 13 juillet 2015, soixante-dix ans d'un long et patient travail de reconquête des cœurs européens. »

[Cette affaire de « cœur » est gênante. On peut admirer l'Allemagne pour moitié, pour sa culture grandiose ; mais la trouver tout aussi détestable pour l'autre moitié. La question grave étant de savoir si l'avers et l'envers de la même pièce de monnaie ont un rapport secret ou non. Il n'est pas question d'être jamais l'ami de cœur, l'ami intime de Faust.]

On pourra trouver le discours d'Habermas, intéressant, sérieux, préoccupé du présent et de l'avenir. Mais également touffu, justificatif, moralisateur, planant dans les nuées au-dessus des vraies responsabilités.

La perspective, comme phénoménologique et aussi structuraliste, d'H., à l'enseigne de presque tout ce qui se fait aujourd'hui en matière de philosophie, est anesthésiée à l'égard de toute conscience historique réelle, à l'égard de l'idée que l'attitude politique de l'Allemagne actuelle pourrait être la résurgence d'un inconscient national, d'un discours latent collectif d'ordre culturel et sociopolitique qui a peu changé. Et Freud a toujours pensé qu'il y a des données historico-culturelles qui se modifient peu à travers le temps, sauf travail de perlaboration sans complaisance (Gramsci). La Sainte-Alliance de Metternich, l'intransigeance de Bismarck, la dureté de Bülow… Ne poursuivons pas… sont toujours là, dans la mentonnière de Herr Schäuble qui a formé Frau Merkel. C'est cela que le discours moralisateur « kantien » de J. H. ne veut pas vraiment savoir. Comme Pilate, il se lave les mains de la voracité sans limites des grands banquiers teutons et de leurs affidés anglo-américains, dont les Schäuble-Merkel ne sont en définitive que les marionnettes et les Figaros, « de luxe » certes mais réellement « de papier ».

Mais laissons-lui la parole, car il est un intellectuel renommé, dont il n'y a aucune raison apparente et valable de suspecter « la bonne foi » du discours manifeste. Et un esprit de cette trempe a le droit à l'erreur.

J. H. concède que la mentalité de l'Allemagne depuis la Guerre est marquée d'« une forme d'esprit libéral qui s'est imposée comme courant principal de la population », accompagnant « la conscience de sa normalité retrouvée d'État-nation », à l'enseigne aussi de « la satisfaction d'elle-même ».

Plus loin : « Depuis le début de la crise bancaire, un rôle de leader incombe à l'Allemagne. Il est vrai que le gouvernement allemand n'a pas chercher à l'endosser [**Formidable revanche au contraire contre le fait d'avoir dû subir la division de son espace vital.**] mais il est vrai aussi qu'il a su parfaitement, ces dernières années, tirer avantage, notamment sur le plan économique, de la perception de ce nouveau rôle, qu'il a en apparence accepté à son corps défendant. » [Au moins l'aveu en est-il fait.] Car l'Allemagne ne s'est pas « affirmée consciemment en tant que **puissance hégémonique. » [Cela ne relèverait que de l'accident, sans tenir à l'essence.**]

Or, « lors de ce long week-end de négociation avec la Grèce, Wolfgang Schäuble et Angela Merkel ont abandonné ce style réservé. En tout cas, l'écho suscité par leur comportement brusque et teutonique, visant à aboutir à un « Grexit » montre que le gouvernement allemand est tombé dans [le] piège historique d'une **position semi-hégémonique. » [Quel art de la dénégation par la litote** !]

« Je ne redoute pas une résurgence du nationalisme allemand. Le populisme de droite est plus réduit en Allemagne que dans la plupart des pays européens. »

[En réalité Angela Merkel gouverne depuis 10 ans avec une coalition de la droite et de la social-démocratie CDU-SPD, situation qui ne diffère pas tellement de celle de la France de Hollande où l'on voit la social-démocratie, même majoritaire, gouverner en fait au profit de la droite].

« Il était peut-être maladroit, de la part du gouvernement grec, de rappeler, dans les circonstances actuelles de vieilles revendications de réparations de guerre, au demeurant pour partie justifiées. [**La philosophie, ou au moins la sagesse de nations, apprend à savoir la fermer même quand on a raison.**] Mais la réaction froide et abrupte du gouvernement allemand était indigne. »

Assurément, « Wolfgang Schäuble a une vision ordolibérale [dont on va reparler plus loin]… Il semble voir dans le système de régulation technocratique qui a émergé de la crise bancaire et de la crise des dettes souveraines les contours d'une future « Constitution économique », corset réglementaire » ne laissant aux « États qu'une souveraineté de façade, en soustrayant à la volonté démocratique les décisions fondamentales… Ces conceptions au début des années 1950 [aboutissent à consolider] définitivement dans le monde néolibéral contemporain [la carence] de tous les moyens démocratiques avec lesquelles l'Europe peut encore [elle ne le peut ni même ne le veut plus] tenir la bride serrée au **capitalisme financier le plus sauvage. »**

[**Les gouvernants n'en sont que les fidéicommis**, comme disait déjà Marx, les Figaros. En 1950 : sous Vincent Auriol, Président de la République, avec les gouvernements dits de « troisième force » : Bidault (MRP), Queuille et Pleven (Parti radical), a lieu la création par le français Jean Monnet, en accord avec Konrad Adenauer, de la Communauté européenne du charbon et de l'acier (CECA en 1952)].

J. H. dit être d'accord avec Balibar soutenant que la domination de l'Allemagne sur l'Europe tend à l'objectif de « casser la gauche [en général et partout] en provoquant la chute de Syriza, et de contraindre la France à davantage de discipline budgétaire et de réformes structurelles. » Telles sont « les conséquences de la politique d'austérité de Merkel, et d'autre part des réflexes anticommunistes primaires contre un gouvernement de gauche. Sur ces questions, Wolfgang Schäuble a toujours été un « dur ». »

[**C'est la politique de l'intervention répressive et réactionnaire de la Sainte-Alliance de Metternich. C'est aussi une forme de guerre nouvelle, économique, et qui s'épargne la dépense du recours extrême aux moyens militaires classiques, ce qui se conforme du reste aux idées de Clausewitz**].

J. H. se lâche encore un peu plus : une écrasante majorité d'Allemands approuvent la position du gouvernement d'Angela Merkel, et il n'y a rien d'autre à « attendre d'une population qui n'a jamais été sérieusement confrontée aux questions européennes par ses gouvernements… La politique européenne a été conçue depuis le début au-dessus de la tête des populations [par l'oligarchie financière]... Les gouvernements préfèrent anesthésier leurs électeurs plutôt que les contrarier ... On leur a donné le sentiment qu'il fallait laisser agir seule la chancelière [au-dessus de toutes les institutions], seule à même de préserver leur argent. La CDU a fait de l'« union de transfert » [de l'autorité décisionnelle au Parlement européen] un épouvantail. »

Pour l'avenir, « tout va dépendre de l'attribution au Parlement européen des mêmes pouvoirs qu'au Conseil des Ministres [pour chaque secteur] et au Conseil européen [des 28 Présidents]. »

J. H. dit avoir été surpris par « la proposition du président François Hollande d'approfondir l'intégration en créant une avant-garde des pays qui le souhaitent ». Cela conduirait à « attribuer davantage de pouvoirs à la Commission [où le représentant de la France est aujourd'hui Pierre Moscovici], institution dont le caractère démocratique est douteux [Les membres n'en sont pas élus mais nommés.] En même temps, c'est le modèle allemand qui l'a emporté, un modèle de renforcement des attributions des chefs de gouvernement [avec le leadership de fait de Merkel] auxquels la légitimité démocratique fait défaut... **Ce n'est pas seulement que les Grecs perçoivent la domination de l'Eurogroupe comme une domination étrangère – elle l'est effectivement [De tels aveus sont effarants], comme elle l'est aussi pour les Espagnols, les Portugais, les Irlandais et les autres [concédant de fait qu'il s'agit de pays « occupés » ni plus ni moins]... La Grèce est devenue un protectorat. Les hommes politiques sont déguisés en créanciers**. »

À propos de l'idée suggérée par F. Hollande d'un « Parlement de la zone euro [Mais il y en a déjà un et on n'y comprend rien.] et d'un budget commun, J. H. répond qu'il faut constituer au Parlement européen un pendant à l'Eurogroupe, c'est-à-dire un Parlement de l'euro élu en fonction de partis et composé de groupes parlementaires [Mais il y en a déjà ?]

L'article porte en dernière page un encart, signé Éric Aeschimann : « Le philosophe de l'Europe, Jürgen Habermas, c'est « le » philosophe de la construction européenne ». Toute sa vie, il a combattu le nationalisme et défendu la démocratie comme délibération rationnelle. » De ce point de vue, « son concept clé, c'est l'agir communicationnel, qui désigne la capacité de l'homme à échanger des arguments rationnels dans le but de prendre en commun les moins mauvaises décisions [La seule question n'est pas de communiquer, de répartie dans la parole, mais encore celle de répartir avec justesse et justice les biens.] Inlassable défenseur de l'Europe, il a appelé de ses vœux un « patriotisme constitutionnel » détaché des États-nations. » Assurément, « certains y ont vu un optimisme facile, aveugle à la brutale réalité des hiérarchies sociales et des passions culturelles. La crise européenne ne manquera pas de renforcer cette critique : croire que l'on peut rassembler les peuples par la seule vertu de la « communication », sans se soucier des inégalités, n'était-ce pas une naïveté ? » La revue *Esprit* lui consacre un numéro au mois de septembre. En 1953, J. H. avait publié un article de rupture avec Heidegger, qui était son maître, mais dont les mots et les concepts lui ont semblé exprimer soudain « l'esprit du fascisme ». Dans un long entretien, Habermas « concède avoir exagéré ses querelles avec les penseurs français, notamment Derrida et Foucault. « Depuis que Bourdieu lui-même est décédé, je me sens seul à Paris. Avec qui partager un déjeuner ? » » [Est-ce bien la question : déjeuner, entre penseurs ? D'ailleurs, il ne reste probablement plus grand monde à Paris, en fait de penseurs].

Habermas fait parfois dans le comique en nous assurant que si rien n'est fait, « la gauche devra abandonner tout espoir », comme si la gauche (laquelle d'abord ?) avait eu jamais à espérer quoi que ce soit de l'organisation actuelle de la Pangermanie.

12. La Pangermanie du Docteur Faust derrière la mascarade des institutions européennes

Il est extrêmement difficile, même pour le lecteur d'un bon niveau d'instruction, de comprendre quelque chose aux débats sur l'Europe sans se référer à des schémas, des diagrammes sur l'organisation des institutions européennes. Il en existe, que l'on trouve sans trop de difficulté sur Google, et dont le déchiffrement suscite rapidement l'effarement, à découvrir à quel point ils sont étrangers à toutes notions élémentaires de démocratie, telles qu'elles sont reçues depuis la Constitution des Droits de l'Homme de 1789.

Il faut d'abord par exemple comprendre que dans le « volapük » européen, le mot « Conseil » signifie deux choses différentes, à ne pas confondre avec une troisième dite « Commission » – de même que Dieu par exemple pour les chrétiens peut vouloir dire : Père, Fils ou Esprit, ce qui ne rend pas pour autant les choses plus faciles à comprendre selon des « natures simples » (Descartes).

Voici donc l'un de ces schémas, dont on s'excuse de ne pouvoir le représenter avec des caractères d'une taille convenable.

Source: adaptation de Y. Doutriaux, C. Lequesne, *Les institutions de l'Union européenne après la crise de l'euro*, La Documentation française, 2013 © Diploweb - Mai 2014

Le Conseil européen (CEU 1974, 1992, 2009) réunit, au plus haut niveau, les 28 dirigeants des États membres.

La commission européenne (CE 1958) comprend 28 commissaires, un par État membre (Pierre Moscovici en ce moment pour la France).

Le Conseil de l'Union européenne (CUE 1958) comprend les 28 ministres nationaux de chaque pays en fonction des domaines politiques traités.

Le Parlement européen (PE) comprend 751 membres. Germania y possède le plus de sièges parmi les 28 pays : 96, nettement plus que la France (74), le Royaume Uni, l'Italie (73), l'Espagne (54), le Portugal (51), Irlande (11), la Grèce (21). Il élit le Président de la Commission européenne (Juncker souhaité par Merkel). Il **ne détient pas à lui seul la compétence législative et budgétaire**, mais la partage selon un pouvoir de codécision avec CE et CUE (où tous sont nommés mais personne véritablement élu).

L'Allemagne, peuplée de 80 millions d'habitants, a un député pour 833 000 habitants, tandis que la France, peuplée de 66 millions d'habitants, a un député pour 892 000 habitants. Personne ne trouvera cela normal, sauf ceux qui ont toujours trouvé naturel de plier l'échine devant Pangermania.

Un réseau de flèches descend de CEU vers PE, CE, CUE. Il va de soi que le CEU, qui donne « l'impulsion », dirige en fait tout, aucune flèche ne remontant du niveau inférieur vers lui, et que le Kaiser de la

Germanie (A. Merkel) y joue de soi le rôle majeur, à raison même de représenter la section la plus nombreuse du Parlement (96).

En bas du schéma, la Banque centrale européenne, la Cour des comptes, et la Cour de justice de l'Union européenne évoluent dans un espace non fléché clairement par rapport aux autres instances. **Pourquoi la Banque (BCE) ne ferait-elle pas ce qu'elle veut dans son château ?**

Il va de soi que des décisions d'une importance capitale peuvent être prises pour un pays, par exemple la question des quotas agricoles pour la France, dans un système décisionnel où un seul élu français (Hollande) interviendra dans un ensemble de 84 membres (3 X 28), dont les autres (83) n'ont jamais procédé de la volonté générale du peuple français. Même chose pour les autres pays, sauf pour le pays dominant, Germania, qui mène le jeu, sous la direction du chancelier (Kanzler, Kanzlerin) ou même de l'Empereur (Kaiser, Kaiserin).

Le bon sens ordinaire, pour n'avoir pas regardé de près les choses, trouvera probablement excessif de voir rapprocher ce système de ce que furent jadis des structures telles que la Diète du Saint-Empire Romain-Germanique, ou la Sainte-Alliance de Metternich, déjà évoquée, que son caractère déjà excessif pour l'époque a rapidement voué à la disparition (1815-1826). Même l'Empire allemand du ministre-président de la Prusse Bismarck (1862-1890) n'a jamais eu les moyens de gouverner l'Europe de cette manière.

Enfin, il est impossible de ne pas remarquer que **l'État fédéral commercial clos (*der Gescholossene Handelsstaat*) à dominance germanique, souhaité jadis par J. G. Fichte, serait à peu près ce que réalise 150 années plus tard la Pangermanie européenne**, par ailleurs nouveau costume de cette Mittel-Europa dont a rêvé avec obstination l'opinion allemande éclairée dès les années 1860.

La Pangermanie contemporaine est bien un hyper-État, certes encore anarchique à cause de sa taille excessive, mais d'une bureaucratie hyper-autoritaire, de tradition bien plus germanique que française, contrôlant de façon tyrannique tous les détails de vie ordinaire (l'ouverture de la chasse aux palombes dans les cols pyrénéens…). Et c'est bien un État clos, fermé : l'Ukraine, la Turquie n'y ont pas accès, bref tous les États jugés ne pas posséder un génome démocratique suffisamment pur, authentique (*echt*).

Assurément, on déplore que la philosophie politique (allemande, française) n'ait plus la conscience critique, la pugnacité, ne serait-ce que pour ouvrir les yeux de façon à prendre conscience d'un tel état de choses, au lieu de le « refouler », ni plus ni moins. Tout juste la philosophie politique est-elle bonne, chez un Habermas, et ses présentateurs, à se déguiser dans le costume de la philosophie « morale », voire, les meilleurs jours, de la philosophie « sociale », ce qui n'a jamais été son rôle.

L'ensemble de cette « superstructure » (au sens de Marx) se présente aujourd'hui sous forme d'une forêt de Brocéliande faite pour égarer les opinions, de caravansérail où se rencontrent les marchands en tous genres, de capharnaüm d'organes disparates, et qui s'est imposée de façon de plus en plus coercitive avec le temps (1958-2009), surtout **le chapeau hyper-présidentiel encore tout récemment (2009), la Germanie jouant des coudes pour la conformer de mieux en mieux à son usage**, cependant que les Français qui en avaient inauguré la brillante idée (Jean Monnet 1952) laissaient faire comme d'habitude (Munich 1938).

On se demande si ce désordre (pour être poli) savamment ordonné pour que les troupeaux de l'opinion continuent à mâcher leur herbe, n'aurait pas un rapport, certes lointain mais plausible, avec le bizarre souci souvent exprimé par Fichte de n'être pas trop facilement compris.

En dehors du schéma produit ci-dessus, d'autres grands sauriens, sans existence juridique ni aucun acte de naissance démocratique assignables, sans préjuger de la massivité de leur insistance consistante, hantent l'espace de la Pangermanie. De fait, les médias bassinent quotidiennement le public avec la Troïka, l'Eurogroupe, l'Euro-gouvernement.

La Troïka désigne, nous dit Google, l'alliance de la Banque centrale européenne, de la Commission européenne et du Fonds monétaire international.

L'Eurogroupe, nous dit-on encore, est la réunion mensuelle et informelle des ministres des Finances des États membres de la zone euro, en vue d'y coordonner leur politique économique.

L'Euro-gouvernement est, glane-t-on encore deçi delà le « gouvernement de la zone euro », dont celle ci aurait besoin (*dixerunt* Hollande, Macron) avec « un budget spécifique ainsi qu'un Parlement pour en assurer le contrôle », bien qu' « avec la crise, on [ait] déjà développé une forme de gouvernement de la zone euro » (*Le Monde*).

13. La nouvelle adaptation « ordolibérale » de l'économie libérale par le paradigme pangermaniste

« 26 août 1938 : le néolibéralisme naît à Paris. C'est lors d'un colloque près du Palais-Royal à Paris, que la doctrine qualifiée alors de néolibérale voit le jour, avec **l'américain Walter Lippmann** en théoricien fondateur. Toute la question consistera, par la suite, à déterminer le rôle de l'État dans un marché censé s'autoréguler » (*Marianne* 955 du 7-13/8/2015, 38-41, Bernard Rothé.)

Ce ne sera qu'une dizaine d'années plus tard que l'Américain Milton Friedman (1912-2016) développera l'École monétariste de Chicago avec ses « Chicago boys » George Stigler (Nobel 1982), Ronald Coase (Nobel 1991), Gary Becker (Nobel 1992), Robert E. Lucas (Nobel 1995).

De son côté, la France a été une des terres d'élection du libéralisme classique [sans oublier l'Angleterre : Locke (1632-1704), Mandeville (1670-1733), Hume (1711-1776), Ferguson (1723-1816), Smith (1723-1790), Burke (1729-1797), Malthus (1766-1834),

In : *Jalley, La réforme du collège*, 2015, page 107.]

Turgot (1727-1781) attribue à Vincent de Gournay (1712-1759) la formule « Laisser faire, laisser passer ».

Jean-Baptiste Say (1767-1832) invente la loi des débouchés proclamant que « l'offre crée sa propre demande ».

Frédéric Bastiat (1801-1850) a été l'un des auteurs de référence de Margaret Thatcher et de Ronald Reagan.

Léon Walras (1834-1910), né à Évreux mais enseignant en Suisse, prétendait démontrer « l'équilibre général de concurrence pure et parfaite ».

Ce modèle de l'économie libérale mobilise un optimisme proche de celui de la philosophie de Leibniz (1646-1716), évident dans la formule de la « main invisible » régulant le marché d'Adam Smith (1723-1790).

La plupart de ces auteurs sont connus de Marx, et critiqués par lui dans des termes aussi percutants qu'irréfragables, bien que nul n'en ait plus souvenir (Marx, Pléiade, Index, tome 2).

La France surtout républicaine, pousuit-on, avait appliqué avec zèle ces doctrines au moins jusqu'en 1914.

Jusqu'alors, l'économie était vraiment libérale, l'État n'y intervenant pas ou très peu. Il n'y avait pas par exemple de ministère de l'Économie, ni de « politique économique ».

Pendant la Guerre de 1914-1918, l'État intervient dans l'économie pour permettre l'approvisionnement des troupes, tandis qu'après la guerre, les gouvernements tentent de revenir aux pratiques la Belle Époque. Cependant, la Grande Dépression de 1929 va porter le coup de grâce au libéralisme dit « manchestérien ».

> « On cherche alors une autre voie. Certains regardent du côté du fascisme et du communisme, tandis que d'autres réfléchissent à des solutions plus compatibles avec la démocratie. Les « planistes » pensent que la raison couplée à l'autorité doit remédier aux effets pervers et à la myopie du marché. Une partie des syndicats et de la SFIO est séduite. Les catholiques lui préfèrent le corporatisme, et veulent développer une société organisée par métiers, en regroupant dans de mêmes syndicats patrons et salariés. »

Les chrétiens sociaux (époque de célébrité de Maxence Van der Meersch 1907-1951) voient dans cette idéologie une forme de socialisme non marxiste. Mais l'Action française la possibilité d'un retour vers la société d'Ancien Régime

Walter Lippmann (1889-1974), après des études de sociologie à Harvard, est journaliste. Il participe à l'élaboration du programme en 14 points du président américain Wilson (1856-1924, 1913-1921) après la guerre. Longtemps homme de gauche, c'est sur le tard qu'il se convertit au libéralisme. En 1937, son livre sur *la Cité libre* va jouer un grand rôle dans le développement du néolibéralisme.

Selon W. L., le *Welfare State* – l'État-Providence, le *New Deal* (1933-1938) du Président américain Franklin Delano Roosevelt (1882-1945, 1933-1945) expriment « l'idéologie d'une nouvelle divinité » aussi dangereuse que celles incarnées par les régimes totalitaires, nazisme et communisme, ces « despotismes collectivistes ». Mais il s'attaque avec autant de virulence au régime dépassé du libéralisme : selon lui, le marché est à l'origine de la paupérisation de certaines couches de la société, ce qui met en cause les fondements mêmes du « laisser passer, laisser faire ».

Lippmann est d'accord avec les collectivistes sur les conséquences désastreuses de l'économie libérale. Mais cela ne le conduit pas à rejeter le libéralisme, plutôt à le réformer pour le renouveler.

La Cité libre est un « agenda du néo-libéralime », soit encore du « libéralisme renouvelé ». Il souhaite que l'État intervienne dans l'économie, par l'intermédiaire de la loi, pour garantir la concurrence. Le concept de « gouvernement d'un État libéral » va paraître paradoxal aux libéraux orthodoxes.

Lippmann et John Maynard Keynes (1883-1946) se connaissent et s'apprécient. Tous deux viscéralement anticommunistes. Cependant, tous deux font le choix d'une intervention de l'État pour sauver le libéralisme. En revanche, tout les sépare au niveau de l'analyse du cœur du réacteur. Lippmann et les néolibéraux pensent que la liberté des prix et le principe de la concurrence permettent d'atteindre l'équilibre de plein emploi. Keynes soutient au contraire que le marché ne garantit en rien l'équilibre de plein emploi. Leur proposition d'intervention de l'État est donc très différente. Celui-ci doit donc apporter du combustible et soutenir la croissance pour Keynes. Alors qu'aux yeux des néolibéraux, c'est juste un garde-fou, dont il y a intérêt à se séparer dès que possible.

En réalité, la différence n'est pas très facile à voir. Et elle ne va pas l'être non plus avec ce que l'on va appeler plus loin l'ordolibéralisme.

Le colloque de 1938 est organisé, autour de *La Cité libre* et à l'occasion de la présence de Lippmann à Paris, par Louis Rougier, philosophe antichrétien, initiateur sous Vichy d'un axe Pétain-Churchill (!), pour finir en idéologue de la nouvelle droite dans les années 80 (Grece).

L'objectif de Rougier est de conduire une « croisade internationale en faveur du libéralisme constructif ».

Les intervenants (26) viennent de tous les horizons, surtout de toutes les obédiences de droite, tandis qu'en revanche, socialistes et marxistes ont été éconduits poliment.

Sont présents les deux ultralibéraux autrichiens Friedrich von Hayek (1899-1992) et Ludwig von Mises (1881-1973).

Également les plus jeunes Raymond Aron (1905-1983) – le seul à se définir comme « socialiste keynésien », René Courtin (1900-1964) – un des fondateurs du journal *Le Monde*, et aussi Jacques Rueff (1896-1978), qui sera un des proches conseillers du général de Gaulle après 1958.

Il y a peu de consensus sur la nouvelle doctrine : le terme « néolibéralisme » l'emporte, alors que certains soutiennent d'autres appellations telles qu'« individualisme », ou alors « libéralisme positif », et même « libéralisme de gauche ».

Après la guerre en 1947 a lieu un nouveau colloque au Mont Pèlerin près de Vevey : 16 de conférenciers de 1938 s'y retrouvent, mais arrivent en masse des Américains, dont Milton Friedman, qui va faire lui évoluer le néolibéralisme vers l'ultralibéralisme. Le nouveau libéralisme, d'abord proche des thèses de Keynes, va prendre justement comme bête noire le keynésianisme, qui triomphe alors aux États-Unis et en Europe occidentale.

Dans le nouveau colloque, les trajectoires des participants ne sont pas homogènes.

Les Allemands Wilhelm Röpke et Walter Eucken seront les fondateurs de l'ordolibéralisme, un courant de pensée très proche de la philosophie originelle du libéralisme, qui repose sur l'équilibre budgétaire, le marché ouvert et non organisé par l'intervention de l'état mais grâce à un cadre légal et institutionnel fort, maintenant une concurrence « libre et non faussée », une expression **que l'on retrouve dans les traités de Rome de 1957 et qui gouverne encore les instances européennes**.

Hayek va glisser du néolibéralisme au libéralisme, puis dans ultralibéralisme, aux côtés de Gary Becker (1930-2014).

Von Mises restera de façon constante comme à l'origine en 1938 de la « liberal old school ».

Mais la plus jolie carrière sera celle de Charles Spinasse, socialiste et planiste, premier ministre de l'Économie dans le gouvernement de Front populaire de Léon Blum, qui vota les pleins pouvoirs au maréchal Pétain en 1940 et écrivit des libelles en faveur d'un pouvoir autoritaire.

Parmi les commentateurs récents de Lippmann, les uns expliquent que sa trajectoire conduit logiquement à Reagan (Denord), tandis que d'autres (Audier) insistent sur sa proximité originelle avec Keynes.

Les idéologies latentes qui sous-tendent ces différents modèles sont d'une consistance philosophique très vaporeuse, ce qui les rend difficiles à bien identifier.

Pour Keynes, l'économie est un patient de constitution délicate, à qui l'État-médecin prescrit – sans l'imposer comme les marxistes – un régime précis et constant. Pour Lippman, c'est un adulte de meilleure constitution, mais qui a intérêt à faire appel à l'État en cas de besoin, quitte à le renvoyer dans les coulisses. Pour l'ordolibéralisme, dont on va parler, l'économie est un ogre qui entre dans la maison pour tout dévorer à sa guise, mais qui entend en plus que l'État-majordome déroule partout le tapis rouge sous ses pieds.

L'essentiel, dans le parcours précédent, c'est que le « néolibéralisme » est bien une entité qui a existé sous forme d'un vocable connu déjà depuis une cinquantaine d'années au milieu de la décennie 1980, mais qui n'a jamais eu d'autre consistance historique que d'être un fantôme, un leurre cachant de fait le retour à un ultralibéralisme encore plus débridé, aux États-Unis en tout cas, tandis qu'en Europe il prenait les apparences nouvelles d'un ordolibéralisme, dont on va parler encore un peu loin

En tout cas, Éric Aeschimann (*Nouvel Obervateur* n° 2640) n'avait donc pas raison d'expliquer l'intérêt tardif de Michel Foucault pour le libéralisme, dans le milieu des années 1980, par le fait que le néolibéralisme n'avait pas encore été inventé. En réalité, ce que Foucault faisait (in)consciemment, c'était d'accompagner le nouveau visage de cet (ordo)libéralisme qui se forgeait alors en Allemagne pour servir de carcan aux masses travailleuses de la Pangermanie (voir Jalley : *La réforme du collège*, page 110).

Venons-en donc à la question précise de l'ordo-libéralisme :

« 1[ier] Juillet 1987. Et l'Europe devient allemande. Au milieu des années 1980, la République Férérale d'Allemagne a réussi à imposer sa doctrine ordolibérale à une Europe plutôt dominée à l'origine par le planisme des hauts fonctionnaires français. François Mitterrand et Jacques Delors sont au centre de cette conversion historique » (Bernard Rothé, *Marianne* 957 du 21-27/8/2015, 34-37).

C'est Jacques Delors (1925-), alors président de la Commission européenne entre 1985 et 1995 (Mitterrand : 1[iers] ministres Fabius, Chirac, Rocard, Cresson, Beregovoy, Balladur) qui est « à l'origine de l'Acte Unique européen, signé le **17 février 1986** à Luxembourg, un nouveau traité qui allait établir la domination de l'Allemagne sur l'Europe, bien avant la monnaie unique. »

Par la suite, « l'Allemagne impose progressivement sa conception de l'Europe, qui est pourtant assez isolée puisque chez les autres nations la mode [reste] au Plan et aux relances keynésiennes, surtout en France dont l'économie fait nettement jeu égal avec l'Allemagne à l'époque. Mais Hitler ayant utilisé ces deux techniques, il est donc impossible pour les Allemands de les remettre en œuvre. C'est pour cela qu'ils se sont convertis à un avatar du néolibéralisme (voir ci-dessus). **L'ordo-libéralisme est une doctrine spécifiquement allemande que des économistes et des juristes ont construite dans l'opposition au nazisme et au communisme.** Ses théoriciens, issus de l'École de Fribourg [1933 : Walter Eucken, Wilhelm Röpke – cités plus haut, et Alexander Rustow] sont foncièrement libéraux. »

Les entreprises cherchent à éviter la concurrence au profit d'une situation de monopole. **Le rôle de l'État est de s'opposer à cette tendance en favorisant un complet libéralisme, ce qui est une contradiction** dans les termes : par le droit, il serait le seul capable de garantir « une concurrence libre et non faussée » [**en fait un mythe idéologique**.] L'État doit aussi garantir la stabilité monétaire et son corollaire, l'équilibre budgétaire [**en limitant par tous les moyens la consommation des masses travailleuses**.]

Bien antérieurement, 30 ans plus tôt, « le Traité de Rome scelle en 1957 la victoire des petits pays alliés à l'Allemagne… Les ordolibéraux ont pesé de tout leur poids [dès après l'arrivée de Mitterrand] contre « le romantisme social » de la France. » À partir de 1957, « il y a trois communautés européennes qui se superposent : la Communauté économique européenne (CEE) plutôt ordolibérale [déjà] mais qui intègre la PAC [marchés agricoles], la Ceca et l'Euratom [énergie nucléaire]. Pourtant certains s'alarment. Pierre Mendès-France critique le nouveau traité » où il voit une abdication de la démocratie, tandis que « d'autres, comme Jacques Rueff s'en réjouissent et applaudissent ».

Le début est marqué par « une interprétation très lâche. Pendant plus de vingt ans [Mitterrand 1981], le *statu quo* l'emporte… La CEE pèse si peu qu'un Directeur du trésor pouvait jeter à la poubelle une « injonction » venue de Bruxelles.

Puis Jacques Delors arrive à la tête de la Commission européenne [1985-1995.] En fait, « le changement a lieu dans les années 1980. Après la phase d'eurosclérose des années 70… la mondialisation commence. Le Japon arrive sur le marché. »

Or, « pendant ce temps, François Mitterrand hésite. Quelques mois après son arrivée au pouvoir, il s'interroge : « Je suis partagé entre deux ambitions, celle de la construction européenne et celle de la justice sociale. » **En 1983**, après le tournant de la rigueur, il choisit l'Europe et le marché. **La justice sociale attendra**. Il propose à Jacques Delors la présidence de la Commission européenne, ce que Margaret accepte, sachant celui-ci crédible » touchant l'arrêt de la politique socialiste de gauche promise par Mitterrand [sic !]

En fait, Mitterrand aurait accepté le virage néolibéral, en réalité ordolibéral, pour arrimer l'Allemagne à l'Europe, motivé aussi, nous dit-on, par la conscience des dégâts causés par les trois dernières guerres.

« La commission [CE] fait le choix du modèle allemand. L'acte unique [signé en 1986] projet phare de Jacques Delors, unifie et dérégule le marché intérieur, suivant en cela les propositions du l'European Round Table, le Medef européen. [Puis] signé en 1992, le traité de Maastricht va instaurer la monnaie unique et achève d'ancrer l'Europe dans le modèle [néo- en fait ordo]libéral : le marché plus la concurrence. Le 1[ier] juillet 1987, l'Acte unique est entré en vigueur. La France a baissé les bras, le modèle allemand s'impose à l'Europe. Le marché est indépassable, les nations sont dépassées et les inégalités seront inévitables. »

Sur Delors les avis divergent. Les uns (Denord-Schwartz) ne lui trouvent aucune excuse, tandis que d'autres (Salais) pensent que c'est à son corps défendant qu'il a abandonné la conception française de l'Europe.

Mais « au-delà du cas de Jacques Delors, **bien des fonctionnaires français, planistes et keynésiens, avaient rendu les armes intellectuelles devant les docteurs en économie d'outre-Rhin**. L'élite française, à l'image d'un Alain Minc… se convertit avec zèle à la loi des marchés. Les générations d'étudiants de Sciences-Po qui préparent l'ENA révisent l'économie dans le très rigoriste manuel du Pr Raymond Barre qui enseigne l'économie budgétaire », conformément au « modèle rhénan ».

Dès lors, « les juristes du Conseil d'État vont convertir avec un soin sourcilleux les directives européennes dans la législation et le droit administratif français, alignant, par exemple, la gestion des mutuelles sur celle des assurances » [!]

« Malgré des débats au couteau dans les pays qui ne ratifient pas le traité de Maastricht (1992) par référendum (Danemark : non 1992, France : non 2005, Irlande), les élites pro-européennes – françaises en premier lieu – adoptent quasi naturellement les règles qui – disaient-elles ont si bien réussi au Deutsche Mark : **indépendance de la BCE**, monnaie forte, lutte contre l'inflation. En dix ans de mandat [de Jacques Delors président de la CE], la pensée économique allemande a bien verrouillé l'Union. »

C'est à partir de 1991 que l'ex-commissaire au plan, Michel Albert (1930-2010), ami de Delors, va convertir les élites françaises au « modèle rhénan ». Le concept d'économie [peu] sociale de marché fait alors fureur [y compris chez des journalistes de gauche bien connus que l'on peut se dispenser de nommer.] En fait, ceux qui comprennent qu'il s'agit d'une forme de social-démocratie modernisée se leurrent. Car l'inventeur de cette formule (« économie sociale de marché ») qui est au cœur de l'ordolibéralisme allemand n'est autre que l'un des théoriciens de ce modèle, l'économiste allemand Alfred Müller-Armack (1901-1978).

Le modèle ordolibéral allemand appliqué à l'Europe est bien un modèle ultralibéral dans la mesure où, vers le haut, il laisse les mains entièrement libres au pouvoir bancaire associé au capitalisme le plus débridé, ce qui n'empêche pas un carcan de contraintes bureaucratiques destinées à contrôler vers le bas la docilité des masses laborieuses, gérées comme des troupeaux selon le paradigme foucaldien de la biopolitique. Les États nationaux n'ont pour rôle que de rendre applicables au niveau de leurs populations les initiatives prises hors de tout contrôle du pouvoir bancaire transnational. Celui-ci requiert un appareil fédéral hypo-étatique de structure faible (pilotée par le César allemand), en ajustement paradoxal avec une pieuvre bureaucratique et technocratique omnipotente.

Dans un tel modèle, le rôle de l'État, c'est de favoriser, d'impulser, d'imposer même l'ultralibéralisme, le non-planisme par le biais paradoxal d'un appareil bureaucratique autoritaire. C'est l'invention perverse d'une dialectique germanique, dont les Français n'ont jamais été capables de maîtriser le principe.

L'ordo-libéralisme est une notion paradoxale, un monstre théorique.

Si le « libéralisme » a toujours correspondu pour ses créateurs à une certaine « nature des choses », à une sorte de loi inscrite dans la nature, l'ordolibéralisme est autre chose, c'est à la lettre (ordo) l'ultralibéralisme institué par un ordre politique comme un ordre des choses. Ses créateurs ont pris en compte que le libéralisme, s'il est de la nature des choses, est en tout cas une nature malade, qui comporte des crises, et où la saine concurrence tend à s'inverser en son contraire qu'est la situation de monopole, le monopolisme. Rudolf Hilferding (1877-1941, 1910) et Vladimir Lénine (1870-1924, 1914) sont quelque part passés par là. Mais John Maynard Keynes aussi : le libéralisme ne tient pas tout seul debout – même s'il est un ogre à qui il faut reconnaître le droit de tout dévorer. Il lui faut les béquilles que lui procurent les deux sœurs jumelles que sont la technocratie et la bureaucratie.

Une telle idéologie techno-bureaucratique nous resitue en fait devant une forme modernisée de la théologie médiévale : cela se perçoit d'emblée et dès l'origine dans la métaphore proposée par Adam Smith, et qui n'a pas vieilli d'une ride, de la « main invisible », figure à peine déguisée de l'ancienne Providence. Sauf que la main invisible aujourd'hui tremble un peu et qu'elle est davantage une sorte de marionnette portée dans la coulisse par l'appareil techno-bureaucratique.

On peut penser que la docilité des élites françaises aux sollicitations de l'économie made in Germany est entre autres le résultat d'une défaite intellectuelle, culturelle, philosophique, résultant de la faiblesse de plus en plus grande du système de la formation intellectuelle en France : Université, Sciences-Po, Ena, etc. Il s'est agi en particulier d'une débâcle cognitive, au niveau de la recherche et de l'enseignement, de la pensée économique française face à l'excellence supérieure, à cet égard, du milieu allemand.

L'apogée d'un Delors sous Mitterrand a suivi le tsunami universitaire de 1968, tout comme la disparition de sommités telles que Sartre (1980), Lacan (1981), et même le franco-suisse Piaget (1980), dont le prestige et la considérable créativité intellectuelle n'ont jamais été remplacées.

Par ailleurs, les élites dirigeantes françaises, presque toujours issues de la droite, ont toujours incliné à la collaboration et à la soumission à l'égard de Germania, et somme toute et sans état d'âme à la trahison à l'égard de la nation : Coblence, Vichy, Nouvelle Europe.

Il reste le scandale que ce sont de prétendus « socialistes » français qui ont laissé croître, après avoir favorablement accueilli sa naissance, l'ordolibéralisme, ce ressort du conservatisme européen, présidé par Metternich-Bismarck-Merkel.

Nous n'avons pas quitté du tout, à travers ces digressions économico-politiques que certains lecteurs auront pu trouver un peu longues, non, jamais quitté J. G. Fichte, Fichte-Faust, capable du mieux comme du moins bon. Faust déjà à son époque a de quoi fasciner les « Muscadins » français. Et ce Faust est capable de bien des choses, une fois qu'il a vendu son âme au diable. De fréquenter les sorcières, oui, mais aussi, pour qui a lu vraiment l'histoire, de se rendre chez l'Empereur d'Allemagne en vue de lui proposer ses services pour fabriquer de l'or. C'est exactement ce que ses amis banquiers font en ce moment dans tout l'espace de la Pangermanie.

Il y a dans le personnage de Fichte quelque chose d'**à la fois fascinant et déconcertant**. Fichte n'a pas eu de chance au grand jeu de l'histoire, mal placé qu'il était dans le temps par l'obligation où se trouvait alors la philosophie d'assumer l'entreprise quasi-insurmontable du

« dépassement » du système de fer de Kant. Il a fallu des sacrifiés d'une telle histoire : Maimon, Reinhold, et les surclassant tous de loin, Fichte. Mais c'est Hegel qui a fini par rafler la mise.

A. Philonenko défend Fichte contre Hegel. Il a en partie raison : Fichte n'est pas que la marche d'escalier qui conduit de Kant d'abord vers Schelling, puis vers Hegel. Mais la dialectique hégélienne est un outil bien mieux construit et plus performant.

La philosophie a toujours entretenu un lien traditionnel, mais occasionnel aussi, avec la question politique : Platon, Aristote, Thomas d'Aquin, Hobbes, Locke, Spinoza, Rousseau. Mais il n'est pas de philosophes qui ont eu une influence sur l'avenir politique de l'Europe comparable à celle exercée par Fichte et Hegel (Marx mis à part s'il faut en faire aussi un philosophe).

Chez Fichte surtout, l'émergence de la bannière du nationalisme, relayée presque un siècle plus tard par celle du pangermanisme, entretient un lien étroit avec les avatars malheureux de l'histoire des rapports des pays allemands avec la France, bien que le dosage du mal avec le bien soit une question délicate en cette affaire.

Le très mauvais souvenir des exactions de Louis XIV dans le Palatinat n'a pas empêché le développement d'un échange culturel très important entre l'Allemagne et la France. Mis à part les rôles connus à cet égard d'un Voltaire et d'un D'Holbach, on ne doit pas sous-estimer que surtout Kant et Hegel ont beaucoup fréquenté la pensée prérévolutionnaire française (Montesquieu, Voltaire, Diderot, Rousseau).

Les guerres napoléoniennes, qui ont coûté la vie de 600 000 soldats français, ont provoqué également dans les pays allemands nombre de pertes de vies humaines. Combien ? Cependant, Napoléon n'apportait pas en Allemagne que du mal, mais aussi l'esprit de la Révolution française, hostile à l'ancien ordre féodal, et qui a contribué, fût-ce de façon paradoxale, au progrès de l'idée nationale dont est sortie l'unité allemande.

Hannah Arendt a fait à l'occasion la remarque pointue, à propos des rapports de Heidegger avec le nazisme, que bien des philosophes importants avaient été tenté par une conception autoritaire de l'État (Platon, Hegel).

Nous sommes devant le paradoxe que la forme la plus brillante qu'ait jamais pu produire la spéculation philosophique dans les temps modernes (les pensées de Fichte et de Hegel) ait pu coexister avec le revers de la médaille : l'aliénation propre à l'idéal du pangermanisme, et le dommage qu'a pu produire celui-ci pour la nation allemande et ses nations voisines – surtout la France.

Que l'excellence du Bien puisse coexister avec l'abîme du Mal, c'est une vérité qu'a probablement le mieux approchée l'esprit de l'un de nos meilleurs philosophes : Blaise Pascal. Mais cette vérité a été déjà largement pressentie par la culture judaïque ancienne : le Premier des Anges – dit Porte-Lumières (à la lettre Lucifer) est devenu par choix du Mal radical, l'Esprit du mal, Satan, le Diable, *sicut leo quaerens quem devoret* (cherchant comme un lion qui dévorer).

Puisqu'on vient de faire allusion à la question du judaïsme, on a vu plus haut que les vues de Fichte n'étaient pas exemptes d'un certain antijudaïsme. Il n'y a guère à s'en étonner. Il semble qu'une telle attitude n'ait pas été rare en Allemagne depuis assez longtemps. Il faut rappeler que Luther avait réclamé des mesures de rétorsion à l'égard des Juifs. Il faudrait rechercher les propos de Kant négatifs à l'égard des Juifs, puisqu'il paraît qu'il en existe. Hegel formule la boutade, à propos de la philosophie de Fichte, qu'elle n'est que de l'aliment « pour juifs et juives éclairés » (cité par Philonenko 1980, 318). Des propos de Nietzsche existent aussi sur cette question (*Le gai savoir*), d'ailleurs ambigus, reconnaissant aux Juifs autant de défauts que de qualités et réciproquement.

Fichte se plaint de « l'injustice » des Juifs à l'égard des autres. On aimerait savoir de quoi il s'agit. Par exemple des usuriers dans le genre du Shylock dans le « Marchand de Venise » de Shakespeare ?

Il semble qu'un certain nombre de philosophes reconnus de l'époque aient été juifs : Moïse Mendelsohn (1729-1786) – père du musicien, Salomon Maimon (1753-1800), ce dernier du reste plusieurs fois cité dans la WL. Sans parler évidemment de Spinoza, qui est aussi l'un des personnages centraux de la WL et de l'histoire de la philosophie (avec Leibniz et Kant) selon Fichte. Tous fauteurs d'« injustice » ? Tout cela reste bien peu clair.

Tout cela pour dire aussi que ces données devraient être connues des journalistes qui nous bassinent régulièrement avec l'histoire du nazisme et de l'antisémitisme de Heidegger. Quiconque souhaitait à partir de 1934 ne pas s'exiler et poursuivre sa carrière en Allemagne était obligé d'avoir sa carte du parti nazi – question de vie ou de mort. Les plus grands physiciens de l'époque l'ont eu aussi : Werner Heisenberg (1901-1976) et Max Planck (1858-1947). Sans parler du plus grand chef d'orchestre de l'époque Herbert Von Karajan (1908-1989).

Que l'on considère plutôt le comité des philosophes pétainistes en France : Jacques Chevalier (1882-1962), Jean Guitton (1901-1999), Albert Rivaud (1876-1956) parmi pas mal d'autres.

Note finale : Sans avoir d'atomes crochus ni avec *Le Figaro Magazine* ni avec l'un des écrivains qui s'y exprime régulièrement dans une rubrique intitulé « Les insolences d'Éric Zemmour », j'ai été très intéressé d'y trouver sous la plume de celui-ci la réflexion suivante qui se trouve concorder tout à fait avec mes propos précédents sur l'ordolibéralisme : « L'euro est un corset qui impose à tous les règles d'un ordolibéralisme, non négociable, théorisé et mis en œuvre par l'Allemagne. C'est ce qu'a rappelé le président de la Commission européenne, Jean-Claude Juncker, lorsqu'il a dit que « les élections ne peuvent pas modifier les traités européens » [C'est **l'antidémocratisme radical, totalitaire et réactionnaire de Metternich** : « L'ordre règne à Varsovie »]. C'est la théorie de la « souveraineté limitée » à la mode bruxelloise, où l'argent de la BCE fait office de chars [La guerre économico-financière relaie en l'épargnant la guerre militaire, conception démarquée de la doctrine même de **Clausewitz** sur le recours aux armes comme moyen-limite] » (*Le Figaro Magazine* du 28-29/8/2015, 26).

14. La philosophie dans le costume de Ponce Pilate

Il est frappant de constater à quel point certains philosophes contemporains se désintéressent du passé historique, en même temps que de l'enracinement de celui-ci dans un terreau culturel et philosophique, qu'un historien de la philosophie et des idéologies, s'il est correctement formé, ne saurait ignorer. C'est là la conséquence du « préjugé structuraliste » qui a marqué le dépassement de la métaphysique (vécu plutôt comme la fin de la philosophie) mis en œuvre par les « philosophes » et leurs associés (linguistes, anthropologues) des années 1960. Les effets d'une telle attitude sont faciles à reconnaître en France, mais il est intéressant de les identifier jusqu'en Allemagne même. On a commencé à traiter plus haut de ce sujet en évoquant les opinions plutôt modérées de Jürgen Habermas à propos de la politique impérialiste de l'Allemagne. En voici un exemple encore plus marqué à propos d'un autre philosophe allemand de la jeune génération, dont l'attitude caractéristique à propos du meêm sujet consiste ni plus ni moins qu'à « botter en touche », comme on dit au rugby.

« Markus Gabriel : « L'Allemagne n'a jamais été aussi cosmopolite. » francophile et avant-gardiste, le philosophe est considédé comme l'un des plus brillants et précoces de sa génération ; il combat les idées reçues sur son Pays. Entretien (Propos recueillis par Odile Benyahia-Kouider et David Klammer-Laif-Rea, NO 2655 du 24-30/9/2015, 52-53).

« En France, l'Allemand reste lié au « boche ». Il doit avoir… un penchant pour le génocide, ou au moins une volonté irresponsable de dominer l'Europe… Les Allemands pas plus que les Français n'ont d'essence. On semble découvrir que l'Allemagne est une terre d'immigration. »

Cela restera vrai au moins pour les Français nés avant 1940, tant qu'ils n'auront pas disparu. Du reste les Français apprennent très peu l'allemand. Les propos de l'auteur aboutissent à la position ignare consistant à dénier le fait de bon sens qu'il y a une histoire comme une culture, une histoire culturelle et politique spécifique de l'Allemagne, de même que de la France. La forte immigration surtout turque est le résultat des besoins de l'économie en main-d'œuvre rétribuée par des salaires exigus.

> « Ce mélange des cultures est devenu totalement naturel… Les valeurs allemandes ou d'idéologie allemande n'existent pas. Il n'y a rien d'allemand à part la langue et le passeport. »

Comme si la langue n'était pas le réceptacle des valeurs d'une culture, selon une thèse classique soutenue depuis Fichte, Hegel et Humboldt. La négation du fait des « valeurs » est une position démente qui revient à défenestrer la notion même de culture, comme prétendait le faire Goebbels en disant tirer son révolver. C'est Méphisto qui revient par derrière pour faire fourcher la langue de l'honorable jeune philosophe.

> « En Allemagne… on s'autorise à chanter l'hymne national à l'occasion d'un match de football avec une bière à la main. Mais cela a toujours un caractère ironique. Les paroles de l'hymne national allemand « Einigkeit und Recht und Freiheit » (unité, droit et liberté), qui constituent le fondement de la philosophie cosmopolite de Kant, défendent non pas des valeurs spécifiquement allemandes mais plutôt des valeurs universelles. »

L'auteur continue dans sa divagation méphistophélique (in)consciente sur le caractère fumeux des valeurs. Leur universalisme kantien est bien fait pour connoter l'ironie des buveurs de bière. On se demande s'il se rend compte des bourdes qu'il lâche devant le public des badauds. Mais il poursuit :

> « Je rêve depuis longtemps de faire un sondage à travers la planète pour savoir à quoi ressemble un Allemand. Je suis certain que la plupart des réponses aurait un caractère raciste. »

C'est lui-même qui le dit, mais pourquoi y consent-il si volontiers ?

> « Je me sens blessé par ce débat. Récemment, j'étais à un colloque au Portugal et un collègue m'a félicité, sans la moindre ironie, pour la façon dont les Allemands ont réussi à rétablir leur hégémonie en Europe. Son argumentation – totalement absurde – consistait à dire : ce que Hitler n'a pas réussi à faire, Schaüble l'a fait grâce à l'argent ! »

Ce propos est d'une banalité latente, d'une latence banale, tant en tout cas il est illustré partout par les caricaturistes. C'est ce que Hegel appelait la ruse de la raison : ce que le Diable n'a pas réussi à faire, eh bien l'Ange l'a fait et réussi, en s'y prenant autrement. Les voix de l'Histoire, comme celles de Dieu, sont impénétrables.

NO : « Comment percevez-vous le reproche fait à votre génération de vouloir tirer un trait sur la passé allemand ?

M. G. : Pour la classe des 25 ans, ce passé est déjà révolu. Ma génération, elle, doit encore expliquer pourquoi ce passé est révolu [Justement on aimerait bien le savoir.] C'est une différence fondamentale avec nos ainés Jürgen Habermas ou Petre Sloterdijk par exemple. Quand je regarde mes membres du NSDAP marchant en cadence au congrès de Nuremberg, j'ai l'impression d'avoir affaire à des extra-terrestres. C'est le passé allemand. Mais ce n'est pas mon passé. [M. G. préfère carrément se dénier comme allemand.] Hitler m'est aussi étranger que Kim Jong-un en Corée du Nord. Je ne vois pas de lien, historique, ou autre, entre ma génaration et le national-socialisme. Il n'y a pas de « nous » qui nous englobe. »

Le philosophe M. G. se pose dans un nihilisme intégral, celui intenable du doute méthodique intégral du début de la Première Méditation de Descartes : plus rien n'existe, il n'y a plus de valeurs (no Kant !), plus d'histoire (no Hegel !), plus d'Allemagne (no Goethe ! no Schiller ! no Fichte !). On va voir plus loin qu'il ne veut même plus fréquenter Nietzsche. Pourtant, il va lâcher presque en même temps que l'Allemagne domine bien l'Europe, mais sans le vouloir, « à l'insu de son plein gré », comme faisaient dire jadis les Guignols de l'Info au coureur cycliste Virenque convaincu de dopage.

NO : « Mais ce lien ce sont vos grands-parents, non ?

Mes grands-parents n'avaient que 6-7 ans pendant la guerre. Ce sont plutôt mes arrière-grands-parents qui ont vécu sous le IIIe Reich et c'est déjà beaucoup plus éloigné [Ce qui autoriserait à dire que ça n'existe quasiment plus du tout.]... Souligner que les jeunes Allemands ont un problème avec leur histoire... C'est à nouveau du racisme. »

On peut trouver que le philosophe M. G., du fait d'une argumentation aussi vulgaire, dérape totalement vers un discours de tribun politique. On se souvient peut-être des philippiques de Nicolas Sarkozy fustigeant un soi-disant « devoir de repentance » vis-à-vis des horreurs des guerres coloniales. C'est la même attitude que celle du Pouvoir Turc refusant de reconnaître le génocide arménien.

NO : « Dans une interview à l'Obs, Jürgen Habermas a critiqué la façon « brusque et teutonique » avec laquelle le gouvernement allemand a traité la Grèce et reproché à la chancelière Angela Merkel de ruiner soixante-dis ans d'efforts. Est-ce pour vous une pénitence exagérée ?

Je ne veux pas de cette Allemagne. C'est une Allemagne obscurantiste où le politiquement correct décide de ce qui est moral et immoral. C'est une Allemagne qui considère à l'instar de Nietzsche que les Allemands doivent forcément accomplir quelque chose de grand, en très bien ou en très mal. »

M. G. ne veut plus non plus du compagnonnage de Nietzsche, ni davantage de la référence classique au Faust de Goethe, aussi grand dans le bien que dans le mal, dans le mal que dans le bien.

« Une chose est sûre, Angela Merkel ne veut pas diriger l'Europe [ni non plus qu'un autre qu'elle la dirige.] C'est l'aspect positif du « merkélisme ». Je n'ai pas été surpris par la solidarité donr elle a fait preuve à l'égard des migrants. [L'Allemagne en perte sensible de natalité a besoin d'un nouvel afflux de main-d'oeuvre.] Contrairement aux idées reçues, il n'y a pas de construction idéologique, ou de programme préétabli comme dans « Mein Kampf » ! [Non, ce ne sont pas des idiots utiles à la tête vide, ils mettent en œuvre le modèle ordo-libéral imposé dans les années 1985 par l'École de Fribourg aux cerveaux retardataires des économistes français.] Angela Merkel défend les intérêts de son pays [pas forcément compatibles avec l'intérêt général de l'Europe]. Il est un fait que le surpoids de l'Allemagne a des effets néfastes, notamment en Grèce. [L'aveu est tout de même de taille.] Il faut en discuter. Mais cela n'autorise personne à comparer Angela Merkel à Hitler ou à Goebbels. C'est dégradant. »

Assurément, tout est changé quant à la forme, mais sans que rien soit réellement changé quant au fond : *Gott mit uns*, *Deutschland über alles*. Ce n'est plus la guerre militaire, mais « l'impérialisme économique » selon une formule aujourd'hui courante chez nombre d'éditorialistes.

« Comment expliquez-vous qu'après 10 ans de règne 60 % des jeunes souhaitent qu'Angela Merkel se présente en 2017 à un quatrième mandat ?

Les Allemands pensent avoir trouvé avac Merkel ce que Lacan appelait « le sujet supposé savoir » [Mais comme les psychanalystes de talent, « elle ne veut pas »]. Ils ne votent pas pour elle par conviction, mais parce qu'ils ne voient personne d'autre à sa place. C'est *alternativlos* (« sans alternative »), comme le répète souvent la chancelière. [C'était la formule même jadis de Margaret Thatcher]... Elle ne fait pas de vagues. Elle « sert » l'Allemagne [Il insiste : bien plus que l'Europe.], sans émotion. Cela correspond parfaitement aux aspirations de stabilité du peuple allemand. »

La performance somme toute assez décevante, traînant au niveau du sens commun de l'électorat de Kaiserin Merkel, d'un Markus Gabriel contraste de façon étonnante avec sa fiche professionnelle qui le présente comme un cerveau éminent, aussi bien organisé qu'a pu l'être possiblement celui de ce philosophe himalayen qu'a été Fichte :

> « Né le 6 avril 1980 à Remagen (Allemagne), Markus Gabriel est le plus jeune titulaire d'une chaire de philosophie. Professeur à l'Université de Bonn, le polyglotte qui parle dix langues dont le hindi, le chinois, le français, le portugais, le grec et le latin ancien, enseigne régulièrement dans de prestigieuses facultés à travers la monde. En 2009, il publie avec Slavoj Zizek « Mythologie, folie et rire. Subjectivité dans l'idéalisme allemand », puis en 2013, « Ontologie transcendantale. Essais sur l'idéalisme allemand ». Son dernier livre traduit en français, « Pourquoi le monde n'existe pas » (Éditions JC Lattès, 2014). »

Markus Gabriel a soutenu sa thèse de doctorat sur Schelleing, le seul grand philosophe allemand, à l'inverse de Fichte et de Hegel, à ne s'être jamais senti concerné par les questions politiques. Et c'est peut-être cette circonstance qui explique qu'il soit capable d'esquiver la question du pangermanisme en général avec un tel aplomb.

Si on détourne les yeux du spectacle peu réconfortant de l'attitude d'ensemble de la philosophie allemande, telle qu'on peut l'induire de l'exemple de l'une de ses vedettes les plus en vue, vers le champ de la philosophie française, il ne sera pas difficile de faire le même constat du désintérêt profond de ses représentants les plus en vue à l'égard des questions majeures de la formation des jeunes et de l'injustice sociale, dont on pourrait attendre qu'elles sollicitent si peu que ce soit une « philosophie politique » digne de ce nom.

En témoigne l'exhibition récente d'un Régis Debray dans un numéro de l'hebdomadaire Le Point (2246 du 24/9/2015, 54-74, François-Guillaume Lorrain, Sébastien Le Fol), à propos de la parution de son prochain livre intitulé « Madame H. »

Le dossier consacré à **Régis Debray** (1940-) débute par une photographie montrant celui-ci hilare se propulsant à toutes jambes tendues sur la balançoire de son jardin.

> « Régis Debray achève la gauche… et les idéologies en toc de notre temps… De Che Guevara à Dieu, le testament d'un esprit libre… Gaieté. Régis Debray dans sa maison à la campagne : « L'humour ou le guilleret, c'est mieux que la politesse du désespoir », glisse-t-il citant Chris Marker… Libre. Dans « Madame H. » (Gallimard), le penseur aux mille vies livre, non sans malice, son testament politique : l'humanité sans dessein, la gauche sans idées de Hollande, le deuil de l'histoire… Un vademecum pour le temps présent…
>
> « Pour la première fois, il n'y a plus d'après. Ni au ciel ni sur la terre… »
>
> Pourtant, « on croyait que l'évolution du niveau de vie nous débarasserait du religieux. Erreur. » Tout de même : « le laïque, c'est du dur et du droit. Ça permet, c'est déjà beaucoup, de respirer côte à côte sans

s'entretuer… L'identité de la France ? Je préfère parler de personnalité, c'est moins fermé, plus souple. »

Donc tous à genoux et prions, priez, mais laïquement, sans espoir jamais d'auucun ciel ? D'autant que finie aussi la politique ! Mais que cela n'empêche pas de prier, encore et toujours, le nez dans la poussière, comme y pousse la personnalité française !

> « On pensait que le pèlerinage [de Mitterrand] au Panthéon, en 1981, était un bonjour, c'était la cérémonie des adieux !... Une gauche ton sur ton, qui ne tranche en rien et sur rien, sauf sur le cannabis et le matiage pour tous, n'a plus de raison d'être. »

Saviez que, de ce point de vue du règne des fins, VGE, Valéry Giscard d'Estaing, ç'avait été « l'Antéchrist ». Traduisez, pauvres pommes, que De Gaulle et Pompidou, avant lui, même avec les Guerres d'Indochine et d'Algérie, cela avait été plutôt mieux, plutôt pas mal même !

> « Mais pourquoi de droite ou de gauche ? La lumière est bien à la fois onde et corpuscule. Pourquoi ne pas être les deux ? Et donner le pas à l'un ou l'autre bord, selon le moment et le lieu ?... Un vague sentiment de culpabilité de faire partie des riches, connus et bien portants. »

Cela, on s'en serait douté.

> « Manuel d'entretien de la colère… Radical. À l'heure du ramollissement généralisé ; Régis Debray pose, avec Madame H., la question essentielle : à quoi sert un intellectuel ?... Itinéraires d'un lutteur. Credo [quia absurdum est]. Chez Régis Debray, la volonté de savoir [mais quoi au juste ?] prend le pas sur la volonté de pouvoir… Sil faut l'enfermer à droite ou à gauche, il prend un peu des deux, mon capitaine [Alors au centre peut-être ?]… »

Voilà où en est arrivé l'un des intellectuels les plus souvent cités dans les classements des hebdomadaires sur les « auteurs préférés des Français » : « Un Saint-Just meublé en Louis-Philippe. » Mais pourquoi pas ?

Dans le dossier en question, Régis Debray reçoit des fleurs de partout, de tel ancien député européen centriste, de tel ancien ministre UMP, de tel enseignant à Sciences Po, de tel prix Goncourt.

Dans les mêmes parages, vous rencontreriez des personnalités d'humeur différente, mais de rigueur et de vigueur mentales tout aussi peu convaincantes. Pour **Cynthia Fleury** (1974-) : « Nous, les irremplaçables ! C'est à nous tous, individus, de réinventer la démocratie. Encore faut-il que nous en prenions le risque, faute de quoi nous acceptons de cevenir « remplaçables ». » Car enfin, sans faire de bulles de savon, « le pouvoir n'a pas de substance [Surtout ne lisez plus le *Prince* de Machiavel, ou le Léviathan de Hobbes, ou le *Contrat social* de Rousseau, ou encore la

Philosophie du Droit de Hegel, ou le *Manifeste communiste* de Karl Marx, ou le *Capital financier* d'Hilferding], il est construit par l'assentiment des gens non individués. »

André **Comte-Sponville** (1952-) lui, se présente comme « l'antimoderne ». Conforté par le grand succès de son « Petit Traité des grandes vertus » (1995), « l'originalité n'est pas son propos… Mécontent » des pensées de Deleuze, Barthes et Derrida, il trouve dans le Séminaire de Lacan « l'un des spectacles les plus ridicules » qu'il ait jamais vus. Le penseur d'une « spiritualité athée » se revendique avant tout « matérialiste comme Épicure, rationaliste comme Spinoza, humaniste comme Montaigne. » Avec cette pensée bien sage et épointée de menace pour l'ordre établi, il devrait donc normalement terminer sa carrière, s'il s'y prend bien, édité dans la Bibliothèque de la Pléiade (NO 2654 du 17-23//2015, 98-99, Éric Aeschimann, Marie Lemonnier).

L'affaissement de la pensée économique, politique et philosophique, en bloc (*überhaupt*) préparé par le travail de sape du structuralisme français des années 1960, est à situer de façon perceptible dès l'invasion de l'algue verte d'une « pensée tiède » (Perry Anderson, 2004), cousine d'un « penser à droite » (Terray, 2012). C'est cette conjoncture qui a permis au modèle ordolibéral de l'École de Fibourg de s'imposer, dans le vide d'alors de la pensée économique, ainsi que d'une philosophie « politique » de misère (ci-après), de s'imposer à la nullité intellectuelle « dans le vent » de la génération Mitterrand et Delors.

Dans le sillage, mais pas à la hauteur de la première grande génération des Barthes, Lévi-Strauss, Lacan, Foucault, Derrida, Deleuze, avait déjà surgi dans le milieu des années 1970 la brigade des « nouveaux philosophes », engagés derrière le chiffon rouge de la critique du totalitarisme : André Glucksmann (1975, 1977), Bernard-Henri Lévy (1977, 1979), Christian Jambet, Guy Lardreau (1976), Jean-Paul Dollé, Gilles Susong, Jean-Marie Benoist et Maurice Clavel.

Aujourd'hui, la pensée philosophique française est tombée au triste niveau général dont ont été produits tout juste ci-dessus deux échantillons peu réconfortants, aussi peu flamboyants que celui emprunté à la morne mais triomphante Allemagne. En revanche, il semble qu'existe de nos jours en France une pensée économique plus convaincante, qui prendrait le gouvernail des sciences humaines et sociales (SHS) que la philosophie ne semble plus capable de tenir. Sans parler du succès mondial surprenant provoqué par le « retour à Marx » de Thomas Piketty, il existe des auteurs intéressants dans le champ de l'économie, Gaël Giraud, Pierre Ivora, François Morin, les Économistes atterrés, l'australien Steve Keen, la franco-américaine Susan George.

Certes chez certains, la critique du Léviathan financier reste timide.

Barbara Cassin se contente de souligner qu'Hannah Arendt, en non-conformiste, observait que le socialisme avait en commun avec le capitalisme de priver les masses de tout accès à la propriété (NO 2650, Éric Aeschimann, Delphine Lebourgeois, 74).

Les considérations d'un **Pierre Rosanvallon** (1948-), par exemple dans son livre sur « le bon gouvernement », restent souvent au niveau insuffisant de la simple analyse institutionnelle, à la surface du système de la gouvernance politique, sans oser entrer dans la critique de la substructure économico-financière (NO 2650, François Armanet, Arnaud Tracol, 76-79) :

> « Nos régimes peuvent être dits démocratiques, mais nous ne sommes pas gouvernés de façon démocratique… Le divorce dramatique entre le « moment électoral » et le « moment gouvernemental » n'a cessé de s'aggraver… L'évolution politique la plus profonde réside dans la montée en puissnce du pouvoir exécutif… Pour fonder une démocratie de confiance, deux qualités sont en avant : l'intégrité et le parler vrai. À un âge où les programmes et les idéologies reculent, les qualités personnelles des gouvernants deviennent en effet décivives… Le mouvement de présidentialisation a marqué depuis une trentaine d'années une rupture majeure dans la nature et la forme des démocraties… Il faut d'urgence développer les mouvements militants pour plus de contrôle citoyen et de transparence. L'impuissance politique qui nous mine dérive en partie pour unre grande part des sourdes résistances d'une société qui ne fait pas confiance au pouvoir. »

Le militantisme marxiste de jadis, le vrai, celui disons du Groupe Manouchian, aurait trouvé ces propos d'un bien mièvre idéalisme.

Certains économistes, à la différence du tranchant de la démarche d'un **Thomas Piketty** (1971-), tiennent des propos que l'on peut trouver bien flous : « « *Le monde est devenu trop petit* ». La société industrielle reposait sur la perspective d'une croissance perpétuelle. Privée de cet espoir elle est gagnée par l'angoisse, la nostalgie, la xénophobie. Pout y faire face, nous devons apprendre à vivre sans croissance, explique l'économiste **Daniel Cohen** (1953-) dans son nouvel essai » (NO 2651 du 27-8/2-9/2015, 65-70, Sylvain Courage).

Une telle vision des choses, nourrie du reste de références aux économistes américains, semble bien faite pour inciter les deshérités, les pauvres à se contenter de leur sort et à ne plus rien réclamer. Voyons cela.

Cité par Cohen, **Robert J. Gordon** (1940-) développe le thème de « la stagnation séculaire : en dehors du smartphone, le consommateur ne connaît pas aujourd'hui d'innovations comparables à celles provoquées par l'invention de l'automobile et de l'électricité. »

Alors n'enviez pas les possédants ! Il n'y a pas tellement de choses nouvelles à désirer. Contentez vous d'un train de vie modeste. Votre voisin, que vous croyez plus riche, n'a en réalité pas beaucoup plus que vous.

Mais à trop pousser dans ce sens, les capitaines d'industries finiront par ne plus rien vendre.

Ronald Inglehart (1934-) parle d'un « deuxième âge de la modernité. La société industrielle est restée aussi hiérarchique que la société agraire qu'elle a remplacée. Ce n'est qu'avec la société postindustrielle que l'autonomie et l'affirmation de soi ont pu prendre leur essor. »

C'est là signifier aux pauvres qu'ils ont en réalité déjà le principal, l'autonomie, l'affirmation de soi, les loisirs, et qu'ils n'ont rien tellement d'autre à désirer, en particulier la richesse qu'ils doivent abandonner aux riches.

Enfin vient le paradoxe de **Richard Easterlin** (1926-) : « la France est deux fois plus riche qu'il y a cinquante ans, mais elle n'est pas plus heureuse. La recherche du bonheur dans les sociétés modernes bute sur un obstacle simple et fondamental : les besoins sont toujours relatifs. » Une fois atteint un certain seuil [modéré] de richesse, la poursuite de la croissance [la disposition d'un salaire plus élevé] est sans influence sur l'évolution du bien-être moyen de la population.

Mais n'est-ce pas là dire toujours aux mêmes pauvres : l'argent ne fait pas le bonheur. Contentez vous de votre salaire. En gagnant plus, vous ne seriez pas plus heureux.

Ne désirez pas vous procurer ce que vous ne pouvez pas acheter avec ce que nous pouvons seulement vous donner.

D'ailleurs, les machines nous aideront tous, riches et pauvres, de mieux en mieux à vivre. L'ingénieur et checheur américain Ray Kurzweil, futurologue et pape du transhumanisme, prophétise l'avènement d'une nouvelle ère de la singularité où l'homme transcendera la biologie grâce aux nouvelles technologies génétiques et à l'intelligence artificielle. Selon lui, la prochaine rupture technologique viendra lorsque l'on pourra sauvegarder la totalité de la mémoire contenue dans un cerveau sur un ordinateur.

Ainsi chacun, riche ou pauvre, aura la tête vide, et personne ne pensera plus à envier la fortune de son voisin, et à rêver en vain d'un meilleur partage des richesses.

Les américains sont très experts à créer de la nouvelle idéologie, comme du foin à manger pour les ânes, bien appropriée à freiner les revendications salariales importunes. Il est clair que de tels camelots et vendeurs de salades fabriquent les thèmes idéologiques nécessaires aux plans d'austérité.

Marx a depuis longtemps expliqué dans le Capital que la compression des salaires, et le chômage structural attenant, étaient des moyens pour accroître les profits, mais qui finalement se retournaient contre cet objectif pour conduire à la crise.

Or c'est exactement ce qui se passe à l'heure actuelle avec les politiques d'austérité auropéenne, qui ne surgissent pas comme cheveu sur la soupe, mais bien commanditées par le genre d'idéologies telles que celles dont on vient de parcourir le Musée Grévin.

Liste des synthèses quintuples dans la Doctrine de la science[5]

Fichte défait et reconstruit le plan de la *Critique de la raison pure* (1781) de Kant en y annexant les données de la *Critique de la Raion pratique* (1787) et de la *Critique du Jugement* (1790). Le résultat de cette entreprise est la genèse anticipative du paradigme nouveau de la dialectique « hégélo-marxienne »

Première Hypothèse. **1ère Synthèse quintuple** du Je :
[92-95] 1 à 5 (I-V). 54
2e Synthèse quintuple du Je :
[95-98] 6 à 10. (VI-X). 56
Deuxième Hypothèse. 1ère et 2e Synthèses quintuples du Non-Je :
[101-103] 1 à 5 (XI-XV). 61
[103-105] 6 à 11 (XVI-XX). 62-63
Troisième Hypothèse. Contradiction synthétique transcendantale (contradiction pure spéculative). **3e Synthèse quintuple** : 1 à 5 (XXI-XXV). [105-122] 64

A. 1, 2, 3, 4, 5	[106-107]	64-65
B. 1, 2, 3, 4, 5, 6, 7, 8, 9	[107-109]	65-67
C. 1, 2	[109-110]	67
D. 1, 2, 3, 4, 5, 6, 7, 8, 9	[110-122]	67-76

Soit bien une série de 25 moments.

[*Logique transcendantale* 1. *Dialectique transcendantale*] « 1.1 *Histoire de la raison pure* spéculative »

1ère Synthèse quintuple mineure : A, B, C, D ; (ABC : 125-136), puis 136-145 (D)] ; opposition du réalisme (Spinoza) et de l'idéalisme (Leibniz). (XXVI-XXX). Dans les 5 moments allant de A à E [125-148], on compte 25 moments subordonnés. 79

1	Synthèse A	[125-127]	divisibilité, détermination	79-80
2	Synthèse B	[127-131]	relation	80-83
3	Synthèse C	[131-136]	causalité	83-87
	1, 2, 3, 4, 5			
4	Synthèse D	[136-141]	substantialité	88-90
	a), b), 1, 2, 3, 4, 5, 6, 7, 8, 9, 10 (a, b),			
5	Synthèse ABCD	[141-145]	déterminabilité	90-93
	11, 12 (a, b, c, d), 13, 14			

E, début de la Synthèse de la déterminabilité (*Bestimmbarkeit*) [145-148] 94-96
[145-148] 5 §§ (XXXI-XXXV) 94-96

2e Synthèse quintuple mineure : [148 - 151] (XXXVI-XL) 96-98

I, 1, 2	[148]		
II, 1, 2	[148 - 149]		
III,	[149]		
IV, 1, 2	[150]		
V, 1.2.3	[151]	3 propositions à démontrer	98

3e Synthèse quintuple centrale : 3e Synthèse quintuple centrale de la déterminabilité. C'est la synthèse synoptique centrale organisant la 1ère et la 2e, la 4e et la 5e synthèses

[5] D'après Philonenko, Guéroult et Jalley.

mineures ; [151-171] ; I, II, III, 1. α, β, γ. Cette synthèse centrale définit le point de vue philosophique exact à partir des erreurs du réalisme et de l'idéalisme. Ce centre de la réflexion philosophique offrant aussi un point de vue mixte avec la réflexion naturelle, qui fonde la composition de la déduction de la représentation. Ce point de vue de la réflexion philosophique s'étend jusqu'à la déduction de la représentation [227] [151-227] (XLI-XLV). 98-153

I, 1, 2, a, b	[151-160]	5 moments	98-105
I. 1	[151-152]		99-100
2. a	[152-153]	5 §§	100-101
	[153-157]	5 §§	101-103
b	[157-159]		103-105

[1.2 *Théorie transcendantale de la méthode : discipline, canon et architectonique de la raison pure*]

« Logique de la philosophie »

(XLVI-L)

II, 1, 2, a, b	[159-165]	5 moments	105-109
III, 1, α	[166-168]	5 moments	109-111
β	[168-169]		111-112
γ	[169-171]		112-113

4e Synthèse quintuple : Déterminabilité appliquée à l'efficience (*Wirksamkeit*) [171-190] : III, 2., α), β), γ), 1., 2., 3. Explication de la composition synthétique transcendantale (Philonenko). (LI-LV). 113-126

III, 2, a, α	[171-178]	5 moments	113-118
β	[178-181]		118-120
γ	[181-190]		120-126
1	[182-185]		120-122
2	[185-187]		122-124
3	[187-190]		124-126

Soit 20 moments (depuis [151] 98 pour les 3e et la 4e synthèses.

[*Analytique des principes*]

« Schématisme transcendantal »

5e Synthèse quintuple : substantialité [191-217] ; α, β, γ, a, b, c. Substantialität ; Kant, CRP, Inhärenz und Subsistenz (substantia et accidens) : Table Kant 3.1. (LXVI-L). Elle comprend 5 synthèses articulées en 5 points de 191 à 217, soit 25 moments en tout.

5.1ière Synthèse quintuple : I-V [190-195].		126-129
I b, α	[190-192]	126-128
II	[192-193]	128-129
III	[193 l. 12 - 194 l. 11]	129
IV	[194 l. 12 - l. 23]	128-129
I, II, III, IV, V	[194 l. 24 - 195 l. 7]	129-130
5.2e Synthèse quintuple VI-X [195-199]		130-133
VI β	[195-196]	130-131
VII	[196-198]	131-132
VIII	[198]	132
IX	[198-199]	133
VI-X	[199]	133
5.3e Synthèse quintuple : XI-XV [200-204]		133-137

Fin de la Synthèse de la déterminabilité

Philonenko arrête ici l'analyse détaillée des synthèses de WL 94. Guéroult la poursuit encore un moment mais pas de façon complète

[*Analytique des concepts : déduction transcendantale*]

« Déduction de la représentation »

29,30, 31, 32§§§, 32§ 224-226
Triple synthèse quintuple en 3 X 5 = 15 points [322-328] 226-231
Pulsion à la représentation [297-299], Réalité objet de croyance [299-301], Aspiration (Sehnen) [303-304], Imagination [211, 307], Pulsion à la détermination [307], par la nature de la matière [308-309], Pulsion au changement [320], Sentiment uni à l'intuition [320-321], Pulsion absolue : sentiments opposés, sentiment de satisfaction ; objet plaisant/déplaisant [323-325], Pulsion pour la pulsion [326-327], images avant et après (Vorbild/Nachbild) [328]

*

Explication : Il existe plusieurs de façons de compter les synthèses.

1. Une manière de comper allant du début [92] jusqu'au schématisme transcendantal, peut mettre en évidence 25 niveaux :

1ère synthèse du Je
2e synthèse du Je
3e synthèse du Non-Je
1ère synthèse de la Dialectique transcendantale
2e synthèse de la Dialectique transcendantale

Plus les 20 moments formant les 3e et 4e synthèses jusqu'au début du schématisme transcendantal.

Le schématisme transcendantal comprend lui-même 25 (+ 5) niveaux, dont le nombre et la fonction viennent équilibrer les 25 niveaux précédents de la Dialectique transcendantale depuis [127].

Philonenko n'identifie par erreur que 25 moments au lieu de 30 (6 X 5) dans chaque volet du diptique.

2. Chacune des 5 synthèses de la « dialectique transcendantale » jusqu'à la « déduction trancendantale » [125-217] comprend elle-même 5 synthèses :

1 A B C D conclusion	[125-145]
2 E	[145-148]
3 I II III IV conclusion	[148-151]
4 I II III (α, β, γ)	[151-171]
5 α, β, γ (1, 2, 3)	[171-190]
6 α, β, γ (a, b, c)	[191-216]

3. Une autre manière de compter depuis le début du texte [90-227] jusqu'à la « déduction de la représentation » [227] met en évidence 80 niveaux, dont 25 (5 X 5) relèvent du « schématisme transcendantal » (55 + 25 + 5).

Dans la troisième partie finale, sur le « savoir pratique », les synthèses ne sont pas toujours faciles à identifier, comme si Fichte tendait à dissimuler non seulement le fond de sa pensée, mais même parfois l'organisation cachée qu'il lui donne à l'occasion, et sans prévenir. On songe au genre de sagacité requis par les auteurs de mots croisés de la part des amateurs de cette activité de loisir plutôt vide, ou au moins sans finalité autre que de solliciter une certaine forme d'ingéniosité.

Il faut parfois compter dans les moments de telle synthèse, des §§ ordinaires, c'est-à-dire non indexés, pour tomber sur un multiple de 5.

On a mis en relief plusieurs modes de composition interne des ces différentes synthèses finales, qui peuvent être lues sur les pages 203 sq.

L'une des motivations de la propension au secret de la part de Fichte pourrait être aussi, parmi toutes celles que nous avons déjà recensées, **l'appréhension de laisser découvrir par le lecteur que sa philosophie du retour à la conscience commune n'a qu'un fond très banal à offrir**.

Le fait de cacher, de dissimuler, en dehors du mensonge avéré qui n'est pas en cause ici, réfère à un registre très riche des activités humaines.

La pudeur, avec son concomitant occasionnel qu'est la coquetterie, est motivée, dans le champ de la séduction amoureuse et en général sociale, par le désir de cacher un réel souvent bien modeste. À la limite, le rien, ce que Jacques appelle le phallus.

Se présente aussi à la réflexion l'immense répertoire de toutes les activités de jeu consistant à cacher, chez l'enfant mais aussi chez l'adulte : colin-maillard, cache-tampon, etc. (Tableau de Breughel sur les jeux de l'enfance). Les jeux de recherche aussi, jeux de piste du scoutisme, animés par l'atteinte de buts plus ou moins fictifs, voire idéaux. L'idéal sportif de la conquête des sommets, etc.

Cacher de manière adroite, spectaculaire et visant l'admiration est aussi le fait des magiciens, des prestidigitateurs, des charlatans et camelots de tous ordres, activité de faiseur de prodiges à laquelle se livre également Faust au cours de ses pérégrinations avec Méphisto, par exemple à la Cour de l'Empereur d'Allemagne (Goethe).

C'est aussi le fait d'un certain art de la tricherie. Voir les tableaux de Georges De La Tour (Les Joueurs de cartes, Les Tricheurs, la Diseuse de Bonne aventure) et de Jérôme Bosch (L'escamoteur, reproduit par Lacan dans le Séminaire XIX de 1971-1972).

Fichte se comporte à l'égard de ce registre de la cacherie, de la dissimulation, de la feinte, **comme si cette activité éminemment sérieuse qu'est de toute évidence pour lui la philosophie était aussi une sorte de jeu supérieur**, ce que peuvent être aussi les mathématiques pour leurs adeptes les plus doués. Comme si c'était une discipline requérant l'ésotérisme, une alchimie dont la pratique est réservée à la confrérie des Faust, des initiés ayant une certaine connivence avec le Diable. Ce dont était accusé au Moyen Âge par la conscience populaire Albert le Grand (1200-

1280), le Méchant Albert, Maubert, le Maître de Thomas d'Aquin lui-même.

Ce sont évidemment aussi les athées, ceux qui s'exposent à l'accusation d'athéisme, qui ont commerce avec le Diable.

On rappellera aussi que les mathématiciens du XVIIe siècle (Fermat, Roberval, Descartes, Mersenne) avaient l'étrange coutume de se lancer des défits sous forme de problèmes (« conjectures »), dont certains ne dévoilaient la solution que de façon quasi-confidentielle à ceux de leurs collègues qu'ils jugeaient les plus initiés aux grands secrets de la discipline. Les Maçons des cathédrales se transmettaient de la même manière occulte des principes de construction fondés sur la maîtrise de l'art mathématique ; par exemple le calcul du fameux nombre d'or (1,66), qui a été aussi longtemps la préoccupation de nombre de peintres et architectes civils.

À certains égards, la Doctrine de la science, quant à sa conception et à son agencement, se présente comme un gigantesque **mot croisé**.

Vient aussi à ce propos la métaphore du **rébus**, dont Freud nous dit qu'il est ce dont se conforme la configuration du rêve.

Philonenko a raison de soutenir que Fichte est à la fois l'un des plus grands philosophes, et que sa personnalité est « peu claire ». En tout cas, elle peut fasciner.

Il y a eu un moment où la philosophie tendait à se réduire à un art de séduction par la parole, à une technique de prestidigitation verbale, se voulant du reste « utile à la cité » (Protagoras). Il s'agit des sophistes, tellement critiqués par Platon, qui du reste ne leur refusait pas non plus une certaine considération. Il n'y a pas si longtemps, Jean-François Lyotard (1924-1998) suggérait l'identification de la philosophie justement à une « philosophisterie »

Il a existé aussi, dans l'Inde fabuleuse des maharadjas, des jeux d'échecs surdimensionnés, dont les pions étaient des personnages humains.

Rivaud a osé écrire que l'existence personnelle du prédicant Fichte n'avait pas été exempte de petites « contradictions ». Mais quelle affaire ! C'est que tout récemment Kaiserin Merkel, après avoir entrepris de réduire les Grecs à la famine, s'est instituée, de concert avec son coadjuteur Juncker – le grand optimisateur de la fiscalité des multinationales, de prêcher la morale universaliste en invitant la Pangermanie à ouvrir les bras au flot débordant des migrants.

Parti d'un athéisme courageux, Fichte finira tout de même dans ce qu'il faut bien appeler le repentir religieux.

Même si l'amour de l'Être dont il parle en définitive s'identifie plus ou moins à l'amour de la connaissance, et même l'amour de la science, quitte à ce que de ce côté-là aussi le génie faustéen germanique ait parfois ouvert de bien sombres perspectives. Justement dans le genre *Gott mit uns*.

Il resterait à savoir dans quelle mesure les nombres 3, 5, mais également 6, 13, et 32 n'ont pas pour Fichte une signification ésotérique, liées peut-être à ses fréquentations franc-maçonniques, même si orageuses et déviantes.

Le développement en 13 points [217-227], lisible à la rigueur en 15 §§, achève ce qu'il faut bien appeler le « calvaire » (*Schädelstätte*) – mot repris Hegel à la fin de la *Phénoménologie de l'esprit*, de la Dialectique transcendantale. 13, c'est aussi les 12 apôtres, plus le Christ en souffrance, auquel on sait que s'identifiait plus ou moins Fichte.

Enfin un développement articulé en 32 points [301-322], du reste subdivisible en plusieurs synthèses quintuples plausibles, achève ce qu'il faut bien appeler l'« enfer » de la *Doctrine de la science*. Or justement ce nombre 32 désignerait dans la Divine Comédie de Dante, l'une des lectures familières de Fichte, le dernier cercle des profondeurs de l'enfer.

Le nombre 6 est chargé dans l'Écriture d'une symbolique importante : imperfection, mais aussi travail (« travail du négatif » hégélien), symbole des divers épisodes de la vie du Christ (encore !), amorce de la spirale.

Un certain ésotérisme recherché de l'inspiration philosophique n'a pas été chose si rare, chez certains médiévaux (Cues, Eckhart, Boehme), chez Kierkegaard, Heidegger.

La question de l'ésotérisme n'épuise pas toute celle de la recherche du secret, qui est plus vaste. On peut cacher des vérités « scandaleuses » mais assez simples à comprendre. On a parlé plus haut du « masque » de Descartes, cachant probablement (?) entre autres son ralliement à l'hypothèse de Galilée (*e pur si muove*). On ne peut éviter non plus le fait connu que Charles Darwin (1809-1882, 1859) à hésité pendant des années à révéler ses idées sur l'évolution des espèces, par crainte (bien fondée) du scandale de leur diffusion, et qu'il ne s'y est résolu que sous la menace d'être devancé par son rival Alfred Russell Wallace (1823-1913).

L'arborescence hypercomplexe de l'Encyclopédie des sciences philosophiques de Hegel (1817, 1827, 1830) : le Concept

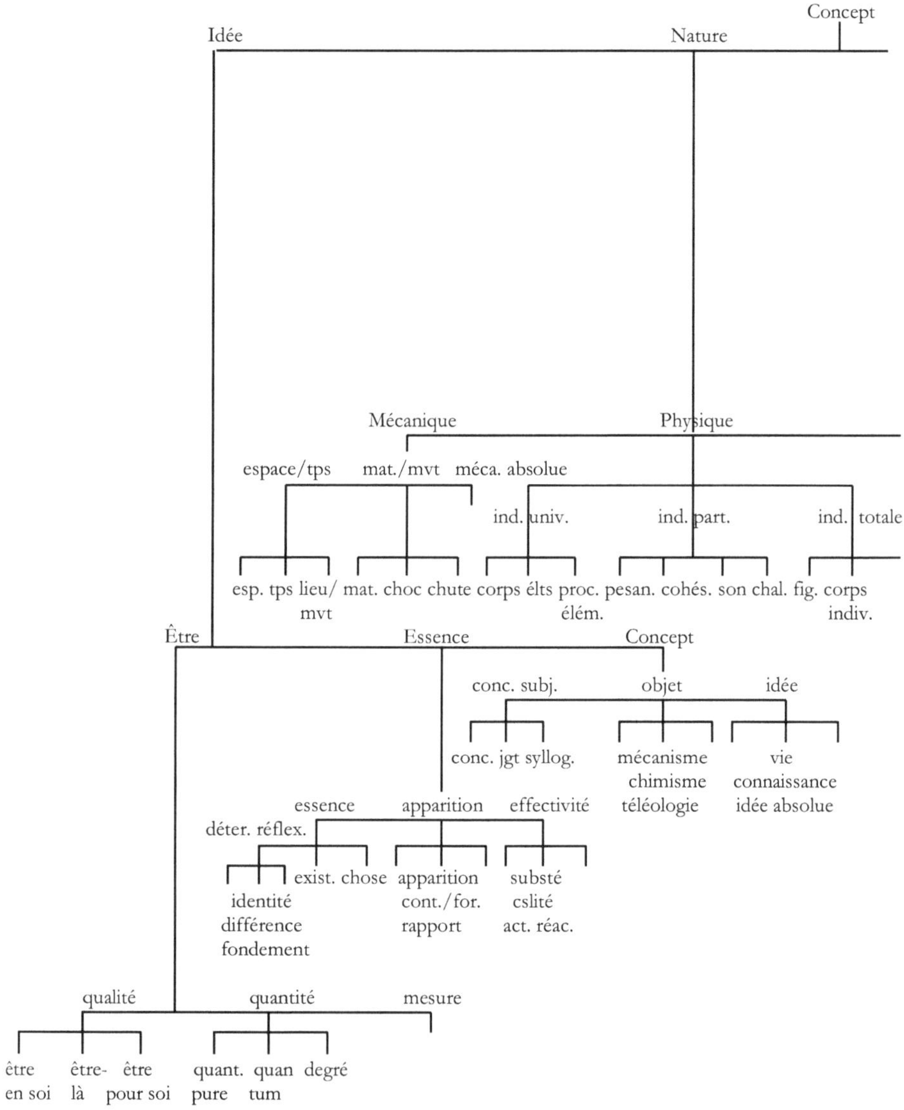

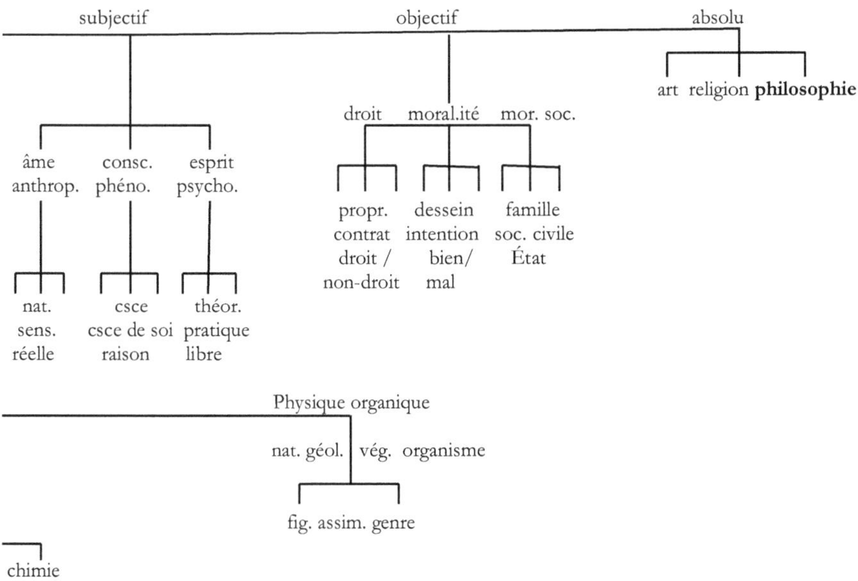
subjectif
objectif
absolu
art religion **philosophie**
droit moral.ité mor. soc.
âme anthrop.
consc. phéno.
esprit psycho.
propr. contrat droit / non-droit
dessein intention bien/ mal
famille soc. civile État
nat. sens. réelle
csce csce de soi raison
théor. pratique libre
Physique organique
nat. géol.
vég.
organisme
fig. assim. genre
chimie

L' « arbre » triplice de la philosophie selon Descartes (Principes 1644)

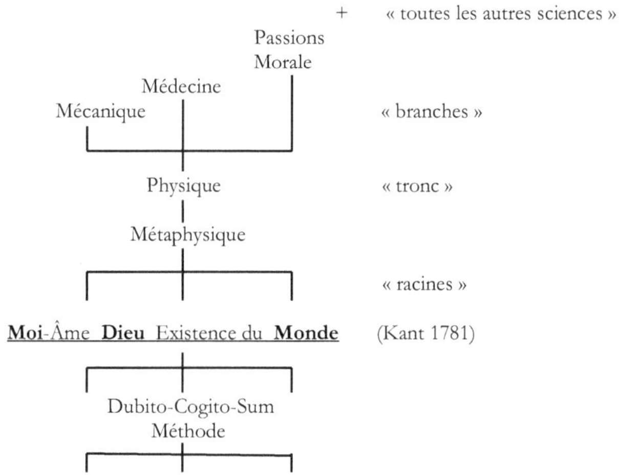

Le mouvement de l'expérience de la conscience selon Hegel

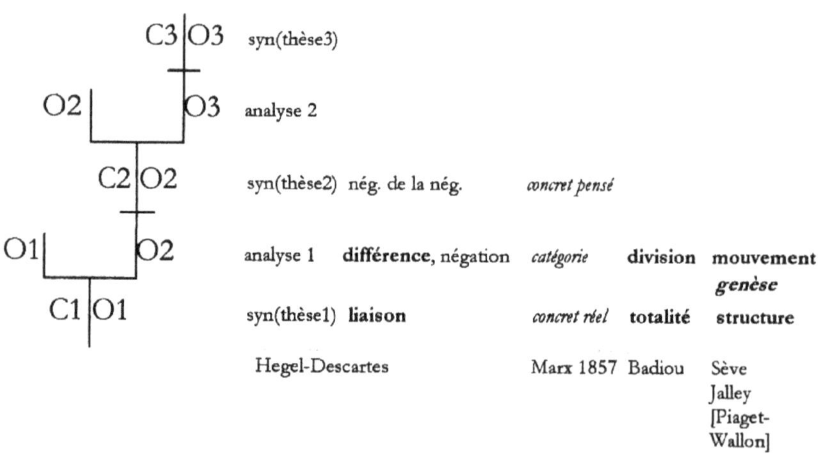

TABLEAUX SYNOPTIQUES DES SYNTHÈSES DES TROIS WL

1794, 1801, 1804 d'après Martial Guéroult 1930
Pages I 332, et II 79, 136-137

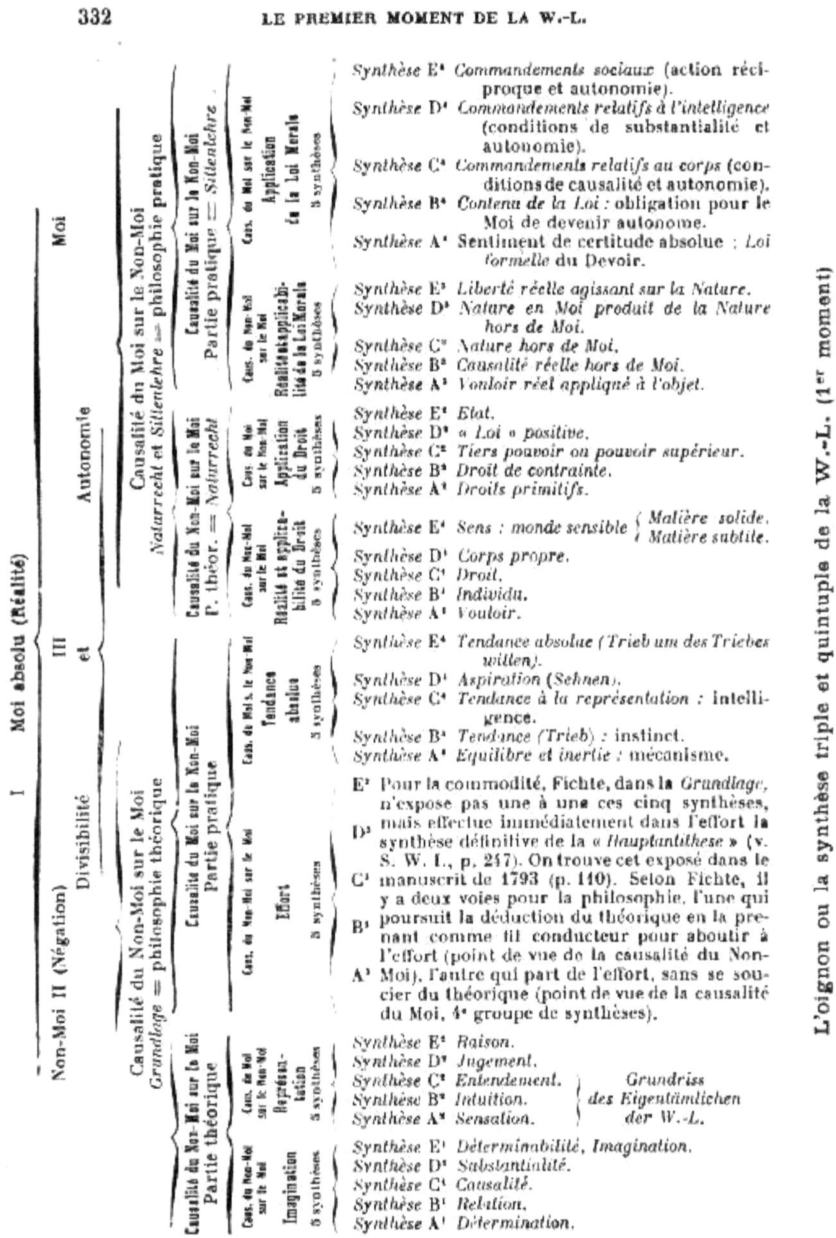

Plan de la W.-L. 1794 et du reste du système (jusqu'en 1798). On compte 40 synthèses pour le système total, compte tenu du fait que la WL 94 en présente déjà 50, ou 60 ou même 80 selon la manière de compter. Ce « système » annonce d'une certaine manière l'*Encyclopédie* de Hegel.

LA W.-L. 1801 79

La Wissenschaftslehre 1801

- **Unité, W.-L.**
  - *1ʳᵉ Partie* — Le Savoir remonte du Savoir donné, à son origine, et se représente sa propre constitution comme Savoir.
    - *Intuition* (Construction de l'intuition intellectuelle. Savoir absolu). Savoir simple
      - Synthèse A^1 - Etre. - Le Savoir (Etre qualitatif) est trouvé en nous.
      - Synthèse B^1 - Liberté. - Nous saisissons la Liberté du Savoir.
      - Synthèse C^1 - Etre. - Nous saisissons l'Etre du Savoir.
      - Synthèse D^1 - Liberté. - Nous saisissons la Liberté du Savoir, comme Liberté du Savoir (Pour nous, le Savoir *se pose* pour Soi). Intuition intellectuelle.
      - Synthèse E^1 - Etre = Synthèse A^2.
    - *Pensée* (Autoconstruction de l'intuition intellectuelle. Le Savoir absolu se saisit comme tel). Savoir double
      - Synthèse A^2 - Etre. - Nous saisissons l'Etre du Savoir comme Etre du Savoir (Pour nous, le Savoir *est* pour lui-même).
      - Synthèse B^2 - Liberté. - Le Savoir saisit la Liberté du Savoir.
      - Synthèse C^2 - Etre. - Le Savoir saisit l'Etre du Savoir.
      - Synthèse D^2 - Liberté. - Le Savoir saisit sa Liberté comme Liberté du Savoir. Création du Savoir. — L'Absolu = Non-Savoir ; idéalisme.
      - Synthèse E^2 - Etre. - Le Savoir saisit son Etre comme Etre du Savoir. — Le Savoir = Non-Etre de l'Absolu ; réalisme.
  - *2ᵉ Partie* — Le Savoir se représente son développement à partir de son origine jusqu'à son parfait achèvement comme Savoir de son origine ou W.-L.
    - *Intuition* Monde sensible. Savoir simple
      - Synthèse A^3 - Etre = (E^2). Le Savoir se pose comme principe de la causalité en général.
      - Synthèse B^3 - Liberté. - Le Savoir se pose comme principe de toute causalité particulière.
      - Synthèse C^3 - Etre. - Le Savoir se pose comme matière dans le Temps concret (Espace + temps abstrait + matière).
      - Synthèse D^3 - Liberté. - Le Savoir se pose comme manifestation de force dans l'individu (point de concentration, sentiment, manifestation de force).
      - Synthèse E^3 - Etre. - Le Savoir se pose comme tendance et système de tendances individuelles.
    - *Pensée* Monde intelligible. Savoir double
      - Synthèse A^4 - Etre = Synthèse E^3.
      - Synthèse B^4 - Liberté. - Le Savoir se pose comme concept de fin.
      - Synthèse C^4 - Etre. - Le Savoir se pose comme Etre pur du Moi absolu, fondement de la perception.
      - Synthèse D^4 - Liberté. - Le Savoir se pose comme action morale.
      - Synthèse E^4 - Etre. - Le Savoir se pose comme *Wissenschaftslehre*.

Plan de la W.-L. de 1801. Le long de l'accolade de gauche se lit la mention « Unité, W.-L. » (Guéroult, tome 2, page 79). La W.-L. comprend 25 (5 X 5) synthèses selon une hiérarchie d'« alternances » significatives : intuition/pensée, être/liberté (avec un chapeau Être).

136 LE TROISIÈME MOMENT DE LA W.-L.

La Wissenschaftslehre 1804

Première partie de la W.-L. : Théorie de la vérité — X { Comprendre S. D. *Einheit*

A. - 1er *point de vue de la réflexion.* Construction de l'Etre factice du Savoir. Prolégomènes.	1 Synthèse A^1 - Immédiatité, réalisme. — Position factice du Savoir : S. D. *Einheit*; x, y, z *Einheit*. 2 Synthèse B^1 - Médiatité, idéalisme. — Concept : S. D. *Einheit*. 3 Synthèse C^1 - Immédiatité, réalisme. — Etre (comme Lumière) : x, y, z *Einheit* 4 Synthèse D^1 - Médiatité, idéalisme. — *Ur-Begriff*, unité autonome de la Lumière et de la connaissance de la Lumière : *Durch*. 5 Synthèse E^1 - Immédiatité, réalisme = Synthèse A^2.
B. - 2e *point de vue de la réflexion.* Autoconstruction de l'Etre interne du Savoir, au moyen de la *projectio per hiatum*. Découverte de l'Absolu ou manifestation de l'Absolu.	6 Synthèse A^2 - Immédiatité, réalisme. — Etre de la Lumière, antécédent du Concept. 7 Synthèse B^2 - Médiatité, idéalisme. — Hiatus absolu entre la forme existentielle externe et la forme existentielle interne, entre l'idéalisme et le réalisme. 8 Synthèse C^2 - Immédiatité, réalisme. — Négation justifiée de l'idéalisme par le réalisme au moyen de la réalisation de l'En Soi comme *An Sich*. 9 Synthèse D^2 - Médiatité, idéalisme. — L'Energie de la réflexion, condition de la réalisation en nous de l'*An Sich*, posée comme l'Absolu = Moi pur, Moi absolu. 10 Synthèse E^2 - Immédiatité, réalisme. — L'Etre comme En Soi, *In Sich*, posé comme Absolu, supprimant le rapport *An Sich-Nicht An Sich*, indépendamment de l'énergie subjective.
C. - 3e *point de vue de la réflexion.* Construction de la quiddité du phénomène (principiation idéale, genèse) indépendamment de son fondement réel dans l'Etre et au moyen de la *projectio per hiatum*.	11 Synthèse A^3 - Immédiatité, réalisme = Synthèse E^2. 12 Synthèse B^3 - Médiatité, idéalisme. — Distinction de l'Etre absolu et de son image conditionnée par la W.-L. ou par la projection *per hiatum*. — *Soll als Soll*. 13 Synthèse C^3 - Immédiatité, réalisme. — Identité de la connaissance de l'Etre et de l'Etre, dans l'Etre comme *Von (Von Sich)*. 14 Synthèse D^3 - Médiatité, idéalisme. — Distinction du *Von* et de la représentation du *Von*, par la condition de celle-ci, c'est-à-dire par la suppression du rapport *An Sich - Nicht an Sich*. 15 Synthèse E^3 - Immédiatité, réalisme. — Identification de la Lumière source de la représentation (autogenèse) du *Von* et du *Von* originaire dont l'action immédiate en nous rend possible la suppression du rapport *An Sich - Nicht an Sich*.

Leben

Plan de la W.-L de 1804, comprenant 25 (5 X 5) synthèses (Guéroult, tome 2, pages 136-137), rythmées par une nouvelle alternance immédiateté-réalisme/médiatité-idéalisme → immédiateté-réalisme (5 fois 2 + 1). Les 5 synthèses majeures sont englobées dans trois moments.

Einheit

Deuxième partie de la W.-L. : Phénoménologie

Z — Comprendre du Comprendre x, y, z *Einheit*

D. - 4e *point de vue de la réflexion.*

L'Autoconstruction de l'Etre interne du Phénomène *comme* Phénomène ou manifestation nécessaire de l'Absolu. Abolition de la contingence du *Soll* : principiation réelle.

16 Synthèse A^4 - Immédiatité, réalisme = Synthèse E^3.

17 Synthèse B^4 - Médiatité, idéalisme. — Abolition de l'autogenèse devant son Etre qui est Non-genèse. Elle n'est elle-même que reconstruction, image.

18 Synthèse C^4 - Immédiatité, réalisme. — A) La Vision ou l'autogenèse subsistant dans son propre anéantissement, comme révélant son Etre, celui-ci est donc esssentiellement manifestation. B) Passage de la nécessité interne du rapport de la certitude à la nécessité de ses termes. La certitude *projectio per transsubstantiationem* de l'Absolu. Passage de l'*ideales Prinzipiieren*, au *reales Prinzipiieren*.

19 Synthèse D^4 - Médiatité, idéalisme. — La principiation idéale est posée comme image de ce qui est en soi, et comme s'abolissant devant la Loi originaire qui la pose. La Loi et son image sont projetées : disjonction entre l'intériorité et l'extériorité de la Vie.

20 Synthèse E^4 - Immédiatité, réalisme. — Manifestation immédiate de l'original, manifestation indépendante de nous, comme condition de la distinction en nous de l'image et de l'original : *Verbe*.

Y — A / S. D. — x, y, z

E. - 5e *point de vue de la réflexion.*

Le Phénomène qui s'est révélé à lui-même comme tel, construit pour lui-même son auto-révélation absolue comme nécessaire. D'où unité de S. D. et x, y, z dans la Vie.

21 Synthèse A^5 - Immédiatité, réalisme = Synthèse E^4.

22 Synthèse B^5 - Médiatité, idéalisme. — Le Verbe s'aperçoit de façon contingente, *comme* source du *comme* ou *en tant que* (connaissance du Fait) ; mais le Fait (Savoir ordinaire), reste condition de sa connaissance (Savoir transcendant) et cette dernière contingente par rapport à lui.

23 Synthèse C^5 - Immédiatité, réalisme. — L'essence du Fait est posée comme connaissance du Fait, et cette dernière comme nécessaire.

24 Synthèse D^5 - Médiatité, idéalisme. — Le « Nous » *(Wir)*, ou la Liberté, réapparait comme fondement autonome *(Soll)* de la possibilité de la connaissance absolue.

25 Synthèse E^5 - Immédiatité, réalisme. — Le Verbe pose pour lui-même le Savoir transcendantal comme sa manifestation immédiate et nécessaire ; ce dernier fonde par là, la Liberté, le Savoir ordinaire et toute la W.-L., comme sa condition nécessaire.

Commentaires sur les figures précédentes

Avant d'y procéder, on fera la remarque intéressante que Fichte déconstruit et réaménage le Plan de la *Critique de la raison pure* de Kant selon l'ordre inverse, allant de la Dialectique transcendantale – où il passe à reculons de « l'histoire de la raison pure » (d'où il récupère les Paralogismes et l'Antinomie) à la « théorie de la méthode » (logique de la philosophie), puis à l'« Analytique des principes », où s'accroche le « schématisme » puis de façon surprenante tout à la fin du développement [217] la déduction du temps et de l'espace (récupération délocalisée et anachronique de l'« Esthétique transcendantale »), et enfin à l' « Analytique des concepts », dont dépend sa propre « déduction [transcendantale] de la représentation ».

Ce propos d'apparence technique se lit facilement sur la comparaison des plans de la « Doctrine de la science » avec celui de la « Critique de la raison pure ».

Par ailleurs, un rapprochement plus qu'intéressant s'ouvre du procédé de renversement de la démarche kantienne mis en œuvre par Fichte avec celui célèbre évoqué par Marx à proposer de la dialectique hégélienne, dont il prétendrait avoir redressé la position vicieuse les pieds en haut et la tête en bas. Fichte déjà de son côté agit comme s'il redressait la position défectueuse pieds en haut-tête en bas de la critique transcendantale kantienne.

Le graphique de l'arborescence hégélienne, pour en venir à présent à celui-ci, comporte l'inconvénient d'un certain schématisme. Il convient de lui attribuer une double signification, à la fois synchronique et diachronique, selon une contradiction inévitable et même nécessaire. Dans la Table des Matières de l'*Encyclopédie*, chaque chapitre (par ex. « qualité ») comporte en principe trois parties (être en soi, être-là, être pour soi). La troisième est la synthèse des deux premières, et elle est renommée en quelque manière par le titre du chapitre. D'où la fausse apparence de 4 termes, dont en réalité le 2e, de poids dissymétrique, voit se greffer sur lui le 3e, qui offre la racine du 1er terme (place 4) de la polarité suivante. Les chapitres, qui peuvent être subdivisés en plusieurs moments ternai-res, eux-mêmes subdivisables, sont regroupés en 3 « sections », et celles-ci en 3 « parties ». Les divers secteurs de l'arborescence ont des destins en partie indépendants, tout en nouant des rapports de dépendance, de type à la fois vertical et horizontal, un peu comme dans les représentations de l'« évolution buissonnante » en paléoanthropologie contemporaine. Il existe un conflit interne entre les deux vecteurs synchronique-simultané-logique et diachronique-successif-historique. Les formes archaïques de la religion, égyptienne par exemple, quoique plus élevées dans la hiérarchie logique et axiologique, sont historiquement plus anciennes que l'apparition de la chimie avec Lavoisier. Donc selon un principe de « différance » logico-historique. Chaque triade, simple ou plus complexe, peut se représenter aussi autrement, comme un anneau ouvert vers le haut, d'où la trajectoire hypercomplexe d'un ensemble de cercles de cercles (Hegel), ou mieux d'une spirale de spirales (Sismondi, Marx, Gesell, Wallon, Piaget). Noter que le concept est présent deux fois, dans la Logique comme « idée », et dans le réel, comme intégration de l'ensemble.

On voit enfin quel **point de perfection technique, esthétique, en même temps que conceptuelle a atteint la modélisation hégélienne de la dialectique, par rapport au premier essai de Fichte**. Pour qui regarde bien le croquis, on voit sans peine comment la floraison buissonnante et souple de la triade hégélienne englobe à certains endroits des formules plus complexes avec des fourches à 4, 5, 6 branches même.

À quelques nuances près.

L'essentiel du paradigme de Hegel est d'extraire de la dualité des opposés une « synthèse » sous forme d'un troisième terme, offrant lui-même le support d'une nouvelle dualité, etc.

La psychologie développementale (Freud, Wallon, Piaget) a démontré un fonctionnement naturel de l'esprit sous forme de dualités ouvrant éventuellement sur la synthèse réalisée par un troisième terme. On a parlé ailleurs de cette conjoncture historique plus qu'intéressante, et on y reviendra dans un prochain ouvrage, sans qu'il soit question d'entrer ici dans le détail. En tout cas, dans la pensée naturelle, ces triades restent la plupart du temps disparates et sans coordination, alors que le projet encyclopédique de Hegel repose sur l'habileté technique consistant à les emboîter selon le principe d'une sorte de jeu de « légo », dont la figuration des pages précédentes montre la rigueur autant que la flexibilité.

Fichte invente, par dépassement de Kant, le nouveau paradigme de la dialectique moderne, du mouvement dans le réel comme dans l'esprit. Mais sa tentative n'aboutit pas, en particulier faute d'une philosophie de la nature offrant appui à sa philosophie de l'esprit. Hegel y parviendra bien mieux.

Cependant, la tentative de Fichte présente une qualité spécifique, qui représente un « plus » lui appartenant en propre, et moins accompli malgré tout chez Hegel en dépit de l'incontestable « plus » hégélien.

Fichte conçoit le mouvement de l'esprit selon un balancement répété vers le dehors et vers le dedans, dont chaque grande phase réitère en raccourci le double procès complet : le vers-dehors enfermant en sous-boucles vers-dehors et vers-dedans, et vice versa le vers-dedans enfermant le vers-dedans et vers-dehors. Il s'agit donc d'un procès général de diastole-systole complexe dont chaque temps enferme le procès complet.

Ce que l'on avance là de compliqué est bien illustré par un tableau général produit dans l'ouvrage classique de Martial Guéroult, représentant ce qu'il appelle « l'oignon ou la synthèse triple et quintuple de la W.-L. (1ier moment) ». Ce tableau concerne l'ensemble du système de Fichte : philosophie théorique, puis pratique, doctrine du droit puis de la morale (1794-1798), avant le tournant du repentir religieux, organisé sur l'échelle de 40 synthèses (5 X 8).

L'oignon, ou si l'on veut encore l'artichaut, se présente comme formé d'une échelle d'accolades d'empan de plus en plus rétréci sur six niveaux, et composée selon une hiérarchie d'alternances subordonnées selon la dimension dehors/dedans et vice versa.

Fichte a anticipé l'alternance des procès de projection et d'introjection, d'extraversion et d'introversion, que mettront en valeur bien plus tard les principaux représentants de la dialectique développementale moderne en psychologie (Freud, Wallon, Piaget, Gesell), comme aussi à peu près tous les modèles de la personnalité proposés par la psychologie moderne depuis les années 1920, quitte à en trouver des prémonitions bien plus anciennes (Hippocrate, Galien) (Jalley : *La Guerre de la psychanalyse, Tome 2, Le front européen*, 2008, pp. 719-775).

Or cela manque chez Hegel : suite à la grande extériorisation que crée la projection du Logos dans la Nature, le mouvement d'ensemble de la nature auquel vient s'aboucher celui de l'esprit, est toujours, malgré la création incessante de figures nouvelles, un procès de retour, de remémoration (*Erinnerung*), d'intériorisation, d'identification introjective (Lagache 1954), ou encore centripète (Wallon 1956).

Ce que Fichte invente, c'est cette sorte de « pouls cardiaque » de la vie de l'esprit, individuelle et collective, marqué chez lui par l'opposition cardinale centripète/centrifuge (*zentripetal/zentrifugal*), ordonnée aussi à celle de réflexion/projection (*Reflexion/Entwerfung*). Cette polarité est venue de l'opposition kantienne des deux forces attractive et expansive, suite au réaménagement proposé par Kant de la philosophie de la nature de Newton (*Premiers principes métaphysiques d'une science de la nature*, 1786).

Ce schème d'un rythme biologique, illustré encore par exemple par le thème de l'inspiration-expiration de la respiration de l'univers, est déjà présent dans certaines cosmogonies présocratiques (Anaximène de Milet (550 ? - 480), Pythagoriciens).

Dans la vision optimiste de Hegel, la dialectique va toujours de l'avant (*Vorwärts*), elle est toujours dépassement vers le dehors (qui est aussi notons-le un dedans) de nouvelles annexions, elle n'est jamais retour alternatif actuel vers le pôle opposé, progrès ménageant d'éventuelles régressions, fût-ce à un niveau plus élevé.

On ne peut nier qu'il y ait une forme de pulsation rythmique chez Hegel : la cellule thèse-antithèse-synthèse se reproduit à une marche supérieure de l'escalier selon un rythme implicite en soi/pour soi/en soi et pour soi. Mais chez Hegel, c'est le principe diachronique du « dépassement » qui se subordonne celui plus synchronique de la « circularité » oscillante et cumulative, ce que Badiou appelle « force » et « place ». Alors que le viaduc de Millau créé par Fichte entre Kant et Hegel ne parvient pas encore à installer la spirale de spirale propre au paradigme perfectionné de la dialectique développementale (Hegel, Marx, Wallon, Gesell, Piaget).

L'idée des régressions, des retours en arrière, existe déjà dans le *Politique* de Platon, qui décidément a tout dit. Elle est revenue en Europe, en objection à la philosophie des Lumières, avec l'abominable « restauration », la période sombre de la Sainte-Alliance, et l'échec des révolutions de 1830 et 1848. Marx n'y croit guère. Mais davantage Lénine, Mao Zédong, Politzer. Par ailleurs, l'idée d'un envers du progrès revient d'un autre côté avec les notions d'involution-dissolution de Hughlings Jackson (1835-1911), reprises directement par le concept freudien de régression dans l'équation étiologique (*Regression*).

L'idée dialectique post-kantienne moderne, née avec Fichte, ordonne le mouvement des deux opposés de la polarité dehors/dedans. De ce point de vue, elle représente la laïcisation, dans le cadre du nouvel humanisme athée issu de l'*Aufklärung*, de l'ancien modèle théologique de l'aller-retour par procession-conversion tel que le compose la piste séculaire des Plotin (203-204 – 270), Proclus (410-412 – 484-485), Jean de Damas (674-675 ? – 749), Jean Scot Érigène (410-876), Eckhart de Hocheim (1267 - 1327).

Le « noyau rationnel de la dialectique » (NRD, Marx 1873), c'est la « genèse des structures » (Piaget), ni plus ni moins que **genèse**/structure, c'est-à-dire avec primat dissymétrique du premier terme sur le second, c'est-à-dire du mouvement sur le repos (Jalley : *La crise de la philosophie en France au XXIe siècle. D'héraclite et Parménide à Lacan*, 2013).

Peut-on dire que Fichte comme Hegel mettent l'accent sur une conception plus structurale que génétique de la dialectique ? Ce n'est pas bien clair.

Chez Fichte, il y a de l'activité (*Tätigkeit*), de la genèse (*genetisch*) partout (ô combien…), mais aussi de façon évidente des niveaux définis par des « fonctions » (*Funktionen*).

Chez Hegel par ailleurs, relevée dans les *Cahiers philosophiques* de Lénine sur la *Science de la logique de Hegel* (1914), la distinction existe entre le principe stuctural de « liaison » et celui génétique de « différence » (nécessité de la *liaison*/genèse immanente des *différences ; Zusammenhang/Unterschied*) (Hegel : *Science de la logique*, Aubier, 1972, p. 27).

De ces deux concepts, les philosophes de l'École chinoise, une cinquantaine d'années plus tard, feront les deux principes « deux fusionnent en un » (Yang Hsien-Tchen 1964) et « un se divise en deux » (Zhang Shiying 1958-1963) (Badiou, 1976).

Ce qui recoupe, par un hasard étonnant, la propre description de Wallon (1945) de la forme originelle de la pensée enfantine dite selon lui pensée par couples (« deux en un, un en deux »).

Les approches de Hegel, Lénine, et de l'École chinoise semblent laisser complètement passer la polarité centripète/centrifuge, d'une importante si cardinale pour Fichte, en tout cas d'une portée fondatrice pour la psychologie développementale de Wallon, Gesell, Piaget, Gesell.

On peut dire d'une certaine manière de ces auteurs qu'ils auraient représenté la validation scientifique de l'intuition cardinale du procès dialectique qui compose le nerf caché de toute l'histoire de la philosophie. Jusqu'ici les philosophes contemporains, vaquant à leurs affaires de « philosophes de poche » (*minute philosopher*, Berkeley), ne se sont pas aperçus que leur philosophie avait été aujourd'hui comme démontrée scientifiquement par le développement moderne savant de sa principale composante, qu'a toujours été dès les origines, la psychologie. Mais de cela, dont on a déjà parlé ailleurs, on reparlera encore ailleurs.

Viendrait aussi tout à fait propos de l'« oignon » de Fichte, décrit par Guéroult, la métaphore utilisé un jour par Gesell, à propos du procès développemental de la psyché enfantine, ordonné selon une spirale complexe, comme d'un ressort qui serait lui-même constitué d'un ressort.

*

Un autre et dernier train de remarques, d'un tout autre ordre mais convergent avec notre sujet, concerne une interview toute récente dans le *Nouvel Observateur* de Yánis Varoufákis, l'ex-ministre grec des finances

(Propos recueillis par Aude Lancelin, NO 2657 du 8-14/10/2015, 52-55).

Selon lui, le Dr Schäuble, ministre des Finances allemand, aurait

> « pour plan une zone euro restreinte, plus disciplinée et son grand problème dans cette affaire, c'est la France. Il ne s'agit pas de venir s'installer comme ça à Paris [comme en 1939-1945], il s'agit de faire en sorte que le Président de l'Eurogroupe devienne un policier fiscal qui aura constamment le droit de réguler le budget national de la France. C'est ça le plan… si vous voulez comprendre la dureté avec laquelle notre gouvernement [grec] a été traité… Macron a dit… que l'insistance allemande au sujet de la discipline fiscale était en train de déboucher sur une guerre civile de religion entre l'Europe catholique et l'Europe calviniste. Ce n'est pas moi qui l'ai dit. C'est lui ! »

Aude Lancelin accorde à Y. V. de se montrer toujours très soucieux de ne pas pointer spécifiquement le rôle de l'Allemagne dans la crise européenne actuelle, alors qu'on reproche beaucoup à Mélenchon de le faire.

De ce point de vue, selon Y. V.,

> « croire qu'il y a un type psychologique allemand, c'est le début du racisme. Je ne suis pas du tout d'accord sur ce point avec Mélenchon et je le lui ai dit à la Fête de l'Huma. Il faut arrêter avec ça. C'est une pensée faible surtout. Car la zone euro a été construite non pas par un gouvernement allemand, mais par une coalition d'élites françaises, allemandes, grecques, et toutes sont également responsables de sa désastreuse architecture. Historiquement, il y a vraiment eu une tentative française d'encercler, d'étouffer l'Allemagne par une devise commune, et l'Allemagne s'est défendue en disant que si c'était comme ça, ils allaient contrôler le budget [français]. Pourquoi les élites françaises voulaient-elles une monnaie unique ? Elles avaient besoin du Deutsche Mark pour maintenir les salaires français au tapis [voir *le Capital* de Marx] – rien de plus. Et elles ont par-dessus le marché eu l'audace de s'imaginer qu'elles allaient parvenir à contrôler la Bundesbank ! Mais les Allemands les attendaient au coin du bois et ils les ont humiliées et ils continuent de les humilier depuis plus de vingt ans.
>
> « Sans aller jusqu'à prêter aux Allemands d'aujourd'hui une « volonté de puissance », un véritable désir d'hégémonie… Jean-Claude Trichet, le pire banquier central qui ait jamais foulé le sol de la terre… est plus qu'un laquais, beaucoup plus ! Il incarne l'état d'esprit de tout l'establisment français des années 1980 et 1990 [Cf Delors supra]… Ce que font les Allemands d'aujourd'hui n'entre pas dans une logique d'hégémonie, je vous assure. Le gouvernement allemand est simplement autoritaire. Ce n'est pas la même chose. »

Les explications d'Yánis Varoufákis sont partiellement contradictoires, et c'est ce qui les rend intéressantes, comme toutes les contradictions.

Les propos touchant le dessein profond du Dr Schäuble de prendre barre sur la régulation du budget français nous mettent incontestablement devant la logique latente du paradigme de l' « ennemi héréditaire », telle qu'il s'est développé entre les deux pays depuis Bismarck, et surtout après la Guerre de 1870, et avec le « pillage » des années 1939-1945.

Mais le pire dans tout cela, c'est la sottise et la lâcheté françaises, notamment celle des élites socialistes du type Delors. C'est la même histoire qui recommence de Napoléon III Badinguet dont la crédulité croyait pouvoir narguer en fanfaronnant l'Allemagne, avant d'être elle-même dupée par la dépêche d'Ems trafiquée par Bismarck, comme prélude d'une écrasante défaite. C'est l'attitude de servilité des élites françaises, toujours prêtes à trahir les intérêts profonds de la nation au profit du voisin teutonique, comme depuis l'émigration de Coblence (1871, 1939). C'est enfin l'infériorité intellectuelle de la recherche française dans la fabrication des modèles efficaces en sciences sociales (école de Fribourg), aptes à dominer la réalité économique, financière, institutionnelle et sociétale.

Récemment, un article du même NO parlait d'impérialisme économique de l'Allemagne, organe souvent prêt à laisser balancer le pendule d'un côté ou de l'autre, sur toutes sortes de sujets (tout va mal, mais pas si mal non plus, par exemple dans l'Éducation nationale).

Enfin la génération des moins de 60 ans tend à ne savoir à peu près plus rien de l'histoire, ignore par principe la causalité sous-jacente au long cours (au diable la psychanalyse !).

Annexe sur les éditions des œuvres de Fichte, les versions de la *Wissenschaftslehre*, et leurs traductions accessibles

Il est fait état, parmi les commentateurs, de plusieurs versions successives de la *Wissenschaftslehre* : 1894, 1798 (?), 1801, 1804, 1806 ? 1810 ? 1812, 1813. Certains de ces millésimes posent déjà problème si l'on consulte les principales éditions de Fichte.

L'une d'elles est la *Sämtliche Werke-Nachgelassene* de J. G. Fichte produite par Immanuel Hermann von Fichte, le propre fils de Johann Gottlieb, en 11 volumes (8 *Werke* + 3 *Gelassene*) parus en 1834, et à nouveau en 1845.

Cette édition qui se veut complète, a pour principal défaut de ne pas suivre l'ordre chronologique, avec au surplus celui de ne pas toujours s'embarrasser d'une table des matières, au moins pour certains volumes, ceux de la fin de la série en particulier semblant avoir donné lieu à une publication quelque peu bâclée, avec pour seul principe celui, inspiré par la piété filiale, de racler les fonds de tiroir.

En tout cas les mentions relatives à la *Wissenschafstlehre* y sont les suivantes :

- 1794 : *Grundlage der gesamten Wissenschafstlehre*, tome 1, pages 95-328.

- 1797 : *Versuch einer neuen Darstellung des Wissenschafstlehre*, « Essai d'une nouvelle présentation de la WL », Philosophisches Journal Bd VII, pp. 1-20, tome 1, pages 519-534.

On ne trouve apparemment rien d'une *Wissenschafstlehre nova methodo* de 1798, invoquée par certains éditeurs récents.

- 1801 : *Darstellung der Wissenschafstlehre aus dem Jahre 1801*, « Présentation de la WL de l'année 1801 », tome 2, pages 3-363.

- 1804 : *Die Wissenschafstlehre vorgetragen im Jahre 1804*, « La WL produite en l'année 1804 », tome 10, pages 87-314.

- 1806 : *Bericht über die Wissenschaftslehre und die bisherigen Schicksale derselben*, tome 8, pp. 361-407 (« Exposé sur la WL et ses destins jusqu'à ce jour »).

- 1810 : *Die Wissenschafstlehre in ihrem allgemeinen Umrisse*, « La WL dans ses principaux contours », Texte très bref de 14 §§, tome 2, pp. 695-709.

- 1812 : Die *Wissenschafstlehre vorgetragen im Jahre 1812*, « La WL produite en l'année 1812 », tome 10, pages 315-493.

L'année 1813 est très mouvementée :

- 1813 : *Rede an seine Zuhörer bei Abbrechung der Vorlesungen über die Wissenschaftslehre am Februar 1813*, « Discours à ses auditeurs lors de l'interruption des conférences sur la WL en février 1813 », tome 4, pp. 603-610.

- 1813 : *Die Wissenschafstlehre vortragen im Frühjahr 1813 aber unvollendet wegen der Ausbruch der Kriege gelassene,* « La WL produite au printemps 1813 mais laissée inachevée à cause du déclenchement de la guerre », tome 10, pp. 1-86.

- 1813, *Einleitungsvorlesungen in die Wissenschaftslehre vorgelesen im Herbste 1813*, « Conférences d'introduction à la WL prononcées à l'automne 1813 », tome 9, pp. 1-102.

La seconde édition de Fichte est la *J. G. Fichte Werke*, *Auswahl in sechs Bänden*, initiée par Medikus, chez Fritz Eckart, 1908, donc en 6 volumes et relativement incomplète, comme son intitulé « choix » (*Auswahl*) l'indique.

On y trouve la WL 1794, tome 1 (pages 275-519), celle de 1801, tome 4 (pages 1-163), celles de 1804 (pages 167-392), et la version ultra-courte de 1810, tome 5 (pages 611-628).

Le tome 9 des *Nachgelassene* comporte un texte d'un volume très important (pp. 102-400), quelque 300 pages, et daté de 1812, l'année même de la parution de la Logique de Hegel, consacré à la « **Logique transcendantale** », intitulé précisément *Ueber des Verhältnis der Logik zur Philosophie oder Transcendantale Logik* (« Sur le rapport de la logique à la philosophie transcendantale »).

Aucun commentateur ni traducteur ne s'est jusqu'ici intéressé à ce titre, d'une importance certainement majeure.

En consultant par exemple Priceminsiter, on constate que les éditions récentes de Fichte ne sont pas rares tout en posant problème à l'égard des indications précédentes.

1. « Doctrine de la science : principes fondamentaux de la science de la connaissance par J. G. Fichte » - traduit de l'allemand par P. Grimblot [Édition de 1843].

Commentaire du vendeur : Cet ouvrage est une réimpression à l'identique de l'édition numérisée par la BNF, présente sur Gallica, sa bibliothèque numérique. Il est possible qu'il présente quelques défauts dus à l'ancienneté de l'ouvrage ou au procédé de numérisation.

2. « Assise Fondamentale de la Doctrine de la science », 1794, trad. Jean-Christophe Goddard, Ellipses, 1999.

3. « La Doctrine de la science nova methodo », 342 pages, Classiques de la philosophie, Livre de Poche, 2000, épuisé.

Résumé : La doctrine de la science (dont la *nova methodo* est la deuxième présentation, que Fichte a proposée à ses étudiants de 1796 à 1799) se veut la doctrine des affirmations qui prétendent à la vérité. Cette prétention à la vérité, structurellement liée aux propositions de la science, peut-elle être justifiée, et si oui comment ? Pour répondre à cette question, il est nécessaire de s'interroger sur la structure ultime de tout savoir, quelle que soit la particularité de son contenu, et de thématiser les actes fondamentaux en l'absence desquels la raison se détruit elle-même. Tel est le motif principal de la philosophie de Fichte qui, trop souvent réduite aux seuls écrits populaires de l'auteur ou à ses prises de position politiques (la défense de la Révolution française dans les *Contributions* ou la protestation contre l'invasion de l'Allemagne par les armées napoléoniennes dans les *Discours à la nation allemande*), fut ignorée en son intention véritablement spéculative : penser la science de la science, c'est-à-dire limiter les recours trop simples à la croyance pour faire place à la question du savoir.

Cette version de la WL 1798-1799, pour être plus précis, est absente des SW et de Medikus, et a été publiée à part chez Meiner.

5. « La Doctrine de la science, Exposé de 1805 » (?), trad. par Isabelle Thomas-Fogiel, 2006, Passages, Cerf, 2006.

Résumé : Durant vingt années, entre 1794 et 1814, Fichte exposa une quinzaine de fois la Doctrine de la science (*Wissenschaftslehre*, désignée par le philosophe par l'abréviation WL). Les commentateurs ont pris l'habitude de diviser cette longue durée d'enseignement en trois grandes périodes. La Doctrine de la science ici traduite se situe dans la période dite intermédiaire (1804-1809), période décisive dont la juste interprétation commande la résolution de la question de l'évolution de Fichte. Plus encore, à l'intérieur même de cette période cruciale, cette WL de 1805 occupe une place déterminante. Professée entre le 18 juin et le 3 septembre 1805 à l'université d'Erlangen, elle récapitule en même temps qu'elle précise et éclaire les trois exposés de 1804 et annonce les exposés suivants. En fait, il semble licite de détacher trois WL-sources, incarnation de la philosophie de Fichte en sa totalité : la WL de 1794, premier exposé qui exemplifie la période d'Iéna, cette WL de 1805 [?] qui est l'acmé de la période intermédiaire d'exposition, et la WL de 1812 qui est, stricto sensu, la dernière WL achevée [non, 1813]. Qui a travaillé ces trois expositions peut estimer avoir un aperçu significatif de l'ensemble des Doctrines de la science. Cette édition de la WL de 1805 propose, outre le classique travail de traduction et d'annotation, de larges citations de la deuxième version de la WL de 1804 à chaque fois qu'une notion centrale de cette WL de 1805 trouve son équivalent dans l'exposé de 1804. Ce travail de comparaison des notions communes aux deux textes permettra au lecteur de disposer d'un panorama précis de la philosophie première de Fichte à une époque si déterminante pour la compréhension de son œuvre en son ensemble.

6. « La Doctrine de la science, Exposé de 1812 », trad. par Isabelle Thomas-Fogiel, Presses Universitaires de France, 01/11/2005.

7. « La Doctrine de la science, Exposé de 1813 », trad. Marcuzzi, Publications de l'Université De Provence - 27/05/2014.

Il existe chez Meiner d'autres éditions séparées des WL 1801 et 1804.

*

La comparaison des Tableaux reproduits pages 214-217 montre des mutations profondes dans la pensée de Fichte.

Un certain nombre de caractéristiques importantes doivent être relevées.

Dans la WL 1794, on notera le système complexe des emboîtements et croisements entre le Moi et le Non-Moi.

Sur la partie gauche, La « causalité du Moi sur le Non-Moi » enferme de façon entrecroisée 4 « causalités du Non-Moi » et 3 « causalités du Moi ». Sur la partie droite, « la causalité du Moi » enferme aussi 4 causalités du Moi et 3 causalités du Non-Moi.

La philosophie théorique aussi bien que la philosophie pratique englobent chacune une partie théorique et une partie pratique. Prélude à l'idée très moderne d'une pratique théorique.

La hiérarchie d'accolades utilisée par la WL 94 prélude incontestablement à l'usage des embranchements en mathématiques des sciences humaines, par exemple chez Lévi-Strauss (1962), dont lui-mêrme et ses élèves ont cru bon faire un argument en faveur de l'extinction de la philosophie par la nouvelle « science » structurale.

Dans la WL 1801, le système des catégories est entièrement modifié : pensée, intuition, être, liberté, idéalisme/réalisme. Apparaît la notion « hégélienne » de savoir absolu.

L'enroulement progressif et comme en circularité emboîtée des synthèses quintuples préfigure la notion d'un développement spiral, dont le destin sera la notion hégélienne de « cercle de cercles » (1815), avant d'être reprise dans celle effective de « spirale » (*Spiralelinie*), par Sismondi 1819, Marx 1857, Lénine 1914, Piaget 1950, Wallon 1941, Gesell 1943 (« spirale faite d'un ressort »).

Dans la WL 1804, le dessin figurant en bas à gauche mérite interprétation : A signifie Absolu, Dieu. Le point en dessous représente le « Verbe ».

L'Absolu dont sortent deux traits allant vers « S. D. Einheit » et « z, y, z Einheit », peut être compris de deux manières :

- Selon le comprendre du savoir ordinaire, qui est l'unité (Einheit) de l'Être (Sein) et du Penser (Denken) : S. D. Einheit.

- Selon le comprendre du comprendre du savoir transcendantal qui est l'unité (Einheit) des trois facteurs z, y, z :

- x étant le monde sensible, y le monde moral, et z le facteur d'unité inconnu de x et de z.

Le savoir transcendantal est l'unité de ces trois facteurs, ce que Fichte écrit : x, y, z (Einheit).

Les grandes synthèses (5 X 5 = 25) sont elles-mêmes réduites à trois accolades X-Y-Z : thèse/antithèse/synthèse, ou encore : Théorie de la vérité/Phénoménologie/Réflexion, état de chose qui, au plan formel, nous rapproche beaucoup de ce que sera l'*Encyclopédie* de Hegel avec ses trois temps : Logos, Nature, Esprit (1817, 1827, 1830).

Le long de la grand accolade de gauche étalée tout au long des deux pages, on peut lire « *Einheit-Leben* » : Vie de l'Unité, ce qui a des accents très proches du néoplatonisme (Plotin), alors que Fichte jusqu'alors ne se référait guère qu'à quelques modernes : Descartes, Spinoza, Leibniz, Kant, Maimon, Reinhold.

Guéroult, qui présente la reconstitution fidèle de ces tableaux de 1794, 1801, 1804, donne malgré tout une indication singulière qui accuse encore le trait de penchant au secret lequel semble avoir été une particularité constante de la personnalité faustéenne de Fichte, en dehors du fait majeur des difficultés de Sisyphe que rencontre une pensée nouvelle en train de s'inventer. Il dit que « bien que Fichte affirme l'existence de 25 moments fondamentaux du Savoir (WL 1804, SW pages 312-314) il n'indique à peu près nulle part dans son exposé la division en synthèses et en points de vue. Plus encore que dans la WL 1801, peut-être, l'armature de la déduction reste invisible. » Guéroult indique un nombre limité de passages comportant des « divisions expressément indiquées », dont certaines du reste « ne s'appuient pas sur les articulations de la dialectique, mais ont pour objet de rendre plus commode l'exposé, indépendamment de ces articulations. »

Voici une reproduction plus claire du dessin figurant en bas du Tableau de la WL 1804, et dont l'explication a été donnée plus haut.

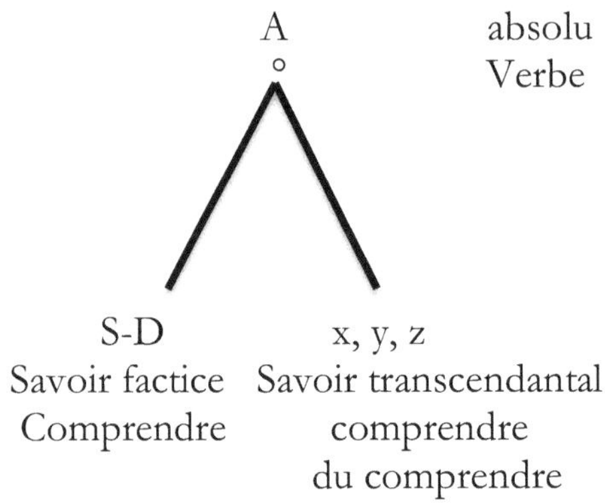

Alors que Fichte, après la défaite d'Iéna (1806), prenait fait et cause pour la Prusse contre les Français, Hegel au contraire prenait d'abord le parti des Français contre la Prusse. Ce n'est que plus tard (1816) que Hegel dira voir l'Absolu se réaliser dans l'État prussien.

On connaît le rôle de la jeune reine Louise de Prusse (1776-1810) dans la réorganisation de l'État prussien après la défaite d'Iéna. Il existe un très beau portrait d'elle (1802), reproduit dans Wikipédia, dans la récente exposition consacrée à Paris (automne 2015) à l'artiste peintre Élisabeth Louise Vigée Lebrun.

Les commentaires que nous avons consultés présentent peu de convergences : Hyppolite ne prend en compte que le « Concept » de 1794, Philonenko la WL 1794, Guéroult les WL 1794, 1801, 1804, Kroner paraissant mieux s'attacher à l'ensemble de l'œuvre. Nous connaissons l'existence en langue française d'autres interprétations, de volume et de portée variables, que nous ne pouvions pas toutes consulter : Lauth 1962, 1972, Bourgeois 1968, Druet 1977, Cassirer 1983, Ferry 1984.

Une remarque encore mais importante, même si déjà faite précédemment : pour désigner la notion de dialectique, absente de son vocabulaire, Fichte utilise non seulement le mot « alternance » (*Wechsel*), comme on l'a déjà dit, mais également le mot « opposition » (*Gegensetzung, Entgegensetzung, das Entgegensetzen*). Le terme d'opposition (*Gegensatz, antikeisthai*) appartient au répertoire de la logique aristotélicienne où il désigne diverses espèces de couples d' « opposés » (*antikeiména*) : contradictoires (*enantiôsis*), contraires (*antiphasis*), subalternes. Or Fichte retravaille cette tradition pour lui donner une signification nouvelle dans le sens d'une dynamique dialectique, qui se traduit par l'usage d'un mot nouveau impliquant l'activité, l'opérativité (*setzen, Setzung*).

Enfin, il est frappant de voit Fichte inaugurer la notion d' « abstraction réfléchissante », qui sera reprise textuellement pour y jouer un rôle majeur par le modèle dialectique de la cognition chez Piaget.

Index des matières (tomes I et II)

Index des noms (tomes II et I)

Profil de l'auteur

Émile Jalley (né en 1935) est un enseignant chercheur français qui a produit ses travaux dans les trois champs de l'histoire et de l'épistémologie de la psychanalyse et de la psychologie, et de la philosophie. Professeur émérite de psychologie clinique et d'épistémologie à l'Université Paris-Nord, il est ancien élève de l'École normale supérieure, agrégé de philosophie, psychologue diplômé d'État.

Entre les années 1980 et 2006, il s'est fait d'abord connaître comme un chercheur spécialisé dans les études historiques surtout sur Wallon en même temps aussi que Freud et Piaget, de même que sur l'histoire de la psychanalyse et de la psychologie en France (1981, 1982, 1990, 1998, 2006, 2006). Ces travaux ont abouti dans la période récente par la publication en cours de 7 volumes d' « Œuvres de Henri Wallon » comprenant une grande partie de l'œuvre jusqu'ici non republiée d'Henri Wallon et de son épouse Germaine Wallon-Rousset (Œuvres 1 à 7, soit environ 3200 pages).

Entre 2004 et 2014, il s'est consacré au vaste projet d'une Critique générale de la psychologie scientifique et des neurosciences contemporaines, menée en vue d'une défense argumentée de l'importance de la psychanalyse dans les sciences humaines et la culture françaises et européennes (28 volumes : 2004, 2006, 2007, 2008, 2010, 2011, 2013, 2014, 2015).

Il est intervenu également de manière très active dans la confrontation avec l'événement Onfray dans la période 2010-2011 (5 volumes parus depuis juin 2010, soit 980 pages), mais en élargissant cette question d'aspect local vers l'analyse d'une configuration de crise plus vaste et multiforme : opposition d'une contre-université à l'université officielle, débat sur le statut de la psychanalyse au sein des sciences humaines et des autres sciences, conflit social et politique larvé, avec divergence déjà fort sensible entre une tendance plus populaire et une autre plus traditionnelle de la culture.

Cependant, il s'est agi toujours aussi pour lui, encore bien au-delà, de continuer à toujours prendre en compte l'actualité d'autres questions tout aussi urgentes, dans la crise française en cours des champs pédagogique, culturel, idéologique et philosophique, scientifique, biomédical, institutionnel et politique.

De ce point de vue, sa critique s'est dirigée en particulier contre le Rapport Inserm 2003, le *Livre Noir de la psychanalyse* (2004), les nouvelles modalités de l'évaluation en psychologie (2009), les deux pamphlets de Michel Onfray sur Freud (2010), les législations néfastes dressant la nouvelle psychiatrie contre la psychanalyse universitaire (2010, 2011), la polémique sur la question de l'autisme (2012). Il a commenté et traduit (2011) les Nouveaux Manifestes paru contre le DSM et la psychiatrie réductionniste (Paris, Italie, Espagne, Argentine, Brésil).

Puis il s'est orienté, à partir d'une reprise de l'histoire de la philosophie moderne (de Kant à Hegel, 2013), vers la question de la crise générale de la philosophie en France depuis les années 1980 (2013, 2014), de même que la prise en compte de certaines questions d'actualité dans ce champ (le phénomène Lacan, 2014 ; le débat français sur la théorie du genre, 2014 ; l'irruption du météore Piketty, 2014), sans parler de son intérêt pour l'histoire de la psychanalyse et de l'actualisation de ses textes (Sandor Rado, 2014 ; le Congrès de Marienbad 1936).

La traduction et le commentaire de l'œuvre de Karl Bühler sur « Le développement psychologique de l'enfant » (1918) fait découvrir un champ très étendu de la psychologie allemande, en partie antérieur aux travaux francophones en ce domaine (Wallon, Piaget) (2015).

La traduction et le commentaire de l'œuvre de J. G. Fichte sur « La doctrine de la science » (1791) est un moyen de bien saisir le problème de philosophie politique et économique posé par l'existence contemporaine d'une Pangermanie (2015).

La crise de la philosophie, comme des sciences humaines s'insèrent dans le cadre d'une crise sociale généralisée dont dépend celle du système éducatif, à laquelle se relie la question de la réforme du collège (2015).

Ouvrages individuels (28), **collectifs** (37), environ 10 700[6] pages, **éditions** (21 volumes, 5657 pages), soit 86 titres pour environ 16 000[7] pages depuis le début de sa carrière en 1961, soit l'une des œuvres les plus importantes en volume dans le champ des disciplines psychologiques et épistémologiques depuis une trentaine d'années.
emile.jalley@wanadoo.fr

[6] 10 683.
[7] 16 026.

Malgré tout, les quelques tentatives faites par Émile Jalley pour produire le concernant une notice Wikipédia se sont toujours heurtées à une fin de non recevoir venue de Big Brother.

Bibliographie d'Émile Jalley

Principales publications

Ouvrages individuels (32), collectifs (36) et éditions (22)

WLFP, Wallon lecteur de Freud et Piaget, Paris, Éditions sociales, 1981, 561 pages.

VM, Wallon : La Vie mentale, présentation, Paris, Éditions sociales, 1982, 416, pp. 7-108, 373-416, 147 pages.

Henri Wallon : La vida mental, Introducción y edición de Émile Jalley, Editorial Crítica, Grupo editorial Grijalbo, Barcelona, 1985, pp. 7-24, 253-290, 57 pages.

Henri Wallon : Psychologie et dialectique, (avec L. Maury), présentation, postface d'Émile Jalley : « Une dialectique entre la nature et l'histoire. Une psychologie conflictuelle de la personne. La spirale et le miroir », Paris, Messidor, 1990, 245 pages, pp. 189-245, 58 pages.

Dictionnaire de la psychologie (Doron Roland, Parot Françoise), 72 articles d'Émile Jalley, Paris, PUF, 1991.

Atlas de la psychologie (H. Benesch), direction de traduction de l'allemand avec augmentation, Paris, Livre de Poche, 1995, pp. 44-45, 298-299, 374-375, 416-417, 8 pages.

Dictionnaire de la psychologie (W. D. Fröhlich), direction de traduction de l'allemand, Paris, Livre de Poche, 1997, pp. 1-2.

« Psychanalyse, psychologie clinique et psychopathologie » : in Psychologie clinique et psychopathologie (R. Samacher et col.), Paris, Bréal, 1998, 15-60, 46 pages.

FWL, Freud, Wallon, Lacan. L'enfant au miroir, Paris, EPEL, 1998, 390 pages.

Olivier Douville et col. : Psychologie clinique tome 2. La psychologie clinique en dialogue, débats et enjeux, Émile Jalley : Janet, Paris, Dunod, 2001, 303 pages, pp. 52-57, 6 pages.

Henri Wallon : L'Évolution psychologique de l'enfant, Texte introduit par Émile Jalley, Paris, Armand Colin, 2002, pp. 1-32, 182-187, 40 pages.

CPUF1, CPUF2, La crise de la psychologie à l'université en France, tome 1 : Origine et déterminisme, tome 2 : État des lieux depuis 1990, Paris, L'Harmattan, 2004, 531 et 515 pages. [2433].

PPAF, La psychanalyse et la psychologie aujourd'hui en France, Paris, Vuibert, 2006, 396 pages.

WP, Wallon et Piaget. Pour une critique de la psychologie contemporaine, Paris, L'Harmattan, 2006, 497 pages.

GPC, La guerre des psys continue. La psychanalyse française en lutte, Paris, ibid., 2007, 513 pages.

CRP, Critique de la raison en psychologie. La psychologie scientifique est-elle une science ? ibid., 2007, 512 pages.

GP1, La guerre de la psychanalyse. Hier, aujourd'hui, demain, ibid., 2008, 450 pages.

GP2, La guerre de la psychanalyse. Le front européen, ibid., 2008, 547 pages.

FCP, Un Franc-Comtois à Paris. Un berger du Jura devenu universitaire, ibid., 2010, 453 pages.

PP1, PP2, Psychanalyse et psychologie (2008-2010). Interventions sur la crise, tome 1 : propositions de base, questions d'actualité, repères historiques, pour l'équilibre des deux psychologies à l'université, tome 2 : psychanalyse et neuroscience, la vérité de la science, la querelle de l'évaluation en psychologie, ibid., 2010, 299 pages et 313 pages. [6413].

AO1, Anti-Onfray 1, Sur Freud et la psychanalyse, ibid., 2010, 185 pages.

AO2, Anti-Onfray 2, Les réactions au livre de Michel Onfray, débat central, presse, psychanalyse théorique, 2010, 322 pages.

AO3, Anti-Onfray 3, Les réactions au livre de Michel Onfray, clinique, psychopathologie, philosophie, lettres, histoire, sciences sociales, politique, réactions de l'étranger, le décret scélérat sur la psychothérapie, ibid., 2010, 352 pages.

DP1, DP2, Le débat sur la psychanalyse dans la crise en France, tome 1 : Onfray, Janet, Reich, Sartre, Politzer, etc.; tome 2 : (In)culture, (dé)formation, aliénation, ibid., 2011, 261 pages et 244 pages.

SM1, Six Manifestes contre le DSM, tome 1 : Présentation et commentaires, ibid., 2011, 228 pages.

SM2, Six Manifestes contre le DSM, tome 2 : Suite des commentaires : Censure, Crise de l'enseignement, ibid., 2011, 234 pages.

MSL, Mes soirées chez Lacan. Préface : É. Jalley, pages 11-39, 29 pages. Interviews à : Ch. Melman, M. Czermak, M. Drazien, Cl. Landman, J.-J. Tyszler, M.-Ch. Cadeau. Par le soin de : C. Fanelli, J. Jerkov, D. Sainte Fare Garnot. Roma, Editori Inter) nazionali Riuniti 2011. [8007].

HW, Henri Wallon : Œuvres 1 : Délire d'interprétation, Psychologie pathologique, Principes de psychologie appliquée, Les mécanismes de la mémoire ; Œuvres 2 1903-1929 ; Œuvres 3 1930-1937 ; Œuvres 4 1938-1950 ; Œuvres 5 1951-1956 ; Œuvres 6 1957-1963 ; ibid., 3136 pages, ibid., 2015.

CPF21, La crise de la philosophie en France au XXIe siècle. De Parménide et Héraclite à Lacan, ibid., 2013, 388 pages.

LAQA, Louis Althusser et quelques autres. Hyppolite, Badiou, Hegel, Marx, Alain, Wallon. Notes de cours 1959-1960, Paris, L'Harmattan, 2013, 390 pages.

VKBH, Richard Kroner, De Kant à Hegel (1921-1924), 2 vol., 395, 338 pages, traduction par Marc Géraud, Introduction par Émile Jalley (Tome 1, pp. 7-18, 12 pages), ibid., 2013.

BALA, Badiou avec Lacan. Roudinesco, Assoun, Granon-Laffont, ibid., 2014, 204 pages.

TGDF, La « théorie du genre » dans le débat français. Butler, Freud, Lacan, Stoller, Chomsky, Sapir-Whorf, Simondon, Wallon, Piaget, ibid., 2014, 150 pages.

ACF, Sandor Radó : L'angoisse de castration chez la femme, trad. Marc Géraud, Préface par Émile Jalley, 9-27, 19 pages, ibid., 2014, 120 pages.

TPFM, Thomas Piketty « Marx du 21e siècle ? » ibid., 2014, 278 pages.

TPMIF, Thomas Piketty : la mécanique des inégalités en France, injustice fiscale, crise de l'enseignement, contre-réforme sociale, (dé)colonisation, ibid., 2014, 280 pages.

API, Association psychanalytique internationale : Bergler, Bibring, Fenichel, Glover, Laforgue, Nunberg, Strachey : Le Congrès de Marienbad 1936. Un rendez-vous manqué avec Lacan, traduction de Marc Géraud, Introduction par Émile Jalley (55 pages), ibid., 2015, 148 pages.

KB, Karl Bühler ; Le développement intellectuel de l'enfant, Iena, Fischer, 1918 traduction par Marc Géraud, Introduction par Émile Jalley (165 pages), ibid., 2015, 507 pages, 2015.

EK, Elsa Köhler, La personnalité de l'enfant de trois ans, traduction par Marc Géraud, Introduction par Émile Jalley (16 pages), ibid, 119 pages, en préparation.

HSR, Hermann Samuel Reimarius : Fragments de l'anonyme de Wolfenbüttel édités par Gotthold Ephraim Lessing, traduction par Marc Géraud, Introduction par Émile Jalley (89 pages), ibid., 2015, 370 pages.

RCTU, La réforme du collège. Tombeau de l'Université, ibid., 2015, 238 pages.

Encyclopédies

« Wallon Henri » : Encyclopaedia Universalis, tome 23, Paris, 1985, 807-808, 2 pages.

« Wilfred Bion » : ibid., tome 4, 1989, 182-185, 6 pages.

« Concept d'opposition » : ibid., tome 16, 1989, 956-965, 10 pages.

« Psychanalyse et concept d'opposition » : ibid., tome 19, 1989, 179-186, 8 pages.

« Psychologie génétique » : ibid., tome 19, 1989, 232-238, 7 pages.

« Les stades du développement en psychologie de l'enfant et en psychanalyse » : ibid., Symposium, 1989, 895-902, 8 pages

« Les grandes orientations de la psychologie actuelle » : Encyclopédie médico-chirurgicale, Paris, Éditions techniques, 1989, 37030A10, 1-10, 10 pages.

« Psychologie clinique » (en collaboration) : ibid., 1991, 37032A10, 1-6, 6 pages.

« La psychologie moderne » : Les origines de la psychologie moderne. Les paradoxes de la psychologie. La psychopathologie. La psychologie clinique. La psychanalyse. La psychologie cognitive. Les domaines de la clinique. Les tendances actuelles, in : Les Lois de la Pensée, Philosophie, Linguistique, Sociologie, Religion, Principes fondamentaux de la vie mentale, Clartés, L'Encyclopédie, 1996, 16041-16043, 50 pages.

« Wallon Henri 1879-1962 » : Encyclopédie philosophique universelle. Dictionnaire : Paris, Presses Universitaires de France. 1992, 2 pages.

Articles divers

« Le thème du miroir dans l'histoire de la philosophie » : L'Unebévue, Paris, EPEL, n° 14, Hiver 1999, 35 pages.

« Données pour un panorama bref, partiel et provisoire de la structure institutionnelle de la psychologie française aujourd'hui » : Psychologie clinique, Paris, L'Harmattan, n° 11, 2001, pp.185-217, 33 pages.

« État de la psychologie en France : déontologie, publications, gestion des carrières », Le Journal des psychologues, n° 184, février 2001, pp. 14-18, 5 pages.

« La psychologie, une science fondée sur l'éthique ? », ibid., n°188, juin 2001, pp. 8-9, 2 pages.

« La psychologie est-elle en crise ? », ibid., n° 213, déc. 2003-janv. 204, pp. 10-15, 6 pages.

« Le retour de Wallon et Piaget », ibid., n° 244, fév. 2007, pp. 58-63, 6 pages.

« État des lieux de la psychologie et de la psychanalyse à l'université », ibid., n° 280, sept. 2010, pp. 37-41, 5 pages.

Comptes rendus et articles sur les ouvrages d'Émile Jalley

Revue philosophique de la France et de l'Étranger 2001/1 (Tome 126), p. 73-134. Émile Jalley, Freud Wallon Lacan. L'enfant au miroir, Paris, EPEL, 1998, 24 X 16 cm, 392 p., Prix : 220 F.

Pierre Henri Castel CNRS-Paris : Revue d'histoire et des sciences humaines, 1999/1 (n°1). Jalley (Émile) - L'enfant au miroir - Freud, Wallon, Lacan, Paris, EPEL, 1998, bibliographie, index nominum, 389 pages, 220 FF.

Fournier-Finocchiario Laura : Cahiers de psychologie politique, n°7, 2005. La crise de la psychologie à l'université en France, tome 1, Origine et déterminisme, 530 pages, 514 pages ; tome 2, État des lieux depuis 1990, Paris, L'Harmattan, 2004. À propos d'une crise de la psychologie dans l'université française.

Anne Bourgain : Les Cahiers de l'infantile, n° 5, 2006, L'adolescente. Émile Jalley, La crise de la psychologie à l'université en France, tome 1, Origine et déterminisme, 530 pages, 514 pages ; tome 2, État des lieux depuis 1990, Paris, L'Harmattan, 2004.

Olivier Douville : Psychologie clinique, n° 20, 251-252. Émile Jalley, La crise de la psychologie à l'université en France, tome 1, Origine et déterminisme, 530 pages, 514 pages ; tome 2, État des lieux depuis 1990, Paris, L'Harmattan, 2004.

Tostain Manuel : Cahiers de psychologie politique, n° 10, 2007. Émile Jalley : Wallon et Piaget. Pour une critique de la psychologie contemporaine, Paris, L'Harmattan, 2006, 496 pages.

Robert Samacher : Psychologie clinique, n° 23, 259-260. Wallon et Piaget. Pour une critique de la psychologie contemporaine, Paris, L'Harmattan, 2006, 496 pages.

Émile Jalley, «La psychanalyse et la psychologie aujourd'hui en France », *Les cahiers psychologie politique* [En ligne], numéro 10, Janvier 2007. URL : http://lodel.irevues.inist.fr/cahierspsychologiepolitique/index.php?id=979

Revue philosophique de la France et de l'Étranger 2008/1 – Analyses et comptes rendus, Émile Jalley, Critique de la raison en psychologie. La psychologie scientifique est-elle une science ? Paris, L'Harmattan, 2007, 511 p., 39 €. Émile Jalley, La Guerre des psys continue. La psychanalyse française en lutte, Paris, L'Harmattan, 2007, 512 pages, 39 €.

Marie-Claude Lambotte : Essaims, n° 21,2008, L'erre de la métaphore. Émile Jalley, Critique de la raison en psychologie. La psychologie scientifique est-elle une science ? ibid., 2007, 511 pages. Un nouveau discours de la servitude volontaire.

Robert Samacher : Bulletin de psychologie 2008/2 (numéro 494) 207-213. Jalley (Émile), La Guerre des psys continue, Paris, L'Harmattan, 2007. Jalley (Émile), Critique de la raison en psychologie. La psychologie scientifique est-elle une science ? Paris, L'Harmattan, 2007.

Robert Samacher : Psychologie clinique 2009/1 n° 27, 193-196. Jalley (Émile), La Guerre des psys continue, Paris, L'Harmattan, 2007. Jalley (Émile), Critique de la raison en psychologie. La psychologie scientifique est-elle une science ? Paris, L'Harmattan, 2007.

Robert Samacher : Bulletin de psychologie 2009/1 (numéro 499), 84-92. Jalley (Émile), La Guerre de la psychanalyse, volume 1. Hier, aujourd'hui, demain ; volume 2, Le front européen, Paris, L'Harmattan, 2007.

Robert Samacher : Bulletin de psychologie 2011/3 (numéro 513), 297-301. Jalley (Émile) Anti-Onfray 1. Sur Freud et la psychanalyse, suivi de Anti-Onfray 2, et Anti-Onfray 3, Paris, L'Harmattan, 2010.

Robert Samacher : Jalley (Émile) Anti-Onfray 1. Sur Freud et la psychanalyse, Paris, L'Harmattan, 2010. Psychologie clinique, 2010/2 n° 30, 233-237.

Olivier Douville : Psychologie clinique, 2011/1 n° 32, 225-227. Jalley (Émile) Anti-Onfray 1. Sur Freud et la psychanalyse, Paris, L'Harmattan, 2010.

Robert Samacher : Psychologie clinique, 2012/1 n° 33, 259-261. Psychanalyse et psychologie (2008-2010), tome 1 et 2, Paris, L'Harmattan, 2010.

Robert Samacher : Bulletin de psychologie mars-avril 2014 (numéro 530), tome 67(2), 183. Jalley (Émile), La crise de la philosophie en France au XXIe siècle. D'Héraclite et Parménide à Lacan, Paris, L'Harmattan, 2013.

Robert Samacher : Bulletin de psychologie mars-avril 2014 (numéro 530), tome 67(2), 184. Jalley (Émile), Préface à Kroner (Richard) *De Kant à Hegel. De la critique de la raison à la philosophie de la nature*, traduction de Marc Géraud, 2 vol., L'Harmattan, 2013, tome 1, p. 7-8.

Robert Samacher : Bulletin de psychologie, 2014. Jalley (Émile), La « théorie du genre » dans le débat français. Butler, Freud, Lacan, Stoller, Chomsky, Sapir-Whorf, Simondon, Wallon, Piaget, L'Harmattan, 2014, 150 pages.

Maurice Villard : Le Journal des psychologues, N° 321, octobre 2014, 78-79. La « théorie du genre » dans le débat français. Émile Jalley, L'Harmattan, 2014, 156 p., 17 €, ISBN : 978-2-343-03508-6.

Robert Samacher : Bulletin de psychologie à paraître. Jalley Émile, Badiou avec Lacan Roudinesco, Assoun, Granon-Lafont, Paris, L'Harmattan, 2014.

Robert Samacher : Bulletin de psychologie à paraître. Rado Sandor, Le complexe de castration chez la femme, trad. de Marc Géraud, présentation d'Émile Jalley, L'Harmattan, 2015.

Thibaud Gress : Richard Kroner : De Kant à Hegel, Tome 1, De la critique de la raison à la philosopphie de la nature, Actu Philosophia, 23 avril, 2014.

Thibaud Gress : Richard Kroner : De Kant à Hegel, Tome 2, De la philosophie de la nature à la philosophie de l'esprit, Actu Philosophia, 3 novembre 2014.

Principales références thématiques aux ouvrages de l'auteur

Sur la crise de l'enseignement

CPUF1, CPUF2 : en totalité.
CRP, 57-83, 385-421,
GP1, 107-142,
FCP, 213-369,
PP1, 49-64, 121-144, 243-244, 265-280,
PP2, 131-290,
AO3, 331-339,
DP2, 13-154,
SM2, 93-158,
PAM, ch. 4, 5, 6, 7, 131-258.
TPKMF, ch. 4, 161-177,
TPMIF, ch. 2,3,4,5, 71-200.
RCQVM.

Sur la crise de la recherche en psychologie

CRP, 57-83,
CPUF1, 203-490,
WP, 349-424,
PP1, 37, 109-144,
PP2, 131-190,
DP1, 129-157; DP2, 175-234,
CPF21, 373.

Sur le caractère occulte des institutions académiques et autres canaux sociaux

CPUF1, 161-202,
CPUF2, 109-182, 275-472, 497-514,
WP 416-424,
GP1, 107-142,
GP2, 906-942,
CPF21, 365-385,
CPF21, 365-385,
PP1, 65-107,
PP2, 131-290.
TPFM, 245-259,

TPMIF, ch. 1, 35-70.
RCQVM.

Sur la critique des idéologies et de la philosophie

PPAF, 9-52, 381-430,
CRP, 85-147, 355-383,
GPC, 377-416,
CRP, 13-56,
GP1, 183-379,
GP2, 461-775,
PP1, 11-48, 145-215,
AO1, AO2, AO3,
DP1; DP2,
SM1; SM2,
CPF21,
TGDF,
TPFM, 215-259.
RCQVM.
DS.

Sur la critique de la philosophie nord-américaine

CRP, 355-383,
SM1, 191-224,
CPF21, 2014, 59-66,
CPF21,
LAQA,
TGDF,
BCL,
PAM, ch. 1, 2, 3,
TPFM, 215-244.
RCQVM.
DS.

Sur la crise des sciences cognitives

CPUF2, 359-391,
PPAF, 381-430,
WP, 387-424,
GPC, 351-376 ; 441-456,
CRP, 323-354,
GP1, 143-181,
GP2, 883-906,
PP2, 11-107,
SM1, 19-190,
SM2, 11-219,
TGDF,
TPFM, 215-244.
RCQVM.

Sur la crise de la psychanalyse

GPC, 13-350, 417-440, 457-474,

GP1, 19-106, 381-417,
GP2, 916-920,
DP1, DP2,
SM1, 19-190,
SM2, 11-219,
CPF21, 199-324
TGDF,
LAQA,
BCL,
TPFM, 215-244.

Sur la psychanalyse comme science fondamentale

GP2, 777-881
PP2, 111-129,
MSL, 11-39,
BCL.

Sur la Police culturelle et la cybercensure

PP2, 217-280,
AO3, 326-339,
DP2, 234-240,
SM2, 39-92,
CPF21, 365-385.
RCQVM.

Sur les coordonnées présentes et passées de la crise sociale

PP1, ch. 3, 4
PAM, ch. 8, 9,
TPKMF,
TPMIF.
RCQVM.
DS.

Marxistisch-leninistische
Philosophie
Denker
und Philosophen
G.W.F. Hegel

Vue de l'ancien cimetière de « Dorotheenstadt », Unter Den Linden, à proximité de l'Université Humboldt de Berlin.

La tombe de Fichte est l'obélisque central. À côté à gauche la tombe de son épouse. La tombe de Hegel, bien plus modeste, est située au fond à droite de la croix, et fleurie de manière officielle à l'occasion du bicentenaire de sa naissance en août 1970, célébré avec beaucoup d'éclat par l'ex-RDA (DDR). Elle est reproduite, de même que le buste public de Hegel érigé en 1970, dans l'article Hegel-Wikipédia.

La photographie qui suit montre les rubans rouges et dorés des couronnes officielles de l'Université de Berlin avec l'inscription suivante :

Leninismus-Marxismus und Sektion marxistisch-leninistische Philosophie der Humboldt Universität dem hervorragendsten Denker und Philosophen G. W. F. Hegel zum 200. Gerburtstag (Le Marxisme-léninisme et la Section marxiste-léniniste de l'Université Humboldt de Berlin au très éminent penseur et philosophe G. W. F. Hegel pour le deux-centième anniversaire de sa naissance.

Photographies personnelles prises à l'occasion du Congrès Hegel à Berlin-DDR en août 1970.

L'HARMATTAN ITALIA
Via Degli Artisti 15; 10124 Torino
harmattan.italia@gmail.com

L'HARMATTAN HONGRIE
Könyvesbolt ; Kossuth L. u. 14-16
1053 Budapest

L'HARMATTAN KINSHASA
185, avenue Nyangwe
Commune de Lingwala
Kinshasa, R.D. Congo
(00243) 998697603 ou (00243) 999229662

L'HARMATTAN CONGO
67, av. E. P. Lumumba
Bât. – Congo Pharmacie (Bib. Nat.)
BP2874 Brazzaville
harmattan.congo@yahoo.fr

L'HARMATTAN GUINÉE
Almamya Rue KA 028, en face
du restaurant Le Cèdre
OKB agency BP 3470 Conakry
(00224) 657 20 85 08 / 664 28 91 96
harmattanguinee@yahoo.fr

L'HARMATTAN MALI
Rue 73, Porte 536, Niamakoro,
Cité Unicef, Bamako
Tél. 00 (223) 20205724 / +(223) 76378082
poudiougopaul@yahoo.fr
pp.harmattan@gmail.com

L'HARMATTAN CAMEROUN
BP 11486
Face à la SNI, immeuble Don Bosco
Yaoundé
(00237) 99 76 61 66
harmattancam@yahoo.fr

L'HARMATTAN CÔTE D'IVOIRE
Résidence Karl / cité des arts
Abidjan-Cocody 03 BP 1588 Abidjan 03
(00225) 05 77 87 31
etien_nda@yahoo.fr

L'HARMATTAN BURKINA
Penou Achille Some
Ouagadougou
(+226) 70 26 88 27

L'HARMATTAN SÉNÉGAL
10 VDN en face Mermoz, après le pont de Fann
BP 45034 Dakar Fann
33 825 98 58 / 33 860 9858
senharmattan@gmail.com / senlibraire@gmail.com
www.harmattansenegal.com

L'HARMATTAN BÉNIN
ISOR-BENIN
01 BP 359 COTONOU-RP
Quartier Gbèdjromèdé,
Rue Agbélenco, Lot 1247 I
Tél : 00 229 21 32 53 79
christian_dablaka123@yahoo.fr

Achevé d'imprimer par Corlet Numérique - 14110 Condé-sur-Noireau
N° d'Imprimeur : 126633 - Dépôt légal : mars 2016 - *Imprimé en France*